The Neo-Latin Reader

The

NEO-LATIN

READER

Selections from Petrarch to Rimbaud.

With an Introduction
and Notes.

By
Mark Riley

SOPHRON EDITOR

2016

Copyright Mark Riley & Giles Laurén 2016
corrected 9/16

ISBN 13: 978-0-9897836-8-2

ISBN 10: 989783685

Front cover: Fransesco Petrarca.

Back cover: the 1501 Aldus *Virgil.*

Vignettes from Comenius: *Orbis pictus.*

PUBLISHERS' STATEMENT

Sophron Editor strives to provide the best available texts at the lowest possible prices to encourage Classical Studies & Rhetoric. We pay no salaries, we have very little overhead, we rely on voluntary editors and we have no public relations, advertising, or marketing expenses. All of our editions are typeset, i.e. they are not scanned copies. Large and complex digital editions undertaken with limited means must result in a certain number of textual errors or inaccuracies. For the most part these are apparent, irritating, and do not affect the meaning of the text. As with all Sophron editions I will promptly correct all errors reported in the pages of these editions. Giles Laurén: enasophron@gmail.com.

Design by Sophron

Contents

INTRODUCTION

The history of Latin is generally divided into three parts. Classical Latin, the high-culture version of the native Roman tongue, is the original against which all later Latin writing is measured. Medieval Latin, dating roughly from the 5th or 6th centuries AD, was the language of the Church, of scholastic philosophy, and of international diplomacy. Beginning in the 14th and 15th centuries, we see a revival of a more comprehensive and more expressive version of Latin, often called Humanist Latin or Renaissance Latin, but commonly today Neo-Latin, whose use has continued into the 21st century. Classical, Medieval, and Neo-Latin are not three languages, but primarily stylistic variations on the Roman original.[1] The grammar (accidence, syntax) of Neo-Latin is, or certainly attempts to be, the same as that of Classical Latin, but the vocabulary has expanded and the sentence pattern often differs. The use of Neo-Latin was not confined to works which we would consider high literature (epic, lyric poetry, drama, and the like), but was used in all spheres of activity from science (samples of which are included in this *Reader*) to diplomatic and political negotiations. For example, the treaty between the Chinese and the Russians when they first met on the Amur River in 1689 was in Latin, the only language which the two parties had in common.[2] Until about 1800, Latin was fully capable of expressing any scientific or technical subject – as proven by Oersted's treatise on electricity and magnetism – but after that date new developments in many areas of human endeavour made it far easier to discuss these matters in the vernacular languages. Occasional demonstrations of Latin's ability to render contemporary events can still be found – NASA once commissioned a translation into Latin of a launch report – and proposals have been made to solve the EU's translation problems

---

1 See Appendix A.
2 A Catholic Pole negotiated this Treaty of Nerchinsk for the Russians and a Jesuit for the Chinese. Translations were made into Manchu and Russian.

by adopting Latin, thus restoring diplomacy to 16th century methods, but such suggestions are not taken seriously. Nevertheless the vast storehouse of Latin documents from the last millennium will give the interested student endless opportunity for exploration and discovery.

Hundreds of thousands, if not millions, of pages written in Latin survive from the 15th to the 19th centuries, and no one can have a comprehensive knowledge of the entire field. Indeed, there exists no complete dictionary of Neo-Latin, nor is there ever likely to be one. Although the language maintained Classical Latin, i.e. Roman, standards of grammar and orthography, the centuries of exploration and scientific discoveries required the development of new words and concepts, the vocabulary of which varied across the vast area where the language was used, and differed depending on the writers' ingenuity. One striking example can be seen in the extract from a Mexican herbal in our "New World" section. Nevertheless there are some reference works which can orient the student to the subject. Valuable resources include, but are not limited to:

1. Joseph Ijsewijn and Dirk Sacré, *Companion to Neo-Latin Studies* (Leuven, Belgium: Leuven University Press 1990, 1998) two volumes. The first volume treats Neo-Latin geographically, discussing writers from Italy to China and Lebanon. The second volume is organized by genre (drama, poetry, prose, scientific work, etc). Both have comprehensive indexes and can be used for reference.

2. Philip Ford et al., *Brill's Encyclopaedia of the Neo-Latin World* (Leiden and Boston: Brill, 2014) two volumes, is an in-depth treatment of the subject. Short articles (as in an encyclopedia) are combined with longer studies by scholars from around the world.

3. Stefan Tilg, Sarah Knight, *The Oxford Handbook of Neo-Latin* (Oxford: Oxford University Press 2015) is a series of longer

essays devoted to genres, cultural contexts (philosophy, religion, and the like), and geographical regions.

In addition, thanks to modern efforts to scan much of Western literature, Neo-Latin works themselves are more accessible now than they have been for centuries. To older scholars it is wondrous that relatively obscure (we might perhaps omit "relatively") satires like Benningh's (in this *Reader*) or all of Leeuwenhoek's letters (a sample in this *Reader*) can now be read by anyone with on-line access. Students interested in a particular author should search archive.org or books.google.com to find what they seek.

As a matter of course, most writers from the Middle Ages to the 19th century used Latin as the normally expected international language of education and science (more on this below), but many literary writers, especially in the 14th and 15th centuries, saw themselves as embarking on a new cultural program, one quite different from their predecessors of the Middle Ages. They considered themselves as citizens of the *Res Publica Litterarum*, the Republic of Letters, and they viewed the great writers of antiquity as fellow citizens. A striking example of this attitude can be found in a letter of Petrarch to the long-dead Cicero, in which he marvels that the Roman could give such good advice to others, but not to himself:

FRANCISCUS PETRARCA M. TULLIO CICERONI S. P. D.

1. Epistolas tuas diu multumque perquisitas atque – ubi minime rebar – inventas avidissime perlegi.[1] Audivi multa te dicentem, multa deplorantem, multa variantem,

---

1 In early 1345 Petrarch (1304-1374), the great Italian scholar and poet in both Latin and Italian, discovered in the Cathedral Library of Verona a manuscript of Cicero's letters *ad Atticum, ad Quintum,* and *ad Brutum.* Due to circumstances, he was forced to copy the entire manuscript himself, rather than employ professional copyists. He was so captivated by the collection that before he left Verona he addressed this letter to Cicero (June 16, 1345). P. wrote letters to other figures of antiquity: Seneca, Quintilian, Vergil, and Homer, among others.

Marce Tulli, et qui iam pridem qualis preceptor aliis fuisses noveram,[1] nunc tandem quis tu tibi esses agnovi. 2. Unum hoc vicissim a vera caritate profectum non iam consilium sed lamentum audi, ubicumque es, quod[2] unus posterorum, tui nominis amantissimus, non sine lacrimis fundit. 3. O inquiete semper atque anxie, vel ut verba tua recognoscas, "o praeceps et calamitose senex."[3] quid tibi tot contentionibus et prorsum nihil profuturis simultatibus[4] voluisti? 4. Ubi et aetati et professioni et fortunae tuae conveniens otium reliquisti? 5. Quis te falsus gloriae splendor senem adolescentium bellis implicuit et per omnes iactatum casūs ad indignam philosopho mortem[5] rapuit? 6. Heu et fraterni consilii immemor et tuorum tot salubrium praeceptorum, ceu nocturnus viator lumen in tenebris gestans, ostendisti secuturis[6] callem, in quo ipse satis miserabiliter lapsus es. 7. Omitto Dionysium,[7] omitto fratrem tuum ac nepotem, omitto, si placet, ipsum etiam Dolabellam, quos nunc laudibus ad caelum effers, nunc repentinis maledictis laceras: fuerint haec tolerabilia fortassis. 8. Iulium quoque Caesarem praetervehor, cuius spectata clementia ipsa

---

1 The essence of the letter: P. had known what C. recommended for others from his previous study of Cicero's extant writings; now he saw what C. did in his own case.

2 *Unum hoc . . . profectum . . . non consilium, sed lamentum, quod . . .* 'Here is one word, which arises from (*profectum*) my real affection [for you], not of advice (*consilium*) but of sorrow (*lamentum*), which . . .'; Petrarch contrasts his *consilium* (which he is not giving) and his *lamentum* (which he is expressing).

3 Ps.-Cic. *ad Octav.* 6.

4 'with so many quarrels and enmities of absolutely no benefit to you'.

5 beheaded by Antony's men; *fraterni* refers to his brother Quintus.

6 'you showed the path to those who would follow (secuturis)'.

7 A freedman of C., tutor to Marcus Cicero. Dolabella married C.'s daughter Tullia. They later divorced.

lacessentibus portus[1] erat; magnum praeterea Pompeium sileo, cum quo iure quodam familiaritatis quidlibet posse videbare.[2] 9. Sed quis te furor in Antonium impegit? Amor credo reipublicae, quam funditus iam corruisse fatebaris. 10. Quodsi pura fides, si libertas te trahebat, quid tibi tam familiare cum Augusto?[3] 11. Quid enim Bruto tuo responsurus es? "Siquidem" inquit, "Octavius tibi placet, non dominum fugisse sed amiciorem dominum quaesisse videberis."[4] 12. Hoc restabat, infelix, et hoc erat extremum, Cicero, ut huic ipsi[5] tam laudato malediceres, qui tibi non dicam malefaceret, sed malefacientibus non obstaret. 13. Doleo vicem tuam, amice, et errorum pudet ac miseret tantorum; iamque cum eodem Bruto "his artibus nihil tribuo, quibus te instructissimum fuisse scio."[6] 14. Nimirum quid enim iuvat alios docere, quid ornatissimis verbis semper de virtutibus loqui prodest, si te interim ipse non audias? 15. Ah! quanto satius fuerat philosopho praesertim in tranquillo rure senuisse, "de perpetua illa," ut ipse quodam scribis loco,[7] "non de hac iam exigua vita cogitantem," nullos habuisse fasces, nullis triumphis inhiasse, nullos inflasse tibi animum Catilinas. 16. Sed haec quidem frustra.

Aeternum vale, mi Cicero.

---

1 'a haven of refuge to those who attacked him'.

2 'by the rights of friendship between you (*iure familiaritatis*) you seemed able to do anything'.

3 The implication: if you fought with Antony, how could you be friendly with Augustus, both equally bad for the R.P.?

4 *ad Brut.* I, 16, 7, a letter by Brutus to C.

5 Augusto.

6 *ad Brut.* I, 17, 5, a letter from Brutus to Atticus; 'I place no importance (*nihil tribuo*) on that knowledge (*artibus*) . . .'

7 *ad Att.* X, 8, 8.

Apud superos, ad dexteram Athesis[1] ripam, in civitate Verona Transpadanae Italiae, XVI Kalendas Quintiles, anno ab ortu Dei illius quem tu non noveras, MCCCXLV.

Cicero is fully alive in Petrarch's mind and the Italian almost seems to expect a response. Interest in the ancient authors was far greater during the Renaissance than in the Middle Ages, and later scholars were more aware of such authors as Tacitus, Catullus, and the newly recovered works of Cicero or Lucretius, all in addition to the treasure of Greek manuscripts flying from Constantinople in the 15th century. They gave study of the ancients a central place in education and linked these studies to every other intellectual pursuit. The availability of more ancient literature increased their sense of discontinuity between ancient and medieval learning, and their sense of living in a different age from their church-centred recent ancestors. To write and speak well was to write and speak as did the old Romans, avoiding the vices of medieval Latin. This is the essential linguistic characteristic of self-conscious Renaissance Latin literature. Of course those who were not literary people continued with the older styles of scholastic Latin, often to the dismay of their teachers. An example of such dismay can be seen in a poem of George Buchanan on the miseries of teaching literature in Paris (*Quam misera sit conditio docentium literas humaniores Lutetiae*, in this *Reader*). There he complains (ll. 65ff) about older students who are perfectly happy with medieval textbooks, which in his opinion do not teach correct Latin.

Other than interest in antiquity, why was there such an emphasis on Latin, which for centuries had been no one's native tongue? The reasons are not hard to discern. The history of English provides a useful example best known to the readers of this book; a similar story, with different dates, can be told about other European languages. First, English was known only to its native speakers, perhaps 4-5 million people in 1600 – that is, even if we could define "English language" as one entity at that time.

---

1 The Adige River, Verona, June 16, 1345, Petrarch's residence.

(Even now accents and dialect differences can make understanding difficult, as any traveller anywhere in the world can attest. The situation in 1600 would have been far worse.) Latin was consequently the only way for a writer to gain an audience outside his native land. For example, much of John Milton's work for the Commonwealth consisted of diplomatic letters written in Latin and addressed to a European audience. Writing such letters in English would have been pointless. Similar circumstances existed in most of Europe at the time. Many writers state that they are writing in Latin to ensure the propagation of their work, for Latin was an eternal language exempt from the mutations of time and capable of immortalizing the writer's efforts. A work in Latin had at least the possibility of becoming a *monumentum aere perennius*.

A second reason why men wrote in Latin is perhaps not so obvious. At the onset of the modern era, Latin was a more developed language than English, with an ability to express concepts and ideas that the language of the Elizabethans lacked. Complaints about the insufficiency of English were not rare: the language was rude and barbarous, and it did not have the technical vocabulary required in specialized areas of language use, like theology or medicine. John David Rhys, the author of the first grammar of Welsh, *Cambrobrytannicae cymraecaeve linguae institutiones* (London 1592) wrote in Latin both for an international audience and because he could more easily to explain Welsh in Latin than in English.

The student may say: "What about Shakespeare? How could his language be surpassed?" However, an inspection of the OED shows how much of our modern English is post-Elizabethan and how recent many words in current use are, even apart from present-day technical terms and slang. An example: In 1594 a Latin book was published in London *Tractatus de globis et eorum usu.* (Sumptibus Gulielmi Sandersoni ciuis Londinensis, conscriptus à Roberto Hues. It was reprinted several times.) In this book the expression *Globi superficiem* appears. In 1639 this book was translated into English as *A Learned Treatise of Globes* (London: Stevens and Meredith). The phrase in question was translated as "the superficies of the globe," with the Latin term simply used in the English translation. ("Superficies" had been introduced into English as a geometrical term early in the 16th century.) The English word "surface" did not come into the language until 1611, and even so must have been rare, since it was not used in the 1639 translation. This is just one example of a handicap under which English (and other languages) suffered relative to Latin. Many other common words were introduced into English during the period 1600-1649, for example premium, equilibrium, specimen, formula, impetus. Antenna, stimulus, and complex were not introduced until the last half of the 17th century. Of course, the large number of Latinate words in English shows that not every "superficies" was replaced by a "surface". We have "deity" and "Godhead", "latitude" and "breadth", and many other such pairs to show how native English words acquired Latinate counterparts.

In short, Latin had a ready-made vocabulary at hand, it had a long series of authoritative texts concerning history, theology, philosophy, politics, and other topics of international interest, and it gave its speakers access to the outside world. Who would not have chosen Latin? (A present-day analogy might be India, a country with several languages, where English is the language of advancement.) Of course as the vernacular languages developed the vocabulary to discuss almost anything, they began to replace Latin. This happened first in Italy, then in France during the 16th century, in Germany and England during the 17th century, and finally in Scandinavia, where the last well-known original work of fiction in Latin, Holberg's *Iter Subterraneum*, was published in 1741. However, publication in Latin continued for a much longer period in the sciences. A glance at the history of the Prussian Academy of Sciences (Königlich-Preussische Akademie der Wissenschaft), is illustrative. The Academy was founded in 1700, on the advice of Leibnitz, as the Societas Scientiarum Brandenburgica, and its first publications, which began in 1710, were entirely in Latin. Publication of articles in French began in 1745, as that tongue became the new international language. Only in 1788 was the first article published in German. The last major scientific work in Latin was by Hans Christian Oersted, who made the identification of electricity and magnetism in a pamphlet written in Latin in 1820 (extracts in the Science section of this *Reader*). Mathematical work in Latin continued into the 20th century, replaced now by English. Latin titles for works in the vernacular continue, however, to designate a serious content. Examples include Wittgenstein's *Tractatus Logico-philosophicus* and Whitehead and Russell's *Principia Mathematica*.

The fact that Latin was so important during these centuries governed educational practice: the goal of each school was to train students to speak, read, write, and understand Latin. In the beginning class students memorized Latin verbs and nouns with their declensions. (This study of accidence was called *etymologia*.) Then they turned to the colloquial and animated Latin of Terence. The second class moved on to more drama from Terence, as well as the easier letters of Cicero. Students copied out assignments and identified parts of speech, forms, and simple syntax. The third class continued these exercises, adding elegies of Ovid and compositions on longer themes. More advanced classes added such authors such as Vergil, Horace, or Lucan, and the orations of Cicero. Students wrote in prose and verse, occasionally made public displays of oratory and declamations on various topics, and acted in Latin plays. In addition, advanced students would start the Greek New Testament. In later classes they might continue further with Greek, depending on the school.[1] It should be emphasized that such study comprised the totality of elementary and secondary education. Any science, medicine, history, or philosophy which students learned in

---

1 We know a lot about educational practice in the 16th and 17th centuries. The classic study is William Baldwin, *William Shakespeare's Small Latine and Lesse Greek*. (Urbana: Univ. of Illinois Press, 1944), in which detailed, hour-by-hour schedules of English schools are given.

grammar school came from the Latin texts, and most of what they subsequently learned at university also came from Latin texts. Hence the constant references to Roman history and politics. There are far more references to Caesar and Pompey in English literature of the period than to individual English kings, far more references to Cato than (for example) Sir Thomas More. Of course such classical references were politically safer as well.

Note on orthography

Most Neo-Latin writers (in contrast to Medieval writers) attempted to use what we regard as classical spellings, defined here as the spellings given in Lewis and Short, *A Latin Dictionary*. Nevertheless most authors (or their printers) employed variants, some considered legitimate alternatives (and given as such in Lewis and Short), others outright corruptions, even if common. In general, the editors have "classicised" most of the passages in this *Reader*, as well as modernized the punctuation, but you may still see some of these variants, and if you read other texts, you certainly will see them.

Here are recognized classical alternatives which you may see in this Reader: *paullum* for *paulum; intelligo* for intellego (and other compounds with - *lego*); *moeror, coelum*, and the like for *maeror, caelum*; the very common substitution of -e- for -ae- as in *pene* for *paene, equus* for *aequus* – a phrase like *equus estimator* ("an impartial judge") can be particularly confusing; or the opposite, -ae- for -e- as in *infaelix, caeterum*; -y- for -i-, as in *sylva* for *silva, lachryma* for *lacrima*. Other variants are non-classical and will rarely be seen in this *Reader*: *caepit, caeptum* for *coepit, coeptum; foelix* for felix; *charus* for *carus*, and the common substitution of -c- for -t- (*ocium* for *otium, spacium* for *spatium*), which may in fact represent the pronunciation of the time. In addition Neo-Latin writers often used *quum* for *cum* the conjunction ("when," "since") and *cum* for *cum* the preposition ("with"). Only the spelling *cum* is used here.

In a few selections the -j- has been retained. Most Neo-Latin authors used both -i- and -j- but often in ways which do not represent pronunciation. The student might assume that -j- is used (for example) in the words *jacio, jacere, jam* because in those words the letter has the sound of English -y- in yes. However, in the Renaissance -j- was often used to avoid a sequence of two -i's, as in *filii* or *Cornelii*, which were spelled *filij* and *Cornelij*. Other variants also occur which are not worth reproducing. The interested student who reads the original documents will quickly grasp an author's usage.

Neo-Latin texts usually contained accents, either to distinguish words (*quis* nom. from *quís* abl.) or to mark the ablative case. These useful symbols have completely vanished from modern Latin printing, but in this *Reader* macrons have occasionally been used whenever they seem helpful for construing the text.

A personal note: the selections found in this *Reader* are those with which I am familiar and which I believe to be significant for their historical or literary value. I have first of all considered the interests of the English-speaking student and have picked passages which cast light on English and American history and literature. Other anthologists may make an entirely different selection, but this is mine. I hope the student finds it useful. The selections are not arranged in order of difficulty, but if you would like to start with the easiest, read *Aeneas Silvius travels to Scotland*, then the same author's *Historia de duobus amantibus*. Next will come Holberg's *Iter Subterraneum* and the two *Colloquia* of Erasmus (read *Abbas* et *Erudita* first). In verse, begin with *Basium VIII* of Janus Secundus and Rimbaud's *Jugurtha*. If you have read Vergil or Ovid, Landívar's *Rusticatio Mexicana* is surprisingly accessible, as is Parmenius' *Navigatio*. Another very readable text is an unusual piece of Latin fiction, *Winnie Ille Pu* (1960), Alexander Lenard's translation of the English classic *Winnie the Pooh*, probably the only foreign-language book – and certainly the only Latin book – ever to reach the New York Times best-seller list. It is still in print.

Bowling c. 1550

FACETIAE

Joke books have been popular from antiquity. The Philogelos ("Laugh-Lover"), a collection attributed to the otherwise unknown Greek authors Hierokles and Philagrios, is best known; it is available with a translation in Barry Baldwin, The Philogelos or Laughter-Lover, (Amsterdam: J. C. Gieben, 1983). Many of the jokes recount the follies of the Scholasticus, the "Egghead" or "Highbrow," a man with no common sense whatsoever. Here are two samples:

1. Scholasticus scholastico obvius dixit: "Accepi[1] te esse mortuum." Et ille: "Atqui vides," inquit, "vivere me." Rursus alter: "Qui id mihi dixit, multo te fide dignior est."

2. Scholasticus cum inaudisset corvum ultra ducentos annos vitam extrahere, periculum facturus, emit corvum et aluit.[2]

During the Renaissance, school textbooks often included jokes which might beguile students into reading more Latin than they otherwise would. Many of the jokes printed here have been taken from a reader compiled by Johannes Ludovicus Praschius or Johann Ludwig Prasch (1637-1690), a writer and poet in both German and Latin, who in his later years became Mayor of Regensburg. In Latin he wrote a charming short novel Psyche Cretica (Psyche from Crete), a Christian adaptation of Apuleius' story of Cupid and Psyche. Part of his educational works include a long collection of Facetiae, humorous anecdotes (Io. Ludovici Praschii Facetiae, Ratisbonae (= Regensburg) 1689).

Prasch drew from several collections of jokes surviving from antiquity; Cicero's were collected by his secretary Tyro; others

---

1 i.e. *audivi*; from Hierocles, *Philogelos* 22.
2 Hierocles 255; *periculum facturus*, 'intending to test this'; *periculum*, 'trial, test'.

1

were gathered by Macrobius. Other well-known Renaissance collections of jokes include one by the papal secretary Poggio Bracciolini (1380-1459), whose *Facetiae* are often risqué and have frequently been reprinted (a sample below), and the German humanist Heinrich Bebel (1472-1518), whose *Facetiarum Libri Tres* enjoyed several editions.

Many ancient jokes refer to witticisms of philosophers, one of whom was Demonax. The Greek writer Lucian wrote an entire treatise on this 2nd A.D. century Cynic philosopher.

3. Demonax cum legatus navigaturus in Asiam conscendisset navem et interrogaretur num metueret ne naufragio eiectus a piscibus devoraretur, "Quid, inquit, metuam a piscibus, qui tot pisces devoraverim?" [Lucian *Dem.* 35]

4. Demonax [rogatus] an philosophus etiam placentis[1] vesceretur. "Quid?" inquit, "An tu putas apes stultis tantummodo mellificare?" [Lucian *Dem.* 52]

But many of Prasch's jokes are set in the Renaissance. (Sources for these are so far undiscovered.)

5. Archiepiscopus Florentinus Cardinali Alexandrino duo esse dicebat homini data, corpus et substantiam:[2] hanc affligi ab advocatis, illam a medicis. Respondit cardinalis: "Non mirum igitur si paucos videas advocatos litigantes et medicos utentes medicinā."

6. Thomas Morus, Angliae Cancellarius, adversatus regi Henrico VIII, qui volebat esse caput Ecclesiae Anglicanae, iubebatur aut mutare sententiam aut expectare mortem. Appetente supplicii tempore, monitus a rege de

---

1 cakes and cookies; the implication is that a philosopher should be above such pleasures.
2 'property'.

paenitentiā consilii: "Immo," ait ad legatum, "mutavi mentem. Nam cum in animo mihi esset barbam radere priusquam morerer, nunc barbam simul atque caput deponere statui."

7. In Anglia quidam malae notae[1] e carcere profugerat. Thomas itaque Morus, vocato custodiae praefecto, serio imperavit ut diligenter obseraret carcerem ne rediret illuc, qui evaserat.

8. Alphonsus Dux Ferrariae senior[2] litteras confici iubebat ad procerum[3] quendam. Requisivit igitur, qui erat a Secretis eius, ecquam titulum viro assignaret. "Magnificum," inquit, "Dominum voca." "Parum est," subiecit ille. "Illustrem," inquit, "voca." Et hoc parum esse visum. Dux ergo subiratus: "Dominum Deum appellato."[4]

9. Laurentius Medices,[5] oratus ut faveret nescio cui in electione magistratuum, eo quod[6] tam obsequentem habiturus esset ut impetrare ab eo posset cyatho vini quicquid vellet: "Quid autem," inquit, "si alius offerret ei vini lagoenam?"

10. Christophorus Placentinus, genere et ingenio quam opibus praestantior, repertis in domo suā nocturnis

---

1 'a man of bad character'; an episode from the time when More was under-sheriff.

2 Alfonso I d'Este, Duke of Ferrara (1476-1534), a noted patron of the arts. His secretary's title is *a Secretis.*

3 'a tall man'.

4 A future imperative with present meaning. Same construction in §12, *recusato,* 'refuse'.

5 The famous Lorenzo de' Medici (1449-1492).

6 *eo quod,* 'because'; *cyathus,* 'cup'; *cyatho,* 'in return for'; *lagoena,* 'bottle'; the question is – will someone bribe this guy with a more valuable gift.

furibus, "Quid vultis vobis," inquit, "miseri? Aut quid in hac domo noctu quaeritis, ubi ego nec meridiano quicquam invenio?"

11. Princeps quidam animosior,[1] cum vellet incipere bellum, dictitabat: "Aut aliquid aut nihil."[2] Respondit unus ex consiliariis: "Iam es aliquid, Domine. At, si velis, nullo negotio nihil fias."

12. Romae legatus quidam mittendus in Germaniam oravit amicum suum Germanum ut patriae mores se doceret, ne agrestis plane haberetur. Suscipit Germanus: "Non possum te nunc edocere mores nostros, sed summam colligam doctrinae: Quicquid illi iusserint, tu recusato facere."

13. Bohemi, veterum insignium pertaesi, leonem clypeo[3] a Frederico Barbarossā impetraverant. Pinxit igitur leonem artifex, sed ita ut non satis appareret subiecta ventri cauda.[4] Stomachantes ob id Bohemi, "Ubinam cauda?" inquiunt. "Simiae haec quidem, non leonis, imago est. Aquilam retinere praestiterit."[5] Quod ubi Caesari relatum, in risum est effusus et, "Mederi," inquit, "facile est." Simul pingi leonem iussit non unā tantum caudā, sed duabus erectis insignem

---

1 'full of spirit,' 'rash'.

2 Probably a reminder of Cesare Borgia's motto: *Aut Caesar aut Nihil.*

3 They were asking Frederick (1122-1190) for a new heraldic symbol to replace their eagle. The image is the lion of Bohemia as Frederick ordered it.

4 The lion's tail was under his belly (a *lion coward* in heraldry), and not particularly visible.

5 'it would be better'.

14. Robertus, Normannorum Dux,[1] cum in itinere Hierosolymitano vehi per invaletudinem non posset equo aut curru, humeris profanorum latus est. Dixit igitur a daemonibus se latum in caelum.

15. Carolo IV Bohemiae[2] rege divertente ex itinere ad Theodoricum quendam, arci modicae[3] praefectum, cum non satis suppeteret cibi pro tot tantisque convivis, porcorum gregi[4] aures atque caudas praecidi et coqui iussit, ipso incolumi grege. Quae urbanitas frugalitasque adeo regi placuit ut hominem statim aerario praeficeret.

Here are several witticisms of the Holy Roman Emperor Sigismund (1368-1437). He was highly educated, spoke several languages (including Latin, of course), and was a noted bon vivant. This first is from Poggio Bracciolini's *Facetiae*.

16. Sigismundus quoque Imperator cuidam coram eo querenti Constantiae[5] libertatem non esse: "Atqui, inquit,

---

1 Robert of Normandy (1000-1035), the father of William the Conqueror, died on a pilgrimage to Jerusalem.

2 Charles IV of Bohemia (1316-1378) was the first Bohemian king to become Holy Roman Emperor. He is the 'Good King Wenceslas' of our Christmas carol.

3 'of a small castle'; dat. w. *praefectus*, because the verb *praeficio* takes dat.

4 'from the herd of pigs'.

5 'at the Council of Constance'; Sigismund had called this council in 1414 to settle a schism in the Catholic Church.

nisi hic summa[1] esset libertas, tu tam libere minime loquereris." Libere enim loqui magnae libertatis signum.

ɪ 7 . Eidem Imperatori in Constantiensi concilio barbarismus exciderat: schismam[2] facere. Admonitus proinde a Pontificis Nuntio, schisma esse generis neutrius, quaesivit quo auctore illud diceret. Responsum est: "Prisciano, Alexandro Gallo, et similibus." "Quinam sunt illi?" pergit quaerere Caesar. "Viri docti," inquit. "Nempe," ait ille, "grammatici. Ast ego sum Imperator."

18. Ianus Dousa[3] instruxerat convivium, cui et Mylius, vir pernobilis, intererat et scholasticus quidam. Scholasticus, ut sedebat iuxta Dousam, quaesivit de Mylio quis esset. Ceterum et digito monstraverat Mylium, isque se notari per hoc senserat.[4] Quam ob rem Dousa, correcturus arte mendam, detorsit quaestionem ad cibum qui expositus erat in illā mensae parte, quasi de hoc esset quaesitum, et respondit clare: "Est artocreas."[5] Extemplo scholasticus, arrepto cyatho, sic affatus est Mylium: "Domine Artocreas, propino[6] Dominationi vestrae unum."

19. Iuvenis quidam praematurā canitie interrogavit senem nondum canum[7] qua de causā id aetatis non canesceret, cum ipse multo iunior haberet canos. Reposuit

---

1 'the epitome of liberty'.

2 He makes the Latin word *schisma* feminine rather than the correct neuter.

3 Ianus Dousa (1545-1604) was a Dutch statesman, historian, and poet. He was librarian at Leiden University, and wrote an important history of Holland. Mylius is unidentified.

4 As your mother said, it's rude to point at someone.

5 'a meat pie'.

6 'I lift a toast to . . .'

7 'grey-haired'; this is an exchange of insults.

senex: "Asini canescunt etiam in utero matris." "Stulti vero," inquit alter, "nunquam canescere dicuntur, quia curarum sunt exsortes."

20. Postquam coiverat pax inter Gallos et Anglos, iamque miles horum praesidiarius discederet Calibus,[1] scurra quidam Gallicus vociferans his verbis abeuntes prosecutus est: "Valete, bellatores Angli. Ecquando redibitis?" Hunc extemporali celeritate sic repressit Anglicus centurio: "Tum profecto, cum petulantia[2] vestra iterum superabit nostram."

21. Cataphractam[3] sibi quidam multo aere comparaverat. Eam igitur indutus ut experiretur quam esset habilis, interrogavit bractearium[4] an putaret laedi iam se a quoquam posse. Negante bracteario, "Multo minus," ait, "ego quemquam laesero."

The following are from Poggio's Facetiae.

22. Petrus contribulis[5] meus olim mihi narravit fabulam ridiculosam et versutiā dignam muliebri. Is[6] rem habebat cum femina nupta agricolae haud multum prudenti, et is[7] foris in agro saepius ob pecuniam debitam pernoctabat. Cum aliquando amicus intrasset ad mulierem, vir

---

1 The English evacuated Calais, their last possession in France, in 1558, the date of this joke.

2 perhaps 'arrogance'.

3 'A suit of armour'; clearly it was not very flexible. *aere*, 'money' as often.

4 'metalsmith,' here the armour-maker.

5 'fellow-citizen'; in popular Italian stories and in Aeneas Silvius' *Historia de duobus amantibus* (§10 in this *Reader*), wives are always clever enough to trick their husbands. The episode in §22 is a typical story.

6 the *contribulis*.

7 the husband.

insperatus rediit in crepusculo: tum illa, subito collocato subtus lectum adultero, in maritum versa, graviter illum increpavit, quod redisset, asserens velle[1] eum degere in carceribus: "Modo, inquit, Praetoris satellites ad te capiendum universam domum perscrutati sunt, ut te abriperent ad carcerem. Cum dicerem te foris dormire solitum, abierunt, comminantes se paulo post reversuros." Quaerebat homo perterritus abeundi modum, sed iam portae oppidi clausae erant. Tum mulier: "Quid agis, infelix? Si caperis, actum est."[2]

Cum ille uxoris consilium tremens quaereret, illa ad dolum prompta: "Ascende, inquit, ad hoc columbarium; eris ibi hac nocte, ego ostium extra occludam, et removebo scalas, ne quis te ibi esse suspicari queat." Ille uxoris paruit consilio. Ea, obserato ostio ut viro facultas egrediendi non esset, amotis scalis, hominem[3] ex ergastulo eduxit, qui simulans lictores Praetoris iterum advenisse, magnā excitatā turbā, muliere quoque pro viro loquente, ingentem latenti timorem incussit. Sedato tandem tumultu, ambo in lectum profecti ea nocte Veneri operam dederun. Vir delituit[4] inter stercora et columbos. [POGGIO *FACETIAE* 10]

23. Apud Facinum Canem,[5] qui fuit vir crudelis ac dux praecipuus in hac nostri temporis militia, querebatur quidam[6] se spoliatum chlamyde in via a quodam suo milite. Hunc intuens Facinus vestitum tunica bona,

---

1 'someone wanted him to reside in jail'; the subject is not expressed.
2 'you're done for'.
3 the lover.
4 *delitesco*, 'hide'.
5 Facino Cane da Casale was an Italian condottiero of especial cruelty. In 1402 he won the Duchy of Milan.

quaesivit an illam, cum spoliaretur, gestasset. Cum ille annueret: "Abi, inquit: hic quem dicis te spoliasse nequaquam est ex meis militibus. Nam nullus meus unquam tibi tam bonam tunicam reliquisset." [Poggio 18]

24. Erat sacerdos rusticanus in Tuscia admodum opulentus. Hic caniculum sibi carum, cum mortuus esset, sepelivit in coemeterio. Sensit hoc Episcopus, et, in eius pecuniam animum intendens, sacerdotem veluti maximi criminis reum ad se puniendum vocat.[1] Sacerdos, qui animum Episcopi satis noverat, quinquaginta aureos secum deferens, ad Episcopum devenit. Qui sepulturam canis graviter accusans, iussit ad carceres sacerdotem duci. Hic vir sagax: "O Pater, inquit, si nosceres qua prudentia caniculus fuit, non mirareris si sepulturam inter homines meruit. Fuit enim plus quam ingenio humano, tum in vita, tum praecipue in morte." "Quidnam hoc est?" ait Episcopus. "Testamentum, inquit sacerdos, in fine vitae condens,[2] sciensque egestatem tuam, tibi quinquaginta aureos ex testamento reliquit, quos mecum tuli." Tum Episcopus et testamentum et sepulturam comprobans, accepta pecunia, sacerdotem absolvit. [Poggio 36]

---

6 Some one made this complain of spoliation to Facino: a soldier had taken his coat, but not his shirt.

1 The Bishop is greedy for money, not angered at the dog's funeral.

2 'making a will'.

PICCOLOMINI: *TRAVELS TO SCOTLAND*

Travels to Scotland; selections from his *Commentarii*

Aeneas Silvius Piccolomini, later to become Pope Pius II, was born 18 Oct. 1405 in the territory of Siena, Italy. His parents were of noble Sienese birth, but not wealthy. After learning the rudiments of Latin from the local priest, he went to the University in Siena, where he studied law and literature. During the years 1429-31 he toured the northern Italian universities and spent time in Florence studying with the scholar Francesco Filelfo. In 1431 he was back in Siena with no prospects. Fortunately, however, Cardinal Domenico Capranica passed through Siena on his way to the Council of Basel, which had been called in Feb. 1431 to consider (among other things) church reform, specifically how to limit the power of the papacy. The cardinal took Aeneas with him as secretary. While in Basel, Aeneas served several prelates, most famously Niccolo Albergati, Cardinal of Santa Croce, for whom Aeneas undertook a secret diplomatic mission to Scotland, the episode recounted here. In the following years, Aeneas became secretary to Duke Amadeus VIII of Savoy, whom the Council had appointed (as Pope Felix V) to replace Pope Eugenius IV–unsuccessfully, since Eugenius remained pope. In 1440 Aeneas became part of the court of the Holy Roman Emperor Frederick III. Disliking the work, the climate, and his colleagues in Austria, Aeneas took orders in 1446 and entered the service of Pope Eugenius as apostolic secretary, a post he also held under Pope Nicholas V, Eugenius' successor. He became a bishop, then a cardinal, and in 1458, was selected by his fellow cardinals as pope Pius II. He served until his death in 1464. Of his own remarkable career he says: *Nec scio an alteri unquam contigerit eo[1] fortunam unum efferre hominem, ut apud duos Romano pontifices, unum imperatorem, et unum antipapam secretariatu potiri posset! Nam Aeneas hoc muneris cum Felice primum, deinde cum Federico*

---

1 'to such a point'.

11

Caesare, postea cum Eugenio et demum cum Nicolao non solum nomine, sed re quodque obtinuit (*Commentaries* I.14.1).

His *Commentaries* are his best known work, but in his younger years he wrote the first Neo-Latin short novel, *Historia de Duobus Amantibus*, an extract of which is included in this *Reader*.

The best modern edition of the *Commentaries* with Latin text, translation, and notes is in the I Tatti Series: Pius II, Pope, *Commentaries*, edd. Margaret Meserve and Marcello Simonetta (Cambridge, MA: Harvard, 2003, 2007), 2 volumes.

A number of historical characters are mentioned in this first chapter: Eugenius IV was Pope from 1431-1447. He fled Rome in June 1434 after open warfare with the powerful Colonna family. He remained in Florence until 1436, then moved to Bologna, returning to Rome in 1443. Bartolomaeus (Bartolomeo Visconti) was Bishop of Novara. Nicolaus Picininus (Niccolo Piccinino) was a condottiero who seized power in Perugia. He was taking the waters in Siena when Aeneas met him. Nicolaus Cardinalis Sanctae Crucis (Niccolo Albergati de Santa Croce), with whom Aeneas took refuge, is mentioned frequently in this passage. Thomas Sarezanus (Tommaso Parentucello da Sarzana) became Pope Nicholas V (1447-1455). Petrus Noxetanus (Pietro da Noceto) was one of Aeneas' close friends. These last two supported Aeneas in his plan for joining Cardinal Nicolaus' retinue. This selection starts at chapter 4.

Fit Aeneas secretarius cardinali Sanctae Crucis, cum quo in Franciam proficiscitur, ab eodemque postea in Scotiam mittitur.

(4.1) Interiecto deinde tempore ad Eugenium, qui Florentiae sedebat, cum Bartholomeo perrexit.

Inde ad Nicolaum Picininum, clarum illius aetatis et praecipuum belli ducem, apud balneas Senenses lavantem, non parvis de causis divertit; ac tum primum suos necessarios et amicos revisit veteres, dies quinque apud eos manens. At cum redisset Florentiam, comperit Bartholomeum apud Eugenium magnis de rebus accusatum capitali iudicio laborantem;[1] ob quam causam ad Nicolaum Cardinalem Sanctae Crucis, probatissimum et laudatissimum patrem confugit, qui et ipsum in secretarium accepit, et Bartholomeum e manibus Eugenii liberavit, Thoma Sarezano magistro domus–qui postea summi pontificis cathedram ascendit Nicolaus papa Quintus appellatus–ac Petro Noxetano, cuius supra mentio facta est, faventibus atque optantibus.

(4.2) Cardinalis Sanctae Crucis eo tempore legatus in Franciam designatus erat, inter Carolum Francorum et Henricum Anglorum reges pacem compositurus.[2] Cum eo Aeneas tertio[3] Mediolanum et urbis ducem vidit, atque inde montem Iovis–quem Sancti Bernardi melius hodie vocitant–ad Amedeum Sabaudiae ducem[4] pervenit, qui tunc spreto saeculo in heremo apud Thononium supra lacum Lemannum magis voluptuosam, quam poenitentialem cum sex viris equestris ordinis (qui secum penulam et baculum assumpserant, ut mos est heremitis) vitam degebat, credo–quod post annis octo secutum est– expectans ad summi pontificatus cathedram per patres,

---

1 He was accused of planning to kidnap Pope Eugenius.
2 Charles VII of France and Henry VI of England. They were unsuccessfully trying to end the Hundred Years' War. Note *compositurus*, a future participle of purpose, 'in order to reconcile'; a common usage in Neo-Latin.
3 He visited Duke Filippo Maria Visconti in Milan 'for the 3rd time'.
4 Duke Amadeus of Savoy (Sabaudia), who had retired from the world to a hermitage at Thonon-les-Bains, above Lake Geneva. He became the anti-pope Felix V.

qui Basileae convenerant, evocari. Nam et tunc rumor increbruerat Amedeum papam futurum, quem nonnulli a sortilegis Pythonicum[1] habentibus spiritum feminis, quibus Sabaudiae montes abundant, ortum asserebant.

(4.3) Eo salutato, cardinalis Basileam venit, atque inde per Rhenum Coloniam Agrippinam[2] navigavit, ubi rursus (equis conscensis) per Aquas Grani Leodiumque atque Lovanium, Duacum et Tornachum in Atrebates descendit, ubi conventus totius Galliae et Anglie cardinalem morabatur. Dux Burgundorum, Philippus per id temporis adversus regem Franciae, qui patrem eius occiderat, Anglicorum parti favebat. Cardinalis primum pacem universalem componere studuit; id ubi non successit, Philippum, qui regi Angliae (tanquam regnum Franciae ad eum pertineret) fidem dederat, iuramento absolutum regi Franciae reconciliavit. Tum quoque de bono pacis Aeneas ad Philippum epistolam versu conscripsit. Prius autem, quam Philippus ab Anglicis deficeret, cardinalis Aeneam in Scotiam misit, qui praelatum quendam in regis gratiam reduceret.[3]

Alfonsi captivitas, et Aeneae in itineribus gravia pericula, marisque procellae et Angliae mirabilia.

---

1 *sortilegus*, 'soothsayer'; *Pythonicum*, 'prophetic' so called from the Python at Delphi.

2 He went by river to Cologne, then by horse to (in order) Aix, Liège, Louvain, Douai, Tournai, Arras. Three parties were in conflict: Henry VI of England, who claimed to be King of France (*tanquam regi Franciae . . .*), Charles VII of France, and Duke Philip of Burgundy, supporting the English. The cardinal reconciled Duke Philip to King Charles of France, absolving (*iuramento absolutum*) Philip of his oath to King Henry.

3 The real reason may have been to encourage Scottish hostilities against the English to prevent King Henry from interfering in the reconciliation of France and Burgundy. In the event James I of Scotland applied diplomatic pressure, but not war.

(5.1) Per id temporis rex Aragonum, Alfonsus cum fratribus et omni nobilitate regnorum suorum per Genuenses sub auspiciis Philippi ducis Mediolani maritimo bello victus et captus est.[1]

(5.2) Aeneas, ut Calesium[2] venit, quod est oppidum continentis in Oceani ripa obiectum Anglis, mox quasi suspectus apud hospitem commendatus neque progredi, neque regredi permissus. Auxilio fuit cardinalis Vintoniensis, qui ex Atrebato rediens dimitti eum iussit. At cum venisset Aeneas ad regem Anglie litterasque peteret, quibus in Scotiam tutus iret, retrocedere iussus est timentibus Anglicis, ne apud regem Scotiae, hostem suum contra se aliquid moliretur, quem constabat Cardinalis Sanctae Crucis secretarium esse; et illum[3] Anglici singularibus inimicitiis insectabantur, qui ab eis Burgundorum ducem alienasset. Quae res Aeneam penitus latebant. Gravis sibi, sed necessarius reditus fuit, quod frustra se maris periculo commisisset. Placuit tamen, quia populosas ditissimasque Lundonias vidit, et Sancti Pauli nobile templum[4] regumque mirificas sepulturas et Themisiam fluvium non tam velocius euntem, quam redeuntem, pontemque instar urbis et

---

1 Battle of Ponza, 5 Aug. 1435. King Alfonso V of Aragon was trying to take over the Kingdom of Naples. Despite this defeat by the Genoese, allied with Filippo Maria Visconti, Duke of Milan, Alfonso eventually succeeded.

2 Calais, an English possession. The English thought that Aeneas was an enemy agent and put him under house arrest until the Cardinal of Winchester (coming back from the previously mentioned meeting in Arras) released him.

3 i.e. the Cardinal Sanctae Crucis.

4 Old St. Paul's, which burned in the great fire of 1666. The *pontem instar urbis* is London Bridge, which was covered by shops and other structures. The village where people have tails is Strood in Kent. The idea that Englishmen are born with tails is common in 15th and 16th century ethnography.

villam, in qua nasci caudatos homines fama predicat, et (quod omnibus nomen[1] aufert) aureum Divi Thomae Cantuariensis mauseolum adamantibus,[2] unionibus, atque carbunculis tectum, ad quod materiam argento viliorem nefas offerre ducunt.

(5.3) Remenso igitur mari ad oppidum, quod Bruggis[3] vocant, se contulit, atque inde Clusas petiit, ubi portus est totius Occidentis frequentissimus. Ubi navem ingressus dum Scotiam petit, in Norvegiam propellitur duabus maximis iactatus tempestatibus, quarum altera quattuordecim horas mortis metum incussit, altera duabus noctibus et una die navim concussit atque in fundo perfregit; adeoque in Oceanum et septentrionem navis excurrit, ut nulla iam caeli signa nautae cognoscentes spem omnem salutis amitterent. Sed affuit divina pietas, que suscitatis aquilonibus navem ad continentem reppulit, ac duodecimo tandem die terram Scotiam patefecit.

(5.4) Ubi apprehenso portu Aeneas ex voto decem millia passuum ad Beatam Virginem, quam de Alba Ecclesia[4] vocitant, nudis pedibus profectus cum illic horis duabus quievisset, assurgens moveri loco non poterat debilitatis atque obstupefactis hiemali frigore pedibus. Saluti[5] fuit nihil edendum illic invenisse, atque in aliud rus migrandum fuisse. Quo dum famulorum ope magis

---

1 'fame'.

2 'diamonds'; *uniones*, 'pearls'; *carbunculi*, reddish gems, often 'rubies'.

3 Bruges, then Sluys, at the time major seaports.

4 The Blessed Virgin of Whitekirk, about 25 miles E of Edinburgh.

5 Dat. of purpose: 'this saved him, that he found nothing to eat there'. Cp. *usui est, subsidio est,* and the like. His feet never recovered from the frostbite and he limped the rest of his life.

portatur, quam ducitur, pedetentim terram quatiens calefactis pedibus ex insperato sanitate receptā ambulare occepit. Ad regis[1] denique presentiam intromissus nihil non impetravit ex his, que petitum venerat. Sumptūs ei viarum restituti sunt, et in reditum quinquaginta nobilia ac duo equi, quos gradarios[2] appellant, dono dati.

Scotorum mores varii, et quae apud eos nascuntur, et Aeneae continentiā eiusque divina ope sublatum periculum, ac per Angliam vaferrimus transitus.

(6.1) De Scotia haec relatu digna invenit. Insulam esse Angliae coniunctam in septentrionem portentam ducenta millia passuum longitudinis quinquaginta latitudinis habentem; terram frigidam paucarum frugum feracem, magna ex parte arboribus carentem; subterraneum ibi esse lapidem sulphureum[3] quem ignis causa defodiunt. Civitates nullos habere muros, domos magna ex parte sine calce[4] constructas villarum tecta de cespitibus facta ostia rusticana corio boum claudi. Vulgus pauper et incultum carnes et pisces ad saturitatem panem pro obsonio[5] commedere. Viros statura parvos et audaces feminas albas et venustas atque in venerem proclives; basiationes foeminarum minoris[6] illic esse quam manus in Italia tractationes. Vinum non haberi nisi importatum; equos natura gradarios omnes parvique corporis inveniri, paucis pro semine servatis reliquos castrari solitos; neque

---

1 King James I of Scotland.

2 'trotters'.

3 coal.

4 'mortar'; *caespites* are blocks of sod. The doors were of cowhide.

5 lit. 'as sauce'; Italians ate bread with meat sauce on the bread; Scots ate meat with a morsel of bread; he means that they ate bread 'as a luxury'.

6 'of lesser value/significance'.

17

fricari[1] equos ferro aut ligno pecti neque frenis regi. Ostrea illic maiora quam in Anglia reperiri, et in his plurimos uniones. Ex Scotia in Flandriam corium, lanam, pisces salsos, margaritasque ferri. Nihil Scotos audire libentius quam vituperationes Anglorum. Scotiam duplicem dici alteram cultam, alteram silvestrem agro carentem;[2] silvestres Scotos lingua uti diversa et arborum cortices nonnunquam habere pro cibo. In Scotia non inveniri lupos; cornicem novam[3] esse atque idcirco arborem, in qua nidificaverit, regio fisco cedere.

(6.2) Dicere quoque solitus erat Aeneas priusquam in Scotiam perrexisset audivisse se arbores ibi esse supra ripam fluminis quarum poma in terram cadentia marcerent, in aquam dilapsa vivificarentur atque in aves animarentur; at cum eo venisset miraculumque cupidus investigaret, comperisse id mendacii, seu verum est, ultra in Orchades[4] insulas relegatum. Id autem verum esse asserebat: hiemali solstitio – tunc enim illic fuit–diem non ultra quattuor horas in Scotia protendi.

(6.3) Peractis rebus cum redeundum esset, e vestigio[5] magister navis, qui eum vexerat, ad Aeneam accedens locum redeunti in navi obtulit, quem prius habuerat. Cui Aeneas non tam futuri prescius, quam preteriti periculi[6] memor: 'Si frustra Neptunum' inquit, 'accusat, quibus

---

1 'curry'.
2 The distinction between lowland SE Scotland, agricultural and English-speaking, and the barren Gaelic-speaking Highlands.
3 'A crow is unusual/rare and the tree where it nests belongs to the king's treasury'; presumably because of its size.
4 The Orkneys. These are the barnacle geese, whose spontaneous generation underwater from wood or fruit is a staple of medieval natural history.
5 'at that moment'.
6 The trip from Norway to Scotland.

periculum incidit, quid in eum dicere oportet, qui tertio naufragium patitur? Hominum ego quam maris experiri misericordiam malo.' Dimissoque nauta iter sibi per Angliam delegit. Nec mora, solvens a portu navis in conspectu omnium tempestate vexata collisa et submersa est, magistro, qui rediturus in Flandriam nuptias cum nova sponsa celebraturus erat, et omnibus aliis voragine maris absorptis praeter quattuor, qui arreptis quibusdam tabulis nantes evasere. Tunc se divino nutu beneficioque servatum Aeneas intelligens, dissimulato habitu sub specie mercatoris, per Scotiam transivit in Angliam.

(6.4) Fluvius est, qui ex alto monte diffusus utramque terram disterminat;[1] hunc cum navigio transmeasset, atque in villam magnam circa solis occasum declinasset, in domum rusticanam descendit, atque ibi cenam cum sacerdote loci et hospite fecit. Multa ibi pulmentaria et gallinae et anseres afferebantur in esum, sed neque vini neque panis quicquam aderat. Et omnes tum feminae virique villae quasi ad rem novam accurrerant, atque ut nostri vel Ethiopes vel Indos mirari solent, sic Aeneam stupentes intuebantur quaerentes ex sacerdote, cuias[2] esset, quidnam facturus venisset, Christianam-ne fidem saperet. Edoctus autem Aeneas itineris defectum, apud monasterium quoddam panes aliquot et vini rubei metretam receperat; quibus expositis maior admiratio barbaros tenuit, qui neque vinum prius neque panem album viderant. Appropinquabant autem mensae pregnantes feminae earumque viri, attrectantes panem et

---

1 The Tweed (still part of the boundary between England and Scotland) 'makes a boundary between . . .'
2 'of what country'.

vinum odorantes portionem petebant; inter quos totum erogare[1] necessum fuit.

(6.5) Cumque in secundam noctis horam cena protraheretur, sacerdos et hospes cum liberis virisque omnibus, Aenea dimisso, abire festinantes dixerunt se ad turrem quandam longo spatio remotam metu Scotorum fugere, qui fluvio maris refluxu decrescente noctu transire praedarique soleant;[2] neque secum Aeneam multis orantem precibus quoquo pacto[3] adducere voluerunt, neque feminarum quampiam, quamvis adolescentulae et matronae formosae complures essent; nihil enim his mali[4] facturos hostes credunt, qui stuprum inter mala non ducunt. Mansit ergo illic solus Aeneas cum duobus famulis et uno itineris duce inter centum feminas, quae coronā factā medium claudentes ignem, cannabumque mundantes[5] noctem insomnem ducebant, plurimaque cum interprete fabulabantur.

(6.6) Postquam autem multum noctis transierat, duae adulescentulae Aeneam iam somno gravatum in cubiculum paleis stratum[6] duxere, dormiturae secum ex more regionis, si rogarentur. At Aeneas non tam feminas, quam latrones mente volvens, quos iamiam timebat affore, puellas a sese murmurantes reiecit veritus, ne peccatum admittens e vestigio praedonibus ingressis

---

1 'share out,' 'pay out'.
2 'they were accustomed to pillage'; 'Boarder Reivers' (border robbers) were a plague until the 17th century. Some of these towers of refuge still exist.
3 *neque . . . quoquo pacto*, 'in no way at all'.
4 *nihil . . . mali*, 'no harm'; they did not consider rape to be a harm.
5 'cleaning hemp' (perhaps flax).
6 'layered with straw'.

sceleris[1] poenas daret. Mansit igitur solus inter vaccas et capras, que furtim paleas ex strato suo carpentes haudquaquam dormire eum sinebant.

(6.7) Post medium autem noctis latrantibus canibus et anseribus strepentibus ingens clamor factus est, tumque omnes feminae in diversum prolapsae, dux quoque itineris diffugit, et quasi hostes adessent, omnia tumultu completa. At Aeneae potior sententia visa est in cubiculo (id enim stabulum fuit) rei eventum expectare, ne (si foras curreret ignarus itineris) cui primum obviasset, ei se praedam daret.[2] Nec mora, reversae mulieres cum interprete nihil mali esse nuntiant, atque amicos non hostes venisse; idque tum sibi continentiae praemium Aeneas existimavit. Qui ubi dies illuxit, itineri se commisit, atque ad Novum Castellum[3] pervenit, quod Caesaris opus dicunt. Ibi primum figuram orbis et habitabilem terrae faciem visus est revisere; nam terra Scotia et Angliae pars vicina Scotis nihil simile nostrae habitationis habet–horrida, inculta atque hiemali sole inaccessa.

(6.8) Exinde Dunelmiam[4] venit, ubi sepulchrum Venerabilis Bedae presbyteri, sancti viri hodie visitur, quod accolae regionis devota religione colunt. In Eborachum quoque descendit, magnam et populosam urbem, ubi templum est et opere et magnitudine toto orbe memorandum et sacellum[5] lucidissimum, cuius

---

1 The sin of sleeping with the girls.
2 'he should be a prey to the one (*ei*) whom (*cui*) he first met'.
3 Newcastle.
4 Durham. The Venerable Bede (672/3-735), the most distinguished monk and scholar of Medieval England, is buried in Durham Cathedral. *Eborachum* is York (usually *Eboracum*).
5 'chapel'.

parietes vitrei inter columnas ad medium tenuissimas colligati tenentur. Inter equitandum comes ei unus ex iudicibus Angliae factus est, qui tunc Lundonias ad iudicium properabat. Hic omnia, quae apud Atrebatum gesta erant, quasi ignaro Aeneae referebat, multaque in Cardinalem Sanctae Crucis maledicta iactabat, quem lupum ovina pelle vestitum[1] appellabat. Quis non fortunae casus demiretur? Is Aeneam usque Lundonias securum perduxit, qui si novisset hominem, mox in carcerem coniecisset.

(6.9) In Lundoniis autem comperit Aeneas interdictum regis esse,[2] ne quis peregrinus absque litteris regis insula exiret; neque illas petere tutum videbatur. Corrupit igitur pecunia custodes portūs, quod apud id genus hominum minime arduum est, quibus nihil est auro dulcius. Ex Dubla igitur Calixium navigavit,[3] atque inde Basileam petiit, et itinere continuato Mediolanum. Ubi certior factus Cardinalem Sanctae Crucis ex Florentia missum per vallem Athesis et montes, quos Arelatenses appellant,[4] Basiliense concilium adire, ad eum, superatis Alpibus quas Brigae vocitant, per vallem Seduni profectus est.

De translatione concilii Basiliensis et Eugenii
persecutione.

---

1 Matthew 7:15.

2 'it was the command of the king that . . .'; *absque* 'without'.

3 from Dover (usually spelled *Dubris*) to Calais, then to Basel and Milan.

4 The cardinal had gone through the valley of the Adige River and the Arlberg (Austria); Aeneas crossed the Alps at Brig (Switzerland) and the Simplon Pass.

(7.1) Graeci per id tempus ad Latinas terras de unione tractaturi venturos sese concilio promiserant.[1] At gens inops et mendicandi perita in sumptum pecunias expetebat,[2] atque in eam rem auri florenorum septuaginta millia requirebat. Concilium, ut tantam summam corraderet, plenarias indulgentias remissionemque peccatorum omnium his pollicebatur, qui pecuniam in hoc opus conferrent. Parum tamen valiturae[3] indulgentiae videbantur, nisi et Romani pontificis concurreret auctoritas; neque is renuebat, sed contentio erat in conficiendis litteris.[4] Basilienses enim sub nomine concilii concurrente Romano praesule dandas indulgentias asserebant, Eugenius vero suo nomine sacro approbante Concilio emitendas litteras, atque illum esse veterem et tritum usum affirmabat. Saepe et multum atque usque ad probra super ea re disputatum est. Nam et Thomas–qui postea, ut diximus [4.1], Beati Petri cathedram tenuit– tunc privatus homo et Cardinalis Sanctae Crucis familiaris, cum de concilii auctoritate mentio fieret: 'Quid vos,' inquit, 'concilium commendatis? Non hic Concilium neque Ecclesiam quisquam esse dixerit mente sanus. Synagogam Sathanae, non synodum agitis, perditi

---

1 The Turks had besieged Constantinople for the first time 10 years before, in 1422, and the Byzantines were eager for an alliance with the West.

2 'were asking for money for expenses' i.e. to be repaid for their travel expenses to Basel.

3 'valid'.

4 The pope had to 'countersign' the indulgences, but there was a dispute about the format (*in conficiendis litteris*). The Council at Basel asserted that they could issue the indulgences 'with the concurrence of the Roman pope' (*concurrente . . . praesule*); Pope Eugenius wanted to issue them under his name 'with the approval of the Council' (*approbante concilio*).

homines et mancipia demonum!'[1] Quibus ex verbis irritati patres arripi hominem vincirique mandaverunt, sed Iuliani Cardinalis Sancti Angeli[2] prudentiā liberatur. Cardinalis autem Sanctae Crucis ad Eugenium Bononiae manentem infectis rebus reversus, nec diu post ad Philippum Mariam ducem[3] missus est, inter eum et Venetum populum de pace acturus. Eo usque cum eum Aeneas secutus cardinalem esset, intellexissetque Bononiae nullum Eugenio gratum esse,[4] qui rebus Basiliensibus favisset, memoriamque sibi Novariensis episcopi posse nocere, ne frustra tempus tereret in Romana Curia, permissu Cardinalis Basileam rediit, atque apud gravem et sanctum patrem, Iohannem Sancti Petri ad Vincula Cardinalem,[5] natione Hispanum, qui postea Ostiensis creatus est, sese recepit.

Aeneas continues with his narrative of the Council of Basel and his success there.

---

1 'henchmen of demons'.

2 Giuliano Cesarini, Cardinal of Sant'Angelo, who presided over the Council as representative of the pope.

3 Filippo Maria Visconti, the powerful Duke of Milan.

4 Pope Eugenius would not favour anyone who had supported the Council of Basel (as Aeneas had) or was a friend of the Bishop of Novara.

5 The distinguished Cardinal Juan Cervantes, who in 1446 was named head of the College of Cardinals.

HISTORIA DE DUOBUS AMANTIBUS

Aeneas Silvius Piccolomini

The first and most successful original short story in Latin is the Historia de duobus amantibus (ca. 1440) of Aeneas Silvius Piccolomini, later Pope Pius II. (For his biography, see the introduction to "Aeneas Silvius travels to Scotland" in this Reader.) As pope, the author repudiated his own story on moral grounds, but it has always been widely read and was reprinted as recently as 2001.

Euryalus, a Bohemian noble in the service of Emperor Sigismund, is travelling with his master to Rome, where Sigismund is to be crowned as Holy Roman Emperor. (The coronation occurred 31 May 1433; our story begins the previous summer.) On the way the imperial entourage stays several months in Siena, where Euryalus falls in love with Lucretia, the beautiful wife of Menelaus, an elderly Sienese grandee. Lucretia reciprocates his love, but of course the affair does not end well. Sigismund, attended by Euryalus, must leave Siena for Rome to be crowned. Lucretia desperately writes a letter: "Take me with you." Euryalus replies that this is impossible: Lucretia's reputation would be ruined; their secret love would be revealed to all; the emperor would remove him from his post; but he will soon be returning to Sienna. Unfortunately, Euryalus falls ill in Rome and is barely able to attend the coronation. On the way back to Bohemia the emperor and his retinue merely ride through Siena without stopping. Lucretia wastes away and dies of love. Euryalus thinks only of Lucretia as he travels back to Bohemia, inconsolable until the emperor gives him a beautiful noblewoman in marriage.

Since the *Historia* is in Latin, Aeneas Silvius felt free to indulge his learning. Characters derive their pseudonyms from and are compared to figures in Greco-Roman history or mythology. Lucretia (Livy's model of virtue) compares herself to Medea,

25

Ariadne, or Dido. Euryalus (Aeneas' faithful companion) reminds himself of men deceived by women: Troilus, Deiphobus, Ulysses' crew (see §6 below). The author uses conventional classical metaphors: at dawn Aurora leaves the saffron bed of Tithonus; Fortune seems to rule all.

Despite this classical veneer, the *Historia* is thoroughly Italian and contemporary. The action occurs in a real time and place; Euryalus might be identified with one of Sigismund's attendants. The author in his own person comments on the lovers, as in §10 below on the cleverness of women: if a woman's husband is not deceived, that's just because she did not try to deceive him.

The characters in the plot play conventional roles from Boccaccio's Italian *novelle* or from Roman comedy: the married lady who loves a stranger, the jealous husband, women who play tricks on their husbands. In addition the author's easy Latin style resembles the vernacular: sentences are short, non-periodic, straightforward, more medieval than classical. As in Medieval Latin, many *sententiae* are scattered throughout the text, moral maxims and proverbs derived from literature or sermons: *brevis est illa voluptas, dolores longissimi* (§6), *plus fortunā quam ingenio sumus felices* (§10), *scelus est bonis non uti cum possis* (§18).

The *Historia* represents the state of the Latin language prior to the great manuscript discoveries of (among others) Poggio Bracciolini, whose *Facetiae* (examples in the joke section of this *Reader*) mock priests, monks, women, and rustics, and are similar to the *Historia* in their vernacular plots, characterizations, and attitudes. Later Neo-Latin literary works tend to be more classical, with more elaborate language.

The text is available online: Joseph Devay (ed.), *Aeneae Silvii Piccolominei De Duobus Amantibus Historia* (Budapest 1903). The introduction and notes are entirely in Latin.

When our passage begins, Euryalus is sneaking into Lucretia's house disguised as a labourer (*vector*) carrying sacks of grain slung on ropes (*saccus, funes*). Sosias is the go-between who facilitated the deceit.

1. Linquens croceum Tithoni Aurora cubile iam diem reserabat optatum, moxque suum rebus se fortunatum beatumque censuit, cum admixtum se vilibus servis, nulli[1] noscendum vidit. Pergit igitur ingressusque Lucretiae domum, frumento se oneravit,[2] positoque in horreo tritico; ultimus descendentium fuit atque, ut erat perdoctus, ostium maritalis thalami, quod in medio scalarum clausum videbatur, impulit seque intro recepit et, reclusis foribus, Lucretiam serico intentam[3] vidit atque accedens propius: "Salve, mi anime!" inquit. "Salve unicum vitae praesidium spesque meae! Nunc te solam offendi. Nunc, quod semper optavi, semotis arbitris, te amplector. Nullus iam paries, nulla distantia meis obstat osculis."

2. Lucretis, quamvis ordinem ipsa dedisset, primo congressu stupuit, nec Euryalum, sed spiritum se videre putabat, ut quae[4] virum tantum ad ea pericula iturum sibi non suadebat. At, ubi inter amplexus et oscula suum agnovit Euryalum, impavida ait: "Tune hic es, paupercule? Tune hic ades Euryale?" Et rubore per genas fuso, complexa est arctius hominem et media fronte dissaviata,[5] moxque repetens sermonem: "Heu! quanto te," ait, "discrimini subiecisti! Quid amplius dicam? Iam

---

1 Forms of *nullus* for *nemo* can be found throughout; *nulli* = *nemini*.
2 *exoneravit*, 'unburdened himself of'; *triticum*, 'wheat'.
3 'busy with sewing silk'.
4 *ut quae . . .* 'like one who couldn't convince herself that such a man would undergo these dangers.' She had told him that Menelaus would kill him, and face no penalty, if he ever found Euryalus with Lucretia.
5 from *dissuavior, -ari*, 'kiss ardently'.

me tibi carissimam scio; iam tui amoris feci periculum, [1]
sed neque tu me aliam invenies. Dii tantum fata
secundent et amori nostro prosperum eventum dent.
Dum spiritus hos regit artūs praeter te nemo Lucretiae
potens erit, ne maritus quidem – si rite maritum appello,
qui mihi invitae datus est et in quem animus nunquam
consensit meus. Sed age mea voluptas, meum delicium,
abiicito saccum hunc, teque mihi, ut es, ostende. Exue
vectoris speciem. Hos funes missos fac. Euryalum me
videre concedito."

3. Iam ille, depositis sordibus, ostro fulgebat et auro et
amoris in officium pronus ibat. Tum Sosias ante ostium
pulsitans: "Cavete," inquit, "amantes! Nescio quid rerum
quaerens Menelaus huc festinat. Tegite furta vestra,
dolisque virum fallite. Nihil est, qua egredi putetis." [2]

4. Tum Lucretia: "Latibulum parvum sub strato est, illic
pretiosae res sunt. Scis, quid tibi scripserim, si (te mecum
existente[3]) vir adventaret. Ingredere huc; tutus his in
tenebris eris. Neque te moveris neque screatum[4] dederis."

5. Anceps quid agat Lucretius, mulieris imperium subit.
Illa, foribus patefactis, ad sericum redit. Tum Menelaus et
unā Bertus assunt, chirographa[5] nonnulla ad rem
publicam pertinentia quaesituri. Quae postquam nullis
inventa sunt scriniis, "In latibulo nostro," inquit
Menelaus, "forsitan erunt. I, Lucretia, lumenque affer; hic
intus quaerendum est."

---

1 'I have made a trial of,' 'I have tested'.

2 'There's no way which you can contrive to escape.'

3 'you being with me'.

4 The verb *screo, -are*, means 'to clear one's throat,' 'to hawk'; she's
telling him 'don't make a sound'.

5 'some document'; *quaesituri*, fut. part. of purpose.

6. His exterritus vocibus Euryalus exsanguis fit, iamque Lucretiam odisse incipit atque inter se: "Heu, me fatuum!" inquit, "quis me huc venire compulit nisi levitas mea? Nunc deprehensus sum; nunc infamis fio; nunc Caesaris gratiam perdo. Quid gratiam?[1] Utinam mihi vita supersit! Quis me hinc vivum eripiet? Emori certum est. O me vanum et stultorum omnium stultissimum! In hanc sentinam volens cecidi. Quid haec amoris gaudia, si tanti[2] emuntur? Brevis est illa voluptas, dolores longissimi. O! si nos haec pro regno coelorum subiremus! Mira est hominum stultitia. Labores breves nolumus pro longissimis tolerare gaudiis. Amoris causā, cuius laetitia fumo comparari potest, infinitis nos obiectamus angustiis.

7. "Ecce me ipsum! Iam ego exemplum, iam fabula omnium ero nec quis exitus pateat scio. Hinc se me deorum quispiam traxerit, nusquam me rursus amor illaqueabit. O Deus! Eripe me hinc, parce iuventuti meae! Noli meas metiri[3] ignorantias! Reserva me, ut horum delictorum poenitentiam agam! Non me amavit Lucretia, sed quasi cervum in casses voluit DEPREHENDERE. ECCE! VENIT DIES MEUS. NEMO ME ADIUVARE POTEST, NISI TU DEUS meus. Audieram ego saepe mulierum fallacias – nec declinare scivi. At, si nunc evasero, nulla me unquam mulieris techna[4] deludet."

8. Sed nec Lucretia minoribus urgebatur molestiis, quae non solum suae, sed amantis quoque saluti timebat. At, ut est in periculis subitaneis mulierum quam virorum promptius ingenium, excogitato remedio: "Age," inquit,

---

1 i.e. why should I mention *gratia*? My life is at stake!
2 Gen. of price; 'at such a cost'.
3 *metior, -iri*, 'measure'; here 'judge me according to my stupidity'.
4 'tricks,' a Greek loan-word.

"mi vir! Cistella illic super fenestra est ubi te memini monimenta[1] nonnulla recondidisse. Videamus an illic chirographa sint reclusa."

9. Subitoque decurrens, tamquam vellet aperire cistallam, latenter illam deorsum impulit et, quasi casu cecidisset, "Proh! mi vir," ait, "adesto, ne quid damni sentiamus. Cistella ex fenestra decidit; perge ocius! ne iocalia[2] vel scripturae dispereant. Ite, ite ambo! Quid statis? Ego hinc, ne quis furtum faciat, oculis observabo."

10. Vide audaciam mulieris! I nunc et feminis credito. Nemo tam oculatus est ut falli non possit. Is dumtaxat non fuit illusus, quem coniunx fallere non temptavit. Plus fortunā quam ingenio sumus felices.

11. Motus hoc facto Menelaus Bertusque una repente in viculum se praecipitant. Domus, etrusco more, altior fuit multique gradūs descendendi erant. Hinc datum est Euryalo spatium mutandi locum, qui ex monitu Lucretiae in novas latebras se recepit. Illi, collectis iocalibus atque scripturis, quia chirographa, quibus opus erat, non reppererant, ad scrinia iuxta QUAE LATUERAT EURYALUS transeunt, ibique voti compotes facti,[3] consalutatā Lucretiā, recesserunt.

12. Illa, obducto foribus pessulo: "Exi mi Euryale! Exi mi anime!" inquit. "Veni, gaudiorum summa meorum. Veni, fons delectationum mearum, scaturigo laetitiae, favum mellis. Veni, dulcedo incomparabilis mea. Iam tuta sunt omnia, iam nostris sermonibus liber campus patet. Iam locus est amplexibus tutus. Adversari osculis nostris

---

1 'keepsakes'.
2 'jewels'.
3 'having gotten what they hoped for'.

Fortuna voluit, sed aspiciunt dii nostrum amorem nec tam fidos amantes deserere voluerunt. Veni iam meas in ulnas! Nihil est quod amplius vereare, meum lilium rosarumque cumulus. Quid stat? Quid times? Tua hic sum Lucretia. Quid cunctaris Lucretiam amplexari?"

13. Euryalus, vix tandem formidine positā, sese recepit complexusque mulierem, "Nunquam me" inquit, "tantus invasit timor; sed digna tu es, cuius causā talia tollerentur. Nec ista oscula et tam dulces amplexus obvenire cuipiam gratis[1] debent. Nec ego, ut verum fatear, satis emi tantum bonum. Si post mortem rursus vivere possem teque perfrui, emori millies vellem, si hoc pretio tui possent amplexus coemi. O! mea felicitas! O! mea beatitudo! Visum video, an ita est? Teneo te, aut somniis illudor vanis? Tu certe hic es et ego te habeo."

14. Erat Lucretia levi vestita pallā, quae membris absque rugā[2] haerebant, nec vel pectus vel clunes mentiebantur; ut erant artus, sic se ostentabant. Gulae candor nivalis, oculorum LUMEN TAMQUAM SOLIS IUBAR. Intuitus laetus, facies alacris, genae veluti lilia, purpureis immixta rosis. Risus in ore suavis atque modestus. Pectus amplum, papillae quasi duo punica poma[3] ex utroque latere tumescebant pruritumque palpantibus movebant.

15. Non potuit Euryalus ultra stimulum cohibere sed, oblitus timoris, modestiam quoque ab se reppulit aggressusque feminam: "Iam," inquit, "fructum sumamus amoris," remque verbis iungebat. Obstabat

---

1 He could not expect to get such joys for free (*gratis*). Before this, he had not paid enough (*satis emi*), but now he has.

2 'without any folds'; *abs* = *sine* (also in §18).

3 *mala punica* or *poma punica*, pomegranates.

mulier, curamque sibi honestatis et famae fore dicebat,[1] nec aliud eius amorem quam verba et oscula poscere.

16. Ad quae subridens Euryalus: "Aut scitum est," inquit, "me hic venisse aut nescitum. Si scitum, nemo est qui non cetera suspicetur, et stultum est infamiam sine re[2] subire. Si vero nescitum, et hoc quoque sciet nullus. Hoc pignus amoris est; emoriar prius quam hoc caream"

17. "Ah, scelus est," inquit Lucretia.

18. "Scelus est," refert Euryalus, "bonis non uti cum possis. At ego occasionem mihi concessam, tam quaesitam, tam optatam, amitterem?" Accceptāque[3] mulieris veste, pugnantem feminam, quae vincere nolebat, abs negotio vicit.

19. Nec Venus haec satietatem, ut Amnoni cognita Tamar peperit,[4] sed maiorem sitim excitavit amoris. Memor tamen discriminis Euryalus, postquam vini cibique paulisper hausit, repugnante Lucretiā, recessit. Ne sinistre quispiam suspicatus est, quia unus e baiulis putabatur.[5]

---

1 She kept saying: '*Curae mihi est honestatis et famae; amor est verba sola et oscula sola poscere.*'

2 i.e. the dishonour without the pleasure.

3 Equivalent to *raptāque*.

4 II Sam. 13:1-20. After Ammon rapes Tamar, he hates her and drives her away. This did not happen to Euryalus and Lucretia.

5 As when he entered the house; *baiulus*, 'a porter'.

ERASMUS: *ABBATIS ET ERUDITAE*

Colloquium Familiare.

Desiderius Erasmus (1466-1536), the greatest of the humanist writers and a theologian during a time of great religious upheaval, was born in Rotterdam. His father was a priest, his mother perhaps the priest's housekeeper. In any event they never married, but did raise the young Erasmus until their death from the plague in 1483. He received a good education and entered the priesthood in 1492. In 1495 he went to Paris to study and there gave Latin lessons. In 1499 he was invited to go to England with one of his students, Baron Mountjoy. While there, he made some lifelong friends, among them Thomas More, about whom Erasmus wrote a letter included in this *Reader*. He taught at Cambridge for a few years, but always preferred the life of an "independent" scholar, ever dependent on the support of friends – at least until he became famous years later. From 1506 to 1509 he was in Italy, staying longer than he had anticipated due to his work with the printer Aldus Manutius. (His letter to Aldus is included in this *Reader*.) He spent some years at the Catholic University in Leuven/Louvain, then moved to Basel where he worked with the publisher Johann Froben, who published Erasmus' edition of the *New Testament*, the first critical (by the standards of the time) edition of the Greek text.

In 1517 Martin Luther had published his Ninety-five Theses against abuses in the Church and started the Protestant Reformation. Erasmus was most unwilling to be drawn into this religious controversy and seemed to both sides to be temporizing and halfhearted. Thus he was attacked by Catholics (especially Italians) as a heretic and by Protestants as a coward unwilling to face the problem of church abuses. But Erasmus was most afraid of what actually began to occur: civic disorders and wars spread throughout Germany and the Low Countries. When Basel became Protestant in 1529, Erasmus left for Freiburg. He died during a visit back to Basel in 1536, age 70.

Erasmus wrote constantly and published what he wrote. These include many theological and religious works, some satire (his *Encomium Moriae, In Praise of Folly*, is his best known work), several thousand letters, and many education treatises and classroom material for teaching Latin and Greek. These *Colloquia* are samples of the latter.

While in Paris in the 1490's he had little money and gave private Latin lessons. For these classes, he wrote dialogs, invented conversations on many topics for the boys to memorize and perform. More than 20 years later, when Erasmus was already famous, these dialogues were issued – without his approval – under the title *Colloquia familiaria* and became immediately popular. As he grew older, he added to the number of *Colloquia*, in many of which he referred to important religious and political issues of the day: marriage, the eucharist, old age, poverty. Our first one is a conversation between an abbot and a learned woman and addresses the education of women. Although we are dealing with fiction in which no character represents the author, we do know from other sources that Erasmus did not think highly of the clergy of the church and that he advocated for the education of women – at least to some level. We may doubt that he would have argued that women should have the same education as men. In any case, the abbot is depicted in this conversation as a lazy blockhead and bon vivant who hates books and study. Magdalia, the learned woman, is probably modelled after Margaret Roper, the eldest daughter of Sir Thomas More, whom he praises in one of his letters (Allen #1233).

Persons: Antronius, the abbot, and Magdalia, an educated woman.

An. Quam hic ego supellectilem¹ video?

Ma. An non elegantem?

---

1 'household furnishings,' furniture, but also ornaments and books
– the point here.

34

An. Nescio quam elegantem; certe parum decoram et puellae et matronae.

Ma. Quam ob rem?

An. Quia librorum plena sunt omnia.

Ma. Tu tantus natu, tum abbas et aulicus,[1] nunquam vidisti libros in aedibus heroinarum?

An. Vidi, sed Gallice scriptos, hic video Graecos et Latinos.[2]

Ma. An soli Gallice scripti libri docent sapientiam?

An. Sed decet hoc heroinas, ut habeant, quo delectent otium.

Ma. An solis heroinis licet sapere et suaviter vivere?

An. Male connectis[3] 'sapere' et 'suaviter vivere.' Non est muliebre sapere, heroinarum est suaviter vivere.

Ma. Nonne omnium est bene vivere?

An. Opinor.

Ma. Qui potest autem suaviter vivere, qui non vivat bene?

An. Immo qui potest suaviter vivere, qui vivat bene?[4]

Ma. Ergo tu probas eos qui vivunt male, modo suaviter.

---

1 'courtier'; high churchmen were also political figures; cp. Cardinal Wolsey. *Heroinae*, 'noblewomen'.

2 A noblewoman might have the ability to read in French, but rarely in Latin, even more rarely in Greek, an unusual accomplishment for anyone, male or female, at that time. The French books would be romance novels, despised then as now.

3 'You seriously confuse . . .'

4 The two concepts of *'suaviter vivere'* 'live enjoyably' and *'bene vivere'* 'live morally' are opposites. The abbot defines *suaviter* a few lines below.

An. Arbitror illos bene vivere qui vivunt suaviter.

Ma. Sed ista suavitas unde proficiscitur, e rebus extrariis, an ex animo?

An. E rebus extrariis.

Ma. O subtilem abbatem, sed crassum Philosophum! Dic mihi, quibus rebus tu metiris suavitatem?

An. Somno, conviviis, libertate faciendi quae velis, pecunia, honoribus.

Ma. Verum, si istis rebus Deus addiderit sapientiam, num vives suaviter?

An. Quid appellas sapientiam?

Ma. Hoc est, si intelligeres hominem non esse felicem, nisi bonis animi; opes, honores, genus neque feliciorem reddere neque meliorem.

An. Valeat[1] ista quidem sapientia.

Ma. Quid si mihi suavius sit legere bonum auctorem, quam tibi venari, potare aut ludere aleam? Non videbor tibi suaviter vivere?

An. Ego non viverem.

Ma. Non quaero, quid tibi sit suavissimum, sed quid deberet esse suave.

An. Ego nolim meos monachos frequentes esse in libris.

Ma. At meus maritus hoc maxime probat. Sed quam ob rem tandem non probas hoc in monachis tuis?

---

1 'Let's say goodbye to that wisdom!'

An. Quoniam experior illos minus morigeros: responsant ex decretis, ex decretalibus, ex Petro, ex Paulo.[1]

Ma. Imperas igitur quae pugnant cum Petro et Paulo?

An. Quid illi doceant, nescio. Sed tamen non amo monachum responsatorem, neque velim quenquam meorum plus sapere quam ego sapiam.

Ma. Istud ita vitari possit, si tu des operam, ut quam plurimum sapias.

An. Non est otium.

Ma. Qui sic?

An. Quia non vacat.

Ma. Non vacat sapere?

An. Non.

Ma. Quid obstat?

An. Prolixae preces, cura rei domesticae, venatus, equi, cultus aulae.

Ma. Itane ista tibi sunt potiora sapientiā?

An. Nobis sic usu venit.[2]

Ma. Iam illud mihi dicito, si quis Iupiter hanc potestatem tibi daret, ut posses et monachos tuos et te

---

1 the abbot finds educated monks to be less obedient. This passage refers to Petrus Baldus de Ubaldis (1327-1400), and Paulus de Castro (ca. 14th century), both Italian jurists who wrote voluminous commentaries on the law. The joke here is that the abbot does not know the difference between these jurists and St. Peter and St. Paul and does not want anything to do with any of them.

2 *usu venit*, 'it happens,' we are accustomed to it'

ipsum vertere in quodcumque animal velles, an illos in porcos verteres, te ipsum in equum?

An. Nequaquam.

Ma. Atqui sic vitares, ne quis plus te uno saperet.

An. Mea non magni referret, quod genus animantis essent monachi, modo ipse essem homo.

Ma. An hominem esse censes, qui nec sapiat nec velit sapere?[1]

An. Mihi sapio.

Ma. Et sibi sapiunt sues.

An. Videre mihi sophistria[2] quaepiam, ita argutaris.

Ma. Non dicam, quid tu mihi videaris. Sed cur haec displicet supellex?

An. Quia fusus et colus sunt arma muliebria.

Ma. Nonne matronae est administrare rem domesticam, erudire liberos?

An. Est.

Ma. An rem tantam existimas administrari posse sine sapientia?

An. Non arbitror.

Ma. At hanc sapientiam docent me libri.

An. Ego domi habeo sexaginta duos monachos, tamen nullum librum reperies in meo cubiculo.

---

1 The pursuit of knowledge and wisdom distinguishes real human beings from animals or savages.
2 Fem. form of *sophistes*, 'sophist'.

Ma. Bene itaque prospectum est monachis illis.

An. Feram libros, non fero Latinos.

Ma. Quapropter?

An. Quia non convenit ea lingua feminis.

Ma. Exspecto causam.

An. Quia parum facit ad tuendam illarum pudicitiam.[1]

Ma. Ergo nugacissimis fabulis pleni libri Gallice scripti faciunt ad pudicitiam?

An. Aliud est.

Ma. Dic istud, quidquid est, aperte.

An. Tutiores sunt a sacerdotibus, si nesciant Latine.[2]

Ma. Immo isthinc minimum est periculi vestrā operā[3]. Quandoquidem hoc agitis sedulo, ne sciatis Latine.

An. Vulgus[4] ita sentit, quia rarum et insolitum est feminam scire Latine.

Ma. Quid mihi citas vulgum, pessimum bene gerendae rei auctorem? Quid mihi consuetudinem,[5] omnium malarum rerum magistram? Optimis assuescendum: ita fiet solitum, quod erat insolitum; et suave fiet, quod erat insuave; fiet decorum, quod videbatur indecorum.

An. Audio.

---

1 The abbot (if he is aware of them) is thinking of Catullus, Martial, and the like.
2 i.e. predatory priests.
3 'in respect of you'.
4 'The public'.
5 Understand *citas* again. 'Why cite custom, the mistress of all vices.' The opposite is *Optimis*, 'the best things'.

Ma. Nonne decorum est feminam in Germania natam discere Gallice?

An. Maxime.

Ma. Quam ob rem?

An. Ut loquatur cum his, qui sciunt Gallice.

Ma. Et mihi putas indecorum, si discam Latine, ut quotidie confabuler cum tot auctoribus, tam facundis, tam eruditis, tam sapientibus, tam fidis consultoribus.

An. Libri adimunt multum cerebri feminis – cum alioqui parum[1] illis supersit.

Ma. Quantum vobis supersit, nescio; certe mihi quantulumcunque est, malim in bonis studiis consumere quam in precibus sine mente dictis, in pernoctibus conviviis, in exhauriendis capacibus pateris.[2]

An. Librorum familiaritas parit insaniam.

Ma. An colloquia combibonum,[3] scurrarum et sannionum tibi non pariunt insaniam?

An. Immo depellunt taedium.

Ma. Qui fiat igitur, ut tam amoeni confabulones[4] mihi pariant insaniam?

An. Sic aiunt.

Ma. At aliud ipsa loquitur res. Quanto plures videmus, quibus immodica potatio et intempestiva convivia,

---

1 'anyway (*alioqui*), too little sense is left in them.'
2 'full bowls' of wine.
3 'drunkards, jokers, and fools'.
4 i.e. *libri mei.*

quibus temulenta pervigilia, quibus impotentes affectūs[1] pepererunt insaniam?

An. Ego sane nollem uxorem doctam.

Ma. At ego mihi gratulor, cui contigerit maritus tui dissimilis. Nam et illum mihi et me illi cariorem reddit eruditio.

An. Immensis laboribus comparatur eruditio, ac post moriendum est.

Ma. Dic mihi, vir egregie, si cras tibi moriendum esset, utrum malles mori stultior an sapientior?

An. Si citra laborem contingeret[2] sapientia.

Ma. Sed nihil homini citra laborem contingit in hac vita, et tamen quicquid paratum est, quantisvis laboribus comparatum est, hic relinquendum est. Cur pigeat nos in re omnium pretiosissima sumere laboris aliquid, cuius fructus nos in alteram quoque vitam comitatur?

An. Frequenter audivi vulgo dici, feminam sapientem bis stultam esse.

Ma. Istuc quidem dici solet, sed a stultis. Femina quae vere sapit, non videtur sibi sapere. Contra[3] quae cum nihil sapiat, sibi videtur sapere, ea demum bis stulta est.

An. Nescio quomodo fit, ut quemadmodum clitellae[4] non conveniunt bovi, ita nec literae mulieri.

---

1 'uncontrolled passions'.
2 'would come to me,' 'would happen to me'.
3 'On the other hand'.
4 'saddlebags'.

Ma. Atqui negare non potes, quin magis quadrent clitellae bovi, quam mitra asino, aut sui. Quid sentis de Virgine matre?

An. Optime.

Ma. Nonne versabatur in libris?

An. Versabatur; at non in istis.

Ma. Quid igitur legebat?

An. Horas canonicas.

Ma. Ad quem usum?

An. Ordinis Benedictini.[1]

Ma. Sit ita sane. Quid Paula et Eustochium?[2] nonne versabantur in sacris libris?

An. Verum istuc nunc rarum est.

Ma. Sic olim rara avis[3] erat abbas indoctus, nunc nihil vulgatius: olim principes et caesares eruditione non minus quam imperio praeminebant. Neque tamen usque adeo rarum est, quam tu putas: sunt in Hispania, sunt in Italia non paucae mulieres adprime nobiles, quae cum quovis viro queant contendere: sunt in Anglia Moricae,[4]

---

1 The abbot is so ignorant that he thinks the Benedictine Order predates the Virgin Mary.

2 Saint Paula (ca. 347-404) and her daughter Eustochium (ca. 368-420) were saints of the early church. Paula and her husband Toxotius had four daughters and one son. On her husband's death Paula devoted herself to religion. She and her daughter Eustochium met St. Jerome in Rome, and in 386 they returned with him to Egypt and Palestine, settling in Bethlehem. They remained there, helping St. Jerome with his Biblical commentaries. They are buried in the Church of the Nativity.

3 See *adagium* 1021 in this *Reader*.

4 The three daughters of Sir Thomas More, especially Margaret Roper, a writer and translator, perhaps the most learned woman

sunt in Germania Bilibaldicae et Blaurericae.[1] Quod nisi caveritis vos, res eo[2] tandem evadet ut nos praesideamus in scholis theologicis, ut contionemur in templis; occupabimus mitras vestras.

An. Ista Deus avertat.

Ma. Immo vestrum erit hoc avertere. Quod si pergetis ut coepistis, citius anseres contionaturi[3] sint, quam vos mutos pastores ferant. Videtis iam inverti mundi scaenam:[4] aut deponenda est persona, aut agendae sunt suae cuique partes.

An. Unde incidi in hanc feminam? Si quando vises nos, ego te suavius accipiam.

Ma. Quibus modis?

An. Saltabimus, bibemus affatim, venabimur, ludemus, ridebimus.

Ma. Mihi quidem iam nunc ridere libet.

---

of Renaissance England.

1 Caritas Pirckheimer (1457-1632), elder sister of Willibald Pirckheimer, the German Humanist and friend of Erasmus, was abbess of the Franciscan convent of St. Clare at Nuremberg. Other sisters and daughters of Willibald were educated women. Margaret Blaurer (or Blarer, 1493-1541) was the daughter of a town councillor of Constance. She had a humanist education and corresponded with the Protestant reformer Martin Bucer.

2 'it will come to such a point (*eo*) that (*ut*) we . . .'

3 '. . . geese are sooner going to preach than put up with you tongue-tied pastors.' *contionor, contionari,* 'preach'.

4 The world's a stage and it is upside down.

ERASMUS: *DIVERSORIA*

Colloquium Familiare.

Erasmus traveled constantly throughout Europe, but apparently did not enjoy the experience. He grumbled about dangerous roads and dirty inns. In this *colloquium* he pictures what was to him a familiar experience: overly heated rooms (the *aestuarium/ hypocaustum* mentioned below), the crowding, the filth, the bad food. Gulielmus (William) praises the welcome one finds at French inns, with their friendly hosts and good food, and Bertulphus (Bertulf) contrasts that with what he experienced in Germany. (At the time "Germany" included the Low Countries, as well as what we now call Germany.) Other travellers of the time said much the same. For a translation of this *colloquium* see Craig Thompson, *The Collected Works of Erasmus*, vol. 29 (Toronto: Univ. of Toronto Press 1997). A useful on-line version of these two *colloquia* printed here can be found at Stoa.org/colloquia. (*Diversorium*, 'inn' is usually spelled *deversorium*, from *deverto*, 'turn aside' i.e. to rest.)

Personae; Bertulphus, Gulielmus, viatores[1]

Be. Cur ita visum est plerisque, biduum aut triduum commorari Lugduni?[2] Ego semel iter ingressus, non conquiesco, donec pervenero quo constitui.

Gu. Immo ego admiror, quemquam illinc avelli posse.[3]

Be. Quam ob rem tandem?

Gu. Quia illic locus est, unde non poterant avelli socii Ulyssis, illic Sirenes.[4] Nemo domi suae tractatur melius quam illic in pandocheo.

---

1 Bertulphus is Flemish, from Brabant; Gulielmus is French.
2 Lyons, in France.
3 '. . . that anyone can be dragged out,' since they are so pleasant (at least in France).

Be. Quid fit?

Gu. Ad mensam semper adstabat aliqua mulier, quae convivium exhilararet facetiis ac leporibus. Et est illic mira formarum felicitas. Primum adibat materfamilias, quae salutabat, iubens nos hilares esse, et, quod apponeretur, boni consulere. Huic succedebat filia, mulier elegans, moribus ac lingua adeo festivis, ut possit vel ipsum Catonem exhilarare.[1] Nec confabulantur ut cum hospitibus ignotis, sed veluti cum olim notis ac familiaribus.

Be. Agnosco Gallicae gentis humanitatem.[2]

Gu. Quoniam autem illae non poterant adesse perpetuo, quod essent obeunda munia domestica reliquique convivae consalutandi,[3] continenter adstabat puellula quaedam ad omnes iocos[4] instructa; una satis erat omnium iaculis excipiendis: haec sustinebat fabulam donec rediret filia. Nam mater erat natu grandior.

Be. Sed qualis erat tandem apparatus?[5] Nam fabulis non expletur venter.

Gu. Profecto lautus, ut ego mirer, illos tam vili posse accipere hospites. Rursus peracto convivio, lepidis fabulis

---

4 The attendants in French inns are as alluring as the Sirens of Homers *Ody.* 12.165-200. *pandocheo*; 'inn', a synonym (from Greek) of *diversorium*.

1 Cato the Elder (234-149 BC) was known for frugality, austerity, and high moral character, but even he could be charmed by these women.

2 John Barclay makes the same point in his review of France (in this *Reader*).

3 'and the rest of the guests had to be greeted'.

4 *iocos* and *iaculis* may be the rude or lewd comments of the guests, familiar to any waitress.

5 'food'; *vili*, 'at such a cheap price'.

alunt hominem, ne quid obrepat taedii. Mihi videbar domi esse, non peregre.

Be. Quid in cubiculis?

Gu. Illic nusquam non aderant aliquot puellae, ridentes, lascivientes, lusitantes; ultro rogabant, si quid haberemus vestium sordidarum, eas lavabant ac lotas reddebant. Quid multis? Nihil illic vidimus praeter puellas ac mulieres, nisi in stabulo – quamquam et huc frequenter irrumpebant puellae. Abeuntes complectuntur, tantoque affectu dimittunt, ac si fratres essent omnes aut propinquae cognationis.[1]

Be. Fortassis isti mores decent Gallos; mihi magis arrident Germanicae mores, utpote masculi.

Gu. Mihi nunquam contigit videre Germaniam. Quare te quaeso, ne gravere[2] commemorare, quibus modis accipiant hospitem.

Be. An ubique sit eadem tractandi ratio, nescio: quod ego vidi, narrabo. Advenientem nemo salutat, ne videatur ambire hospitem.[3] Id enim sordidum et abiectum existimant, et indignum Germanica severitate. Ubi diu inclamaveris, tandem aliquis per fenestellam aestuarii[4] (nam in his degunt fere usque ad solstitium aestivuum) profert caput, non aliter quam e testa prospicit testudo. Is rogandus est, an liceat illic diversari. Si non renuit, intelligis dari locum. Rogantibus ubi sit stabulum, motā

---

1 i.e. family members.

2 *gravo, -are*, 'to burden, weigh down'; 2nd person passive, 'if you aren't burdened by telling it . . .'

3 'hunting for guests,' apparently considered base, or excessively friendly.

4 'hot room' or 'stove room' where the stove was located.

manu commonstrat. Illic licet tibi tuum equum tractare tuo more. Nullus enim famulus manum admovet.[1] Si celebrius est diversorium, ibi famulus commonstrat stabulum atque etiam locum equo minime commodum. Nam commodiora servat venturis, praesertim nobilibus. Si quid causeris,[2] statim audis: "Si non placet, quaere aliud diversorium." Foenum in urbibus aegre ac perparce praebent, nec multo minoris vendunt quam ipsam avenam.[3] Ubi consultum est equo, totus commigras in hypocaustum,[4] cum ocreis, sarcinis, luto; id est unum omnibus commune.

Gu. Apud Gallos designant cubicula, ubi sese exuant, extergant, calfaciant, aut quiescant etiam, si libeat.

Be. Hic nihil tale. In hypocausto exuis ocreas; induis calceos; mutas, si voles, indusium;[5] vestes pluviā madidas suspendis iuxta hypocaustum; ipse te admoves, ut sicceris. Est et aqua parata, si libeat lavare manus, sed ita munda plerumque, ut tibi post alia quaerenda sit aqua, qua lotionem eam abluas.

Gu. Laudo viros nullis deliciis effeminatos.

Be. Quod si tu appuleris ad horam a meridie quartam,[6] non cenabis tamen ante nonam, nonnunquam et decimam.

Gu. Quam ob rem?

---

1 This is a do-it-yourself inn.
2 *causor, causari*, 'complain,' 'ask for a reason'.
3 Hay (*foenum*) should should not cost as much as oats.
4 a synonym for *aestuarium; ocreae* are leather leggings, worn by hunters to protect the legs.
5 'underwear'.
6 i.e. 4:00 pm; our time system, not the Roman.

Be. Nihil apparant nisi videant omnes, ut eadem opera ministretur omnibus.

Gu. Quaerunt compendium.[1]

Be. Tenes. Itaque frequenter in idem hypocaustum conveniunt octoginta aut nonaginta, pedites, equites, negotiatores, nautae, aurigae, agricolae, pueri, feminae, sani, aegroti.

Gu. Isthuc vere coenobium[2] est.

Be. Alius ibi pectit caput, alius abstergit sudorem, alius repurgat perones[3] aut ocreas, alius eructat allium. Quid multis? Ibi linguarum ac personarum non minor est confusio quam olim in turri Babel. Quod si quem conspexerint peregrinae gentis, qui cultu dignitatis nonnihil prae se ferat, in hunc intenti sunt omnes defixis oculis, contemplantes quasi novum aliquod animantis genus adductum sit ex Africa,[4] adeo ut postea quam accubuerint, reflexo in tergum vultu, continenter aspiciant nec dimoveant oculos, cibi immemores.

Gu. Romae, Lutetiae ac Venetiae nemo quidquam miratur.

Be. Nefas est interim tibi quidquam petere. Ubi iam multa est vespera nec sperantur plures adventuri, prodit famulus senex, barba cana, tonso capite, vultu torvo, sordido vestitu.

---

1 Serving everyone together might not be best for the guests, but it is a 'savings' for the innkeeper.

2 'a commune,' 'communal life'.

3 'boots'.

4 See *adagium* 2610 in this *Reader*.

Gu. Tales oportebat Cardinalibus Romanis esse a poculis.[1]

Be. Is circumactis oculis tacitus dinumerat, quot sint in hypocausto. Quo[2] plures adesse videt, hoc vehementius accenditur hypocaustum, etiamsi alioqui sol aestu sit molestus. Haec apud illos praecipua pars est bonae tractationis, si sudore diffluant omnes. Si quis non assuetus vapori, aperiat rimam fenestrae, ne praefocetur,[3] protinus audit: "Claude!" Si respondeas: "Non fero," audis: "Quaere igitur aliud diversorium!"

Gu. Atqui mihi nihil videtur esse periculosius, quam tam multos haurire eundem vaporem, maxime resoluto corpore, atque hic capere cibum, et horas complures commorari. Iam enim omitto ructus alliatos,[4] et ventris flatum, halitus putres: multi sunt, qui morbis occultis laborant, nec ullus morbus non habet suum contagium. Certe plerique scabiem habent Hispanicam, sive, ut quidam vocant, Gallicam,[5] cum sit omnium nationum communis. Ab his opinor non multo minus esse periculi, quam a leprosis. Iam tu divina, quantum discriminis sit in pestilentia.

Be. Sunt viri fortes, ista[6] rident ac negligunt.

Gu. Sed interim multorum periculo[7] fortes sunt.

---

1 *a poculis,* 'a cupbearer'; a sarcastic title modeled on *a secretis* 'secretary', also a slap at Roman cardinals, notorious for their luxurious habits.
2 *quo plures . . . hoc vehementius . . .* , 'the more . . . the more . . .'
3 'be suffocated'.
4 'garlicky'.
5 syphilis.
6 diseases, stench, etc.
7 'with a danger to many,' 'causing danger to many'.

Be. Quid facias? Sic assueverunt, et constantis est animi, non discedere ab instituto.

Gu. Atqui ante annos viginti quinque nihil receptius erat apud Brabantos, quam thermae publicae: eae nunc frigent ubique. Scabies enim nova docuit nos abstinere.[1]

Be. Sed audi cetera. Post redit ille barbatus Ganymedes[2] ac linteis insternit mensas, quot putat esse satis illi numero. Sed o Deum immortalem, quam non Milesiis![3] Cannabea diceres ex antennis detracta. Destinavit enim unicuique mensae convivas ut minimum octo. Iam quibus est notus mos patrius, accumbunt ubi cuique libitum fuerit. Nullum enim discrimen inter pauperem et divitem, inter herum ac famulum.

Gu. Haec est illa vetus aequalitas, quam nunc e vita submovit tyrannis. Sic opinor vixisse Christum cum suis discipulis.

Be. Postquam accubuerunt omnes, rursum prodit torvus ille Gaymedes, ac denuo dinumerat sua sodalitia. Mox reversus apponit singulis pinacium ligneum[4] et cochleare ex eodem argento factum, deinde cyathum vitreum; aliquanto post, panem; eum sibi quisque per otium repurgat, dum coquuntur pultes.[5] Ita nonnunquam sedetur ferme horae spatio.

---

1 The new disease (syphilis again) taught them to avoid public baths.

2 Ganymede was the very attractive cupbearer for Jupiter, a humorous comparison to the old, grumpy innkeeper.

3 High-quality linen; another humorous comparison. *Cannabea* is hemp sailcloth.

4 'a wooden dish'; *ex eodem argento* (i.e. wood) is from Ovid. *Meta.* 8.671-2.

5 'porridge'.

Gu. Nullus hospitum interim efflagitat cibum?

Be. Nullus, cui notum sit regionis ingenium. Tandem apponitur vinum, Deus bone, quam non fumosum! Non aliud oportebat bibere Sophistas;[1] tanta est subtilitas et acrimonia. Quod si quis hospes, etiam oblatā privatim pecuniā, roget ut aliunde paretur aliud vini genus, primum dissimulant, sed eo vultu, quasi interfecturi. Si urgeas, respondent: "Hic diversati sunt tot Comites et Marchiones,[2] neque quisquam questus est de vino meo. Si non placet, quaere tibi aliud diversorium!" Solos enim nobiles suae gentis habent pro hominibus, et horum insignia nusquam non ostentant. Iam igitur habent offam, quam obiiciant latranti stomacho. Mox magna pompa veniunt disci.[3] Primus ferme habet offas panis madefactas iure carnium, aut, si dies est pisculentus,[4] iure leguminum. Deinde aliud ius, post aliquid carnium recoctarum, aut salsamentorum recalfactorum. Rursus pultis aliquid, mox aliquid solidioris cibi, donec probe domito stomacho apponant carnes assas[5] aut pisces elixos, quos non possis omnino contemnere. Sed hic parci sunt et subito tollunt. Hoc pacto totum convivium temperant, quemadmodum solent actores fabularum, qui scenis admiscent choros: ita isti alternis miscent offas ac pultes. Curant autem, ut extremus actus sit optimus.

Gu. Et hoc est boni poëtae.[6]

---

1 students of logic and philosophy, who are themselves sharp and bitter.

2 'Counts and Marquises'.

3 'the main dishes'.

4 i.e. Friday, when no meat was eaten by Catholics. *iure* (*ius*) *leguminum*, 'vegetable broth'.

5 *assus*, 'roasted'; *elixus*, 'boiled'.

Be. Porro piaculum sit,[1] si quis interim dicat: "Tolle hunc discum; nemo vescitur." Desidendum est usque ad praescriptum spatium, quod illi clepsydris, ut opinor, metiuntur. Tandem prodit ille barbatus aut pandocheus ipse, vestitu minimum a famulis differens. Rogat ecquid animi nobis sit.[2] Mox adfertur vinum aliquod generosius. Amant autem eos, qui bibunt largius, cum nihilo plus solvat ille, qui plurimum hauserint vini, quam qui minimum.[3]

Gu. Mirum gentis ingenium.

Be. Cum nonnunquam sint, qui duplo[4] plus absumant in vino quam solvant pro convivio. Sed antequam finiam hoc convivium, dictu mirum, quis sit ibi strepitus ac vocum tumultus, postquam omnes coeperunt incalescere potu. Quid multis? Surda[5] omnia. Admiscent se frequenter ficti moriones,[6] quo genere hominum quumcum nullum sit magis detestandum – tamen vix credas, quantopere delectentur Germani. Illi cantu, garritu, clamore, saltatione, pulsu[7] faciunt, ut hypocaustum videatur corruiturum, neque quisquam alterum audiat loquentem. At interea videntur sibi suaviter vivere, atque illic desidendum est volenti nolenti usque ad multam noctem.

---

6 A literary maxim from Cicero, *Ad Quintum Fratrem* 1.1.46. The best course is the last.

1 'Let it be a sacrilege,' i.e. Don't do this.

2 'Is there anything more to our taste'; 'Do you want anything more?'

3 *solvat*, 'pays'; at least in popular opinion, German were heavy eaters and drinkers.

4 'for twice the price'; the wine costs twice as much as the food.

5 'deafening,' 'loud'.

6 fools and jesters.

7 'stamp' on the floor'; a clog dance?

Gu. Nunc tandem absolve convivium. Nam me quoque taedet tam prolixi.[1]

Be. Faciam. Tandem sublato caseo, qui vix illis placet, nisi putris ac vermibus scatens,[2] prodit ille barbatus, adferens secum pinacium escarium,[3] in quo creta pinxit aliquot circulos ac semicirculos;[4] id deponit in mensa, tacitus interim ac tristis. Charontem quempiam diceres. Qui agnoscunt picturam deponunt pecuniam, deinde alius, atque alius, donec expleatur pinacium. Deinde notatis qui deposuerunt, supputat tacitus. Si nihil desit, annuit capite.

Gu. Quid si supersit?

Be. Fortasse redderet, et faciunt hoc nonnunquam.

Gu. Nemo reclamat iniquae rationi?

Be. Nemo qui sapit. Nam protinus audiret: "Quid tu es hominis? Nihilo plus solves quam alii."

Gu. Liberum hominum genus narras.

Be. Quod si quis ex itinere lassus cupiat mox a cena petere lectum, iubetur exspectare, donec ceteri quoque eant cubitum.

Gu. Videor mihi videre civitatem Platonicam.[5]

---

1 i.e. *convivii* or *narrationis*.
2 'full of mould and worms'.
3 'a food tray'.
4 The innkeeper makes chalk marks to keep track of how much each guest has eaten or drunk. Charon is the ferryman across the Styx; you must pay him a coin to cross.
5 Because everyone is bound by the same rules, no exceptions.

Be. Tum suus cuique nidus ostenditur, et vere nihil aliud quam cubiculum. Tantum enim ibi lecti sunt, et praeterea nihil quo utaris aut quod fureris.

Gu. Illic mundities est?

Be. Eadem quae in convivio; lintea forte lota ante menses sex.

Gu. Quid interim sit de equis?

Be. Ad eandem disciplinam tractantur, ad quem homines.

Gu. Sed est eadem ubique tractatio?

Be. Alicubi civilior est, alicubi durior quam narravi. Verum in genere talis est.

Gu. Quid si ego tibi nunc narrem, quibus modis hospites tractentur in ea parte Italiae quam Longobardiam[1] vocant; rursus in Hispania; deinde in Anglia et in Walia? Nam Angli partim Gallicos, partim Germanicos mores obtinent, ut ex his duabus gentibus mixti. Wali se praedicat αὐτόχθονας[2] Anglos.

Be. Quaeso te, ut narres. Nam mihi nunquam contigit eas adire.

Gu. In praesentia non est otium. Nam nauta iussit, adessem ad horam tertiam, nisi vellem relinqui, et habet sarcinulam.[3] Alias dabitur opportunitas ad satietatem usque garriendi.

---

1 Lombardy; *Walia* is Wales.
2 'native'; i.e. the original Britons.
3 the sailor already has taken Gulielmus' baggage; he is perhaps sailing down the Rhine.

ERASMUS: *ADAGIA*

For the biography of Erasmus, see his *Colloquia* in this *Reader* above.

In his heart Erasmus was always an educator, and one of his main educational productions was his massive collection of *sententiae* or *adagia*, proverbs and sayings, a collection which he started in his youth – the first edition of about 800 *adagia* was printed in 1500 – and continued until the end of his life. The final editions (mostly posthumous) contained more than 5000 *adagia*, arranged in Chilides, "thousands"; hence the work is formally called *Adagiorum Chiliades*. The collection as a whole gives a complete picture of Greco-Roman culture and literature and was the most popular of Erasmus' many works. Many of his *adagia* are also English proverbial phrases, such as "swan song," "crocodile tears," "a dog in the manger," and others. Most are short – #106 below is typical – but a few are extended into lengthy essays. An example (not included here) is his essay on "Festina lente," which turns into a rambling discussion of literary style, Aristotelian philosophy, and the virtues of accurate printing, among other matters. The Humanists wanted their students to learn Greek as well as the obligatory Latin; as a result the *Adagia* are full of Greek quotations, which Erasmus almost always translates into Latin. (An exception can be found in #301 below.) Several editions of the complete *Adagia* can be found on-line. Individual *adagia* are numbered in two ways, illustrated using our first adage: 106 means that this adage is the 6th adage in the 2nd century (group of 100) of the 1st chilias (Greek χιλιάς, 1000; the first chilas includes 1 to 999); 1476 means that the adage is the 76th adage in the 5th century of the 2nd chilias.

The *adagia* mentioned in Erasmus' letters are included here.

106. I, II, 6. Malum malo medicari

Τὸ κακὸν κακῷ θεραπεύειν, id est,

Malum malo medicari. Est malum aliud alio malo tollere.

Sophocles in Aiace Mastigophoro:

εὔφημα φώνει· μὴ κακὸν κακῷ διδοὺς

Ἄκος πλέον τὸ πῆμα τῆς ἄτης τίθει,[1]

id est,

Bene ominata loquere, ne malum malo
Medicans et hancce noxam adaugeas tibi.

Dehortatur Aiacem Tecmessa, ne malo insaniae addat alterum maius malum, spontaneam caedem sui. Et Herodotus in Thalia: Μὴ τὸ κακὸν τῷ κακῷ ἰῶ,[2] id est, Ne malo medearis malo.

155. I, II, 55. Cygnea cantio

Κύκνειον ᾆσμα, id est,

Cygnea cantilena.

Refertur inter Graecanica proverbia. Notatur et ab Aeliano in opere *De naturis animalium* proverbii vice.[3] Convenit in eos, qui supremo vitae tempore facunde disserunt aut extremā senectā suaviloquentius scribunt, id quod fere solet accidere scriptoribus, ut postrema quaeque minime sint acerba maximeque mellita,[4] videlicet per aetatem maturescente eloquentiā. Porro cygnos instante morte mirandos quosdam cantus edere, tam[5] omnium litteris est celebratum quam nulli vel

---

1 Sophocles *Ajax* 362-3.
2 Herodotus 3.53.4. ἰῶ is pres. imp. sing. of ἰάομαι.
3 'as a proverb'; Aelian *De Nat. An.* 2.32.
4 'sweet-tempered'.
5 *tam . . . quam*, 'it is as celebrated in literature as it is unseen or disbelieved by everyone.'

compertum vel creditum. Nam Lucianus negat se vel vidisse cygnos, cum in Pado flumine navigaret. Aelianus addit cygnos non canere nisi flante zephyro vento, quem Latini Favonium dicunt. Martialis:

Dulcia defecta modulatur carmina lingua
Cantatur cygnus funeris ipse sui.[1]

Neque desunt philosophi, qui huius rei causam etiam addere conantur affirmantque id accidere propter spiritus per collum procerum et angustum[2] erumpere laborantes.

Divus Hieronymus in quodam laudans senilem eloquentiam commemoratis aliquot scriptoribus: "Hi omnes, inquit, nescio quid cygneum vicina morte cecinerunt."[3] Idem in epitaphio Nepotiani: "Ubi est ille ἐργοδιώκτης noster et cygneo canore vox dulcior?"

Nos item in epigrammate quodam, quod olim ex tempore lusimus, ad nunquam satis laudatum studiorum omnium Maecenatem, Guilelmum archiepiscopum Cantuariensem:[4]

Vates videbis exoriri candidos,
Adeo canoros atque vocales, uti
In alta fundant astra cygneum melos,
Quod ipsa et aetas posterorum exaudiat.

Meminit adagii et Athenaeus libro *Dipnosophistarum XIV*[5] ex auctore Chrysippo referens quendam adeo impense delectatum fuisse dicteriis, ut cum esset a

---

1 Martial 13.77.
2 i.e. the long and narrow neck of the swan.
3 Jerome, *Epist.* 52,3,5; the next quote from *ibid.* 60.1.2.
4 William Warham, Archbishop of Canterbury from 1503 to 1532. This is one of Erasmus' own poems.
5 Athen. *Deip.* 14.6.

carnifice trucidandus, dixerit se velle mori decantata cygnea cantione, sentiens (opinor) dictum aliquod salsum[1] quod simul atque prolocutus esset, non contaretur[2] emori.

Marcus Tullius praefans in librum *De oratore* tertium[3] de L. Crasso ita loquitur: Illa tanquam cygnea fuit divina hominis vox et oratio; quam quasi expectantes post eius interitum veniebamus in curiam, ut vestigium illud ipsum, in quo ille postremum institisset, contueremur.

301 I. IV. 1 Non est cuiuslibet Corinthum appellere.

Οὐ παντὸς ἀνδρὸς ἐς Κόρινθον ἔσθ' ὁ πλοῦς id est:

Non est datum cuivis Corinthum appellere.

Vetustum iuxta ac venustum adagium de rebus arduis, et aditu periculosis, quasque non sit cuiuslibet hominis affectare. Inde natum, quod (ut refertur apud Suidam) nec facilis, nec satis tutus sit nautis in Corinthiacum portum appulsus. Nam Strabo libro Geographiae octavo, alio refert originem proverbii: nempe ad luxum et meretrices Corinthiorum. Ostendit enim Corinthum, quod in Isthmo esset, duosque haberet portus, alterum adversus Asiam, alterum Italiae oppositum, negotiatorum frequentia locupletissimam fuisse. In eadem templum fuisse Veneri sacrum, adeoque locupletatum, ut plus mille puellas haberet, quas Corinthii Veneri consecrarant, ut in eius honorem prostarent. Itaque harum gratia frequens in urbem multitudo undique confluebat, unde civitas maiorem in modum ditabatur. Quin etiam negotiatores,

---

1 'sarcastic' or 'witty'.
2 *cunctaretur,* 'delay,' 'postpone'.
3 Cic. *De Orat.* 3.2.6.

hospites, ac nautae, propter urbis luxum deliciasque, immoderatos sumptus facientes exhaurieabantur. Atque hinc manasse vulgo proverbium: Cuiuslibet non est Corinthum appellere; Horatius et A. Gellius ad Laidem, nobilem scortum, referunt adagium. Nam ille in *Epistolis* ad hunc modum scribit:

Principibus placuisse viris non ultima laus est.
Non cuivis homini contingit adire Corinthum;
Sedit, qui timuit, ne non succederet...[1]

Ad Aristippum videlicet alludens, quem Laidi consuevisse notum est, et ita consuevisse, ut gloriaretur se unum habere Laidem, reliquos haberi a Laide. Hic nempe Gell. libro I, capite 8, ex Phocione Peripatetico huiusmodi refert historiam:[2] Lais, inquit, Corinthia, ob elegantiam venustatemque formae grandem pecuniam demerebat. Conventusque ad eam ditiorum hominum ex omni Graecia celebres erat, neque admittebatur, nisi qui dabat quod poposcerat. Poscebat autem illa nimiam quantitatem. Hinc aiunt natum esse illud frequens apud Graecos adagium:

Οὐ παντὸς ἀνδρὸς ἐς Κόρινθον ἔσθ' ὁ πλοῦς

quod frustra iret Corinthum ad Laidem, qui non quiret[3] dare quod posceretur. Ad hanc ille Demosthenes clanculum adit, et ut sui copiam faceret, petit. At Lais μυρίας δράχμας, id est, 10 drachmarum milia poposcit. Tali petulantia mulieris atque pecuniae magnitudine ictus, expavidusque Demosthenes avertitur et discedens: "Ego, inquit, poenitere tanti non emo:" οὐκ ὠνοῦμαι

---

1 Horace, *Epistulae* 1.17.35-7.
2 The anecdote in from Aulus Gellius, *Noctes Atticae* I.8, where the story is attributed to a Sotion.
3 'was not able'; *queo*, 'be able'.

μυρίον δραχμῶν μεταμέλειαν, id est, "Non emo decem drachmarum millibus poenitudinem." Alii malunt in genere ad omnes Corinthiorum meretrices referre, quarum rapacitatem etiam vetus comoedia taxavit . . .[1]

Strabo meminit apophthegmatis cuiusdam meretricii, ex quo licebit earum avaritiam coniicere. Nam cum matrona quendam cuipiam huius ordinis probro obiiceret inertiam, quod nihil ageret operis nulloque lanificio exerceretur: "Immo, inquit, ego illa qualiscunque sum iam ternas telas exiguo temporis spatio pertexui."[2]

Mihi tamen non videtur absurdum, si paroemia referatur ad periculosam in Corinthum navigationem de qua meminit eodem in libro Strabo. Ut hinc postea derivata sit ad alios usus Parasitus ille Comicus eleganter detrosit proverbium,

Οὐ παντὸς ἀνδρὸς ἐπὶ τράπεζαν ἔσθ' ὁ πλοῦς[3]

Adire mensam haud hominis est cuiuslibet.

Citatur autem a Stobaeo, ex Nicolao quodam poeta comico. Meminit et exponit hac paroemiam et Eustathius, enarrans navium catalogum, additque eam imitatam ex illo versu Sophocleo:

Οὐκ ἐνθάδ' οἱ πλοῖ τοῖσι σώφροσι βροτῶν[4] id est,

Non a modestis navigatur huc viris.

---

1 Here Erasmus quotes four lines in Greek from Aristophanes *Plutus* (149-152), which he does not translate because of their obscene content.

2 Strabo 8.6.20. The retort is obscure. In Greek the meretrix said "καθεῖλον ἱστούς" "I finished three webs" or "I took down three masts." Perhaps she means "I ruined three ship-captains."

3 Stobaeus (ed. Meineke, Teubner, 1855) vol. 1, p. 266, l. 26.

4 Sophocles, *Philoctetes* 304.

Extat hic versus, cuius meminit Eustathius apud Sophoclem in Philocteta. Proinde duplex erit usus adagii: vel cum significamus rem esse maiorem, quam pro viribus eius qui conatur aggredi: veluti si quis parum felici natus ingenio parumque viatico instructus, destinet sequi liiteras.; aut qui sit imbecilli corpusculo, Paulos et Antonios studeat aemulari; vel quoties aliquis negotium parum tutum aggredi parat, quod non temere soleat feliciter evenire: veluti si quis apud iudices δωροφάγους[1] litem instituat nunquam finiendam aut principum aulis sese addicat, aut bellum suscipiat. Nihil enim fere horum ita bene consuevit evenire, ut non poeniteat consilii.

425. I, V, 25. Auribus lupum teneo

Extat apud Terentium in Phormione: Antiphoni adolescenti uxor erat domi, quam nec eiicere poterat, vel quia non libebat quod in eam deperiret vel quod integrum non erat, cum esset iudicum sententiis addicta, neque rursum retinere quibat propter patris violentiam. Et cum a patruele felix diceretur, ut qui domi possideret id quod amabat,

"Imo, inquit, quod aiunt, auribus teneo lupum.

Nam neque quomodo amittam a me invenio neque uti retineam scio."[2]

Moxque leno quasi referens paroemiam ait sibi idem usu venire in Phaedria, quem neque retinere poterat, qui nihil numerabat, neque repellere, quod esset improbe blandus ac montes aureos polliceretur.

---

1 "bribe-eating," a traditional accusation.
2 Terence, *Phormio* 506-7. The quote from Donatus below comes from D.'s commentary on this line of the *Phormio*.

Donatus Graecam paroemiam Graecis adscribit verbis: τῶν ὤτων ἔχω τὸν λύκον · οὔτ' ἔχειν οὔτ' ἀφεῖναι δύναμαι, id est Auribus lupum teneo: neque retinere neque amittere possum.

Suetonius in Tibero: Cunctandi causa erat metus undique imminentium discriminum, ut saepe lupum tenere se auribus diceret.[1]

Plutarchus in Praeceptis civilibus: Λύκον οὔ φασιν τῶν ὤτων κρατεῖν, id est Aiunt lupum non posse teneri auribus, cum homines hac parte maxime ducantur, nimirum persuasione.[2] Dicitur in eos, qui eiusmodi negotio involvuntur, quod neque relinquere sit integrum neque tolerari possit. Videtur ab eventu quopiam natum ut alia pleraque. Aut inde certe, quod ut lepus auribus (quippe praelongis) commodissime tenetur, ita lupus quod aures habet pro corpore breviores, teneri iis non potest neque rursum citra summum periculum e manibus dimitti belua tam mordax. Caecilius apud A. Gellium lib. XV, cap. IX eandem sententiam, sed citra metaphoram[3] extulit:

Nam hi sunt, inquit, amici pessimi, fronte hilaro,
Corde tristi, quos neque ut apprehendas neque ut
Amittas scias.[4]

426. I, V, 26. Necessarium malum

Huic[5] finitum est illud: Ἀναγκαῖον κακόν, id est,

---

1 Suetonius, Tiberius 25.1.
2 Plutarch, *Precepts of Statecraft* 5 (802D).
3 'without the metaphor' of the wolf and his ears. What follows is the literal meaning of the proverb.
4 Aulus Gellius, *Noctes Atticae* 15.9.1.
5 i.e. the previous adage, "Auribus lupum teneo."

Necessarium malum, de iis, quos neque reiicere possis, quod quibusdam in rebus opus sit eorum opera, neque commode ferre, quod viri sint improbi.

Natum videtur ex Hybraeae cuiusdam apophthegmate, de quo meminit Strabo libro XIV. Cum haberet Euthydamus tyrannicum quiddam multis alioqui nominibus utilis civitati, ita ut cum vitiis virtutes paria facere viderentur, Hybraeas orator in oratione quadam sic de illo locutus est: 'Malum es, inquit, civitatis necessarium; nam nec tecum vivere possumus nec sine te.'[1]

Alexander item Severus imperator rationales,[2] quos tollere decreverat, posteaquam perpendisset eos citra reipublicae incommodum tolli non posse, necessarium malum appellabat. Huiusmodi fuit et P. Cornelius Rufus, furax quidem et impendio avarus, sed idem egregius imperator, a quo Fabricius Luscinus compilari maluit quam sub hasta venire, quemadmodum refert Gellius libro IV et Cicero *De oratore* libro II.[3]

Torqueri poterit et in uxores, cum quibus incommode vivitur, sed absque his respublica omnino consistere non potest. Potest et ad rem accommodari; veluti si quis dicat pharmacon, rem quidem molestam, necessarium tamen. Euripides in Oreste:

Ἀνιαρὸν ὄν τὸ κτῆμ', ἀναγκαῖον δ' ὅμως, id est

Molesta cum sit res, necessaria tamen.

---

1 Strabo 14.2.24. Our texts give Euthydemus as the name of this necessary evil.
2 Treasury officials, accountants. *Scriptores Hist. Aug.* Alexander Severus 46.5. *citra*, 'without'.
3 Aulus Gellius 4.8.8, where Cicero *De Oratore* 2.268 is quoted.

Non abhorret ab hac forma, quod Plinius scribit oraculo proditum fuisse, lib. XVIII, cap. VIII. "Quonam igitur, inquit, modo utilissime coluntur agri? Ex oraculo scilicet, malis bonis."[1] Hoc velut aenigmate significatum est agros quam minimo potest impendio colendos esse.

1021. II, I, 21. Rara avis

Rara avis proverbio dicebatur res quaevis nova et inventu perrara. Persius:

Si forte quid aptius exit,
Quando haec rara avis est.
Iuvenalis:
Rara avis in terris nigroque simillima cycno.
Idem:
Corvo quoque rarior albo.

Quin et phoenicis[2] raritas in proverbium abiit. Ducta allegoria ab avibus peregrinis et inusitatis, quae nonnunquam casu in nostram regionem devolant vel miraculi gratia deportantur. Unde illud saepius iteratum apud Aristophanem: Τίς ἐστιν ὄρνις οὑτοσί; id est Quae est haec avis? de hospite et ignoto.[3]

1476. II, V, 76. Cantilenam eandem canis

Τὸ αὐτὸ ᾄδεις ᾆσμα, id est,

Cantilenam eandem canis,

de eo, qui molestus est saepius eadem inculcans. Nihil enim odiosius, quam quod semper idem est. Dorio leno

---

1 Pliny 18.8.39. The oracle means "by [getting] good out of bad," and Pliny interprets this as meaning "to get the good out of the land with the least expenditure," as Erasmus says.

2 The Phoenix, the legendary Egyptian bird which immolated itself in a pyre and rose anew from the ashes.

3 i.e. Aristophanes was speaking of an unknown stranger.

in Phormione Terentiana: "Cantilenam eandem canis," et "Mirabar si quid adferres novi."[1] Familiare poetis est, nuntium cantilenam appellare. Euripides in Ione:

Τίς ἥδε Μοῦσα; χὼ φόβος τίνων πέρι; id est

Quae cantio haec, quibusve de rebus metus?[2]

Idem in *Hecuba*:

Ἥξει τι μέλος γοερὸν γοεραῖς, id est,

Aliqua accedet cantio tristis tristibus.

Sumptum est a cantoribus, qui si quando diutius eandem occinant cantionem, taedium adferunt auribus; proinde periti subinde variant carminis genus, quo satietatem devitent.

1666. II, VII, 66. Camelus saltat

Ubi quis indecore quippiam facere conatur et invitā, sicut aiunt, Minervā, camelum saltare dicebant, veluti si quis natura severus ac tetricus affectet elegans ac festivus videri naturae genioque suo vim faciens.

Hieronymus proverbii nomine citat torquetque in Helvidium. "Risimus, inquit, in te proverbium *Camelum vidimus saltitantem*."[3] Taxat Hieronymus hominis ineptiam, qui cum a Musis esset alienissimus, tament disertus haberi vellet.

---

1 Terence, *Phormio* 495 and 490. Dorio is the pimp.
2 Euripides *Ion* 757; the next is *Hecuba* 84.
3 Jerome, *Against Helvidius* 18 (Migne PL 23, col. 212), which refutes the thesis of Helvidius (4th century AD) that Mary was not a perpetual virgin.

2610. III, VII, 10. Semper Africa novi aliquid apportat

Huic[1] simillimum est illud Plinianum, quod in Historia mundi refert, Libyam semper aliquid novi adferre.[2] Quod quidem ideo dicebatur, quod in siticulosa regione ad unum aliquem rivum plurimae ferarum species bibendi gratia convenire cogantur; inibique varia mixtura violentae Veneris varias monstrorum formas subindeque novas nasci. Porro Plinius sumpsit ab Aristotele, apud quem refertur libri De generatione animalium ii. capite v.[3] Anaxilas apud Athenaeum libro XIV festiviter ad rem detorsit:[4]

Ἡ μουσικὴ δ' ὥσπερ Λιβύη πρὸς τῶν θεῶν
Ἀεί τι καινὸν καθ' ἐνιαυτὸν τίκτει θηρίον, id est

At musica itidem ut Afra terra per deos
Semper quotannis bestiam aliquam aedit [ēdit] novam.

Scio Graecum versum posteriorem non constare,[5] sed ita habet editio Aldina, nec satis divino, quomodo restitui possit, nisi forte pro καθ' ἐνιαυτόν legendum est ἐν αὐτῆ, tametsi ne sic quidem constat metrum; fortasse θηρίον omittendum et pro καθ' ἐνιαυτόν ʀeponendum καθ' ἠνιαυτόν. Quadrabit in homines lubrica fide semperque novandarum rerum avidos.

---

1 Similar to the previous adage, "Semper adfert Libya mali quippiam".
2 Pliny, *Hist. Nat.* 8.42.
3 Aristotle *De Gen. Animalium* 746b8.
4 Athenaeus 14.623F.
5 'is not metrically consistent'; Erasmus then makes several suggestions for an emendation.

3103. IV, II, 3. E culmo spicam[1] coniicere

Eustathius Odysseae Ξ enarrans hunc versum quem nos alio citavimus loco:

Ἀλλ᾽ ἔμπης καλάμην γέ σ᾽ ὀίομαι εἰσορόωντα / γιγνώσκειν[2]

ostendit Ulyssem ad proverbium allusisse quod plene sic efferatur:[3]

Ἐκ καλάμης δῆλός ἐστιν ὁ τεθερισμένος στάχυς, id est

Ex culmo perspicitur spica demessa.

Etiam in sene apparet cuiusmodi fuerit iuvenis. Meminit huius loci Aristoteles libro Rhetoricorum III, indicans per metaphoram senectutem dictam culmum.[4]

3197. IV, II, 97. Piscis primum a capite foetet[5]

Ἰχθὺς ἐκ τῆς κεφαλῆς ὄζειν ἄρχεται, id est,

Piscis a capite primum incipit putere.

Dictum in malos principes, quorum contagione reliquum vulgus inficitur. Apparet ab idiotarum[6] vulgo sumptum.

---

1 *culmus*, 'stem or stalk of the grain'; *spica*, 'the ear of grain'.
2 Homer Odyssey 14.214-5: "in seeing the stubble, methinks thou mayest judge what the grain was."
3 'is more fully expressed as follows'.
4 Aristotle *Rhetoric* 3.10.2.
5 'smells bad'; *fetor/foetor* can refer to bad breath. *putere* 'stinks' from being rotten; *putidus*, 'decaying,' 'stinking,' 'disgusting.'
6 'of the common people' *vulgo*, i.e. *sermone*.

ERASMUS: THREE LETTERS

For a biography of Erasmus, see the introduction to his *Colloquium Familiare, Abbatis et Eruditae* in this *Reader*.

The letters of Erasmus constitute his most attractive literary work and valuable historical documents. He had an easy epistolary style and a keen eye for the world around him. From his youth he kept the letters written by and to him, and without doubt he went back and revised his earlier productions. The first letter is an account of an incident which occurred while he was living in Basel. The second letter contains the first biography of Sir Thomas More, Erasmus' lifelong friend. The last letter was sent to a printer in Venice.

An Explosion at Basel.

An account of a gunpowder explosion which occurred in Basel September 1526. The addressee, Nicolaus Varius of Marville in France was Principal at a college in Louvain, where Erasmus had lived for several years. Erasmus was now residing in Basel to be near his printer, Johannes Frobenius. This letter is #1756 in the standard publication of Erasmus letters: *Opus Epistularum Des. Erasmi Roterodami*, ed. P. S. Allen (1926), vol. 6 pp. 417ff.

Erasmus Roterodamus Nicolao Vario Marvillanos.

1. Multa quidem nova cotidie nobis gignit hic Africa nostra,[1] Nicolae carissime; sed quaedam eius sunt generis, ut nec tibi gratum arbitrer futurum legere nec mihi tutum scribere. Quod nuper accidit accipe. Ad duodecimum Calendas Octobris, evocatus amoenitate coeli, secesseram in hortum, quem Ioannes Frobenius

---

1 An allusion to the proverb *Semper Africa novi aliquid apportat*. 'Africa' here is Basel, where the upheavals of the Protestant Reformation were beginning to be felt. Erasmus preferred not to put news of these upheavals in writing.

satis amplum et elegantem meo commercatus est[1]
hortatu. Nam ibi soleo pomeridianis aliquot horis vel
somnum obrepentem arcere vel assiduitatis taedium
fallere, si quando invitat aeris temperies. Post
deambulatiunculam conscenderam domunculam
hortensem, iamque coeperam aliquid ex Chrysostomo
vertere, cum interim vitreas fenestras ferit fulmen, sed
tacitum ac lene.[2] Primum suspicabar oculorum esse
errorem. Cum rursus semel atque iterum effulsisset,
demiror ac prospicio si se vertisset coelum, contractisque
nubibus pluviam ac tempestatem minaretur. Ubi nihil
video periculi, ad librum redeo. Mox auditur sonitus, sed
obtusior. Ad eum modum poetae narrant Iovem ludere, si
quando est hilarior; siquidem longe aliud fulminis genus
erat quo gigantum moles disiecit ac Salmonea et Ixionem
demisit in Tartara.[3] Paulo post emicat plus fulgoris, et
audio fragorem horribilem, cuiusmodi fere crepitus
audiri solet, si quando fulminis ictus impegit se
vehementius in aliquid solidum.

2. Etenim cum agerem Florentiae[4] eo tempore quo Iulius
Pontifex, terrenus Iuppiter, tonabat ac fulminabat
adversus Bononiam, magnam diei partem et tonabat
vehementer et fulminabat, magnaque vis imbrium ruebat.

---

1 *commercor, -ari*, 'buy'; to make Erasmus feel welcome, the printer
Johannes Froben had bought a house for him.

2 *fulmen* here 'lightning' (note the *tacitum*). Erasmus was then editing
the works of St. John Chrysostom.

3 *gigatum moles*, the Giants piled Pelion on Ossa in order to reach
Olympus; Salmoneus acted like Jupiter and was struck by a
thunderbolt; Ixion was bound to an ever-revolving wheel in
Tartarus.

4 Florence. Erasmus digresses to a previous episode in 1507. When
Pope Julius besieged Bologna, Erasmus fled to Florence. There he
experienced this tremendous thunderstorm while sitting on the
toilet; *alvum exonerare* 'to relieve one's bowels' is the usual phrase.

In secessu sedens ad exonerandam alvum, cum horribilis fragor insonuisset, territus subduxi me et ad ceteros redii. "Aut me plane fallit, inquam, animus, aut post hunc crepitum audietis aliquid parum laeti[1] nuntii." Et ecce non ita multo post, venit chirurgus nuntians in collegio virginum tres ictas; quarum una mox exanimata est, altera propemodum exstincta, tertia sic afflicta ut negaret esse spem vitae.

3. Ad similem itaque sonitum[2] surrexi et prospicio quae sit coeli facies. Ad laevam erat serenitas, ad dexteram conspicio novam nubis speciem, velut e terra sese proferentis in sublime, colore propemodum cinericio, cuius cacumen velut inflexum sese demittebat.[3] Dixisses scopulum quempiam esse, vertice nutantem in mare. Quo contemplor attentius, hoc minus videbatur nubi similis. Dum ad hoc spectaculum stupeo, accurrit famulorum unus quem domi reliqueram, anhelus, admonens ut subito me domum recipiam;[4] civitatem armatam in tumultu esse. Nam is mos est huic reipublicae, ut sicubi fuerit exortum incendium,[5] confestim armati procurrant ad tuendas portas et moenia. Nec satis tutum est armatis occurrere; ferrum enim addit ferociam animis, praesertim ubi nihil est periculi. Hortus autem in quo studebam erat pone moenia. Recurro domum, multis obviis armatis. Aliquanto post rem totam didicimus, quae sic habebat.

---

1 i.e. *tristis.*

2 Back in Basel.

3 Our well-known mushroom cloud. *Dixisses*, conditional subj. 'You would have said [if you had seen it]'; *Quo attentius . . . hōc minus* 'the more closely . . . the less'.

4 'return home at once'.

5 'if a fire breaks out anywhere'.

4. Paucis ante diebus in unam turrim earum quibus moenia ex intervallis muniuntur, delata fuerant aliquot vasa pulveris bombardici.[1] Ea cum magistratus iussisset reponi in summa camera turris, nescio quorum incuria reposita sunt in imam turrim. Quod si vis pulveris in summo fuisset, tectum modo sustulisset in aëra, reliquis innocuis. Ac miro casu per rimas illas speculatorias[2] fulmen illapsum attigit pulverem, moxque vasa omnia corripuit incendium. Primum impetus incendii tentavit an esset oneri ferendo[3] possetque totam molem in altum tollere. Idque testantur qui viderunt turrim iuxta partes imas hiantem semel atque iterum, sed rursus in se coeuntem. Ubi vis ignis sensit molem esse graviorem quam ut totam posset subvehere, eo conatu relicto totam turrim in quatuor partes immani crepitu dissecuit, sed tanta aequalitate ut amussi geometricā factum videri posset,[4] ac per aëra aliam alio sparsit. Ipse pulvis accensus in altum se recepit, qui flamma consumpta cinericiae nubis praebebat speciem. Vidisses immania fragmenta turris, avium ritu, volitare per aëra; quaedam ad ducentos passus deferri, qua dabatur liberum aëris spatium; alia civium domos longo tractu demoliri.

5. Non procul a turri magistratus curarat exstruendas aediculas quasdam in quibus habitarent mulierculae quae

1 'gunpowder' (*bombarda*, 'cannon'); *incuriā*, 'by carelessness'; they were told to put it in the top of the tower, but it was easier not to carry it up all those stairs.

2 'loopholes'.

3 'The force of the fire tried to find out if it could support the weight and could lift . . .' gerund dat. of purpose. The explosion is personified: it tries to lift the tower a little, then – feeling the weight of the tower – it decides to blow it to bits.

4 'it could seem to have been done with a carpenters square'; the words *amussim, examussim,* and the like are used for 'exactly'.

corpore quaestum facere malunt quam nere aut texere.[1]
Hae lateris unius impetum excepere. Tantus autem erat
fragor tamque subitus, ut qui erant in propinquo putarent
rupto coelo mundum in chaos abiturum. Nec ridiculum
putabatur quod vulgo dici solet: 'Quid si coelum ruat?' In
agris multi sunt ruina oppressi, multi sic membris vel
truncati vel afflicti ut miserandum spectaculum
praeberent obviis: e quibus aiunt exstinctos numero
duodecim, misere vexatos quatuordecim. Sunt qui
credant hoc ostento quiddam portendi in futurum; ego
magis ἐπιφήτης quam προφήτης[2] nihil aliud arbitror
significari quam incogitantiam eorum qui casum eum
non usque adeo rarum non praecaverint. Nec mirum si
pulvis ille levissimus disiecit saxeum aedificium: etiam si
turrim eam undique ducentorum pedum cinxisset paries,[3]
ignis ille subitus ac vehemens disiectis obstaculis
omnibus erupisset in suum locum. Quid autem vento
mollius? Et tamen inclusus terrae cavis Boreas nonne
montes totos concutit, terram hiatu diducit, et interdum
campos spatiosos in collem erigit?[4]

---

1 The magistrates had had some buildings built (*curarat exstruendas aediculas*), which were used as brothels. This bldg. took the shock of one side (*lateris unius*) of the tower hitting it. The authorities in Basel had established a recognized 'red-light' district.

2 'An after-teller, not a fore-teller'; as an observer he reports that this was from carelessness (*incuria, incogitantia*). Others considered such a disaster to be a portent of things to come (*quiddam portendi in futurum*).

3 'Even if a 200' wall surrounded the tower,' it would have been destroyed. No such wall existed.

4 A reference to volcanic eruptions, which were sometimes attributed to winds (Lucretius *De Rerum Nat.* 6.535ff).

6. Quis hoc machinarum genus excogitavit?[1] Olim artes ad humanae vitae usum repertas diis attribuit antiquitas, veluti medicinam Apollini, agricolationem Cereri, vitis culturam Baccho, furandi artificium Mercurio. Cuius inventi[2] laedem non puto cuiquam deberi, nisi vehementer ingenioso cuipiam nec minus scelerato cacodaemoni. Si quid tale comminisci potuisset Salmoneus ille, potuisset vel ipsi Iovi medium unguem ostendere.[3] Et tamen hic nunc Christianorum atque adeo puerorum lusus est. In tantum apud nos decrescit humanitas, accrescit immanitas.

7. Olim Corybantes tympanorum et tibiarum strepitu homines compellebant in rabiem.[4] Habet enim ille sonitus miram vim ad commovendos animos. At horribilius sonant nostra tympana, nunc anapaestis, nunc pyrrhichiis perstrepentia.[5] At his nunc pro tubis Christiani utimur in bello, quasi illic non satis sit esse fortem, sed oporteat furere. Quid autem dixi de bello? Utimur in nuptiis, utimur diebus festis, utimur in templis. Ad furiosum illum sonitum procurrunt in publicum virgines, saltat nova nupta, ornatur festi diei celebritas,[6] qui tum est

---

1 Erasmus now digresses on the evils of war, a favourite topic of his.

2 i.e. of gunpowder; its invention is due to some evil demon. Milton (*Par. Lost* 6.470ff) attributes the invention of gunpowder to Satan.

3 Exactly like our phrase, 'give someone the finger'.

4 Now he digresses on excessive noise, fireworks, drums, etc. on public and religious occasions. The Corybantes, priests of Cybele, worshiped her with loud music.

5 Rhythmical and loud dances; *pyrrhichia* are dances in armour, which would clash noisily. *pro tubis,* Europeans at the time used drums as signals in battle 'instead of trumpets.'

6 Abstract for concrete: 'the crowdedness of the festive days' = 'the crowded festive days'.

maxime laetus, si toto die per urbem obambulat plusquam Corybanticus tumultus. At ego arbitror apud inferos non alio organo celebrari dies festos, si modo sunt illic ulli. Plato putat magni referre quo genere musices uteretur civitas,[1] quid dicturus si hanc musicam audisset inter Christianos? Iam hoc musicae genus quod simul et flatile est et pulsatile, in templis sollemne, quibusdam non placet, nisi bellicam tubam longe superat. Et immanis ille sonitus auditur a sacris virginibus, dum res divina peragitur. Nec id satis; sacrificus vocem ad tonitrui fragorem effingit, nec alii magis placent aliquot Germaniae principibus. Adeo nostris ingeniis nihil est dulce quod non sapiat bellum.[2] Sed desino σατυρίζειν.[3] Bene vale.

Datum Basileae sexto Calendas Octobris. Anno M.D.XXVI. [26 Sept. 1526]

Erasmus Roterodamus Clarissimo Equiti Ulricho Hutteno S.D.

This letter from 1519 was composed at the request of Ulrich von Hutten (1488-1523), a German scholar and poet, who unsuccessfully tried to convince Erasmus to support Luther's reformation. This letter was written before Hutten's adherence to Luther and his estrangement from Erasmus and is the earliest biography of Sir Thomas More, by a man who knew More personally. Erasmus had met More in the Autumn of 1499 and had dedicated his *Encomium Moriae "In Praise of Folly"* to More. Thomas More (1477/8 -1535) was the son of Sir John More, a successful advocate and judge. King Henry VIII attached him to

---

1 Probably Plato *Republic* bk. 4, 424c, but other passages are possible.
2 literally 'tastes of,' i.e. 'smacks of war'; Erasmus is criticizing the use of loud secular music in church.
3 'be satirical,' 'make jokes'.

the court and sent him on embassies abroad, On his return, he was under-sheriff of London, a Privy Councillor, Treasurer, and finally Lord Chancellor, an office he resigned in 1532, feeling that he was in opposition to Henry's church policies. The letter predates More's estrangement from the king and subsequent execution. The letter is #999 in *Opus Epistularum Des. Erasmi Roterodami*, ed. P. S. Allen (1922), vol. 4 pp. 12ff.

The first paragraph, in which Erasmus recounts how strongly Hutten had begged him to write a sketch of More, is omitted. The sketch then continues.

1. Ceterum quod a me flagitas, ut tibi totum Morum velut in tabula depingam, utinam tam absolute praestare queam quam tu vehementer cupis! Nam mihi quoque non iniucundum fuerit interim in amici multo omnium suavissimi contemplatione versari. Sed primum οὐ παντὸς ἀνδρός ἐστιν[1] est omnes Mori dotes perspexisse. Deinde haud scio an ille laturus sit a quolibet artifice depingi sese.[2] Nec enim arbitror levioris esse operae Morum effingere quam Alexandrum magnum aut Achillem, nec illi quam hic noster immortalitate digniores erant. Tale argumentum prorsus Apellis cuiuspiam manum desiderat: at vereor ne ipse Fulvii Rutubaeque similior sim quam Apellis.[3] Experiar tamen tibi totius hominis simulacrum delineare verius quam exprimere, quantum ex diutina domesticaque consuetudine vel animadvertere licuit vel meminisse. Quod si quando fiet

---

1 See *adagium* 301 in this *Reader*: in Latin, *non est cuiuslibet Corinthum appellere*, "Not everyone can get to Corinth." It is not every man's capacity to appreciate More's talents.

2 'He would probably (*haud scio an*) not endure being portrayed (*depingi*) by any ordinary (*quolibet*) artist'.

3 Fulvius and Rutuba are gladiators in Horace *Satire* 2.7.96; they are plebian and unskilled, compared with the great artist Apelles. Like Alexander the Great, More would want an Apelles to picture him.

ut vos aliqua legatio committat,[1] tum demum intelleges quam non probum artificem ad hoc negotii delegeris, vereorque plane ne me aut invidentiae incuses aut caecutientiae, qui ex tam multis bonis tam pauca vel viderim lippus vel commemorare voluerim invidus.[2]

2. Atque ut ab ea parte exordiar qua tibi Morus est ignotissimus, statura modoque corporis est infra proceritatem, supra tamen notabilem humilitatem. Verum omnium membrorum tanta est symmetria, ut nihil hic omnino desideres. Cute corporis candidā, facies magis ad candorem vergit quam ad pallorem; quanquam a rubore procul abest, nisi quod tenuis admodum rubor ubique sublucet. Capilli subnigro flavore,[3] sive mavis, sufflavo nigrore, barba rarior.[4] Oculi subcaesii, maculis quibusdam interspersi; quae species ingenium arguere solet felicissimum, apud Britannos etiam amabilis habetur, cum nostri nigrore magis capiantur.[5] Negant ullum oculorum genus minus infestari vitiis. Vultus ingenio respondet, gratam et amicam festivitatem semper prae se ferens, ac nonnihil ad ridentis habitum compositus; atque ut ingenue dicam, appositior ad iucunditatem quam ad gravitatem aut dignitatem, etiamsi longissime abest ab ineptia scurrilitateque. Dexter humerus paulo videtur

---

1 'bring together'.

2 Erasmus might be accused of envy (*invidientia, invidus*) or blindness (*caecutientia, lippus*) for his poor portrayal.

3 'darkish blond (*subnigro flavore*) or blondish dark (*sufflavo nigrore*)'; The root words are *flavus* and *niger*; *sub-* adds an -ish sense. *Flavor* ('blondness, yellowness') is the noun from *flavus*; English uses 'blond' for both noun and adjective.

4 The 1527 painting of More by Hans Holbein [Frick Collection] shows him without a beard; he must have shaved it off after 1519.

5 A fair complexion is considered *amabilis* by Britons; Erasmus thinks that continental Europeans (*nostri*) like darker complexions.

eminentior laevo, praesertim cum incedit; id quod illi non accidit natura sed assuetudine, qualia permulta nobis solent adhaerere. In reliquo corpore nihil est quod offendat. Manus tantum subrusticae sunt; ita duntaxat, si ad reliquam corporis speciem conferantur. Ipse omnium quae ad corporis cultum attinent semper a puero neglegentissimus fuit, adeo ut nec illa magnopere curare sit solitus quae sola viris esse curanda docet Ovidius.[1] Formae venustas quae fuerit adolescenti nunc etiam licet ἐκ τῆς καλάμης conicere: quanquam ipse novi hominem non maiorem annis viginti tribus; nam nunc vix excessit quadragesimum.[2]

3. Valetudo prospera magis quam robusta, sed tamen quae quantislibet laboribus sufficiat honesto cive dignis,[3] nullis aut certe paucissimis morbis obnoxia. Spes est vivacem fore, quando patrem habet admodum natu grandem, sed mire virenti vegetaque senectute.[4] Neminem adhuc vidi minus morosum in delectu ciborum, Ad iuvenilem usque aetatem aquae potu delectatus est, id illi patrium fuit. Verum hoc in re ne cui molestus esset, fallebat convivas e stanneo poculo[5] cerevisiam bibens, eamque aquae proximam, frequenter aquam meram. Vinum, quoniam illis mos[6] est ad idem

---

1 *Ars Amatoria* 1.509ff.

2 More was either 41 or 42 years old in 1519. Erasmus had known him since 1499. For the Greek proverb ἐκ τῆς καλάμης see *adagium* 3103 in this *Reader*.

3 i.e. worthy of an honourable citizen, not a peasant, who would have to be stronger. *vivacem* 'long-lived'.

4 The father was John More (1453?-1530). In 1518 he was named a Judge of Common Pleas and in 1523 he was promoted to the King's Bench. He had 3 or 4 wives.

5 Perhaps a pewter tankard. More filled his with diluted (*aquae proximam*) beer, sometimes straight water.

6 Mutual toasts from the same cup.

poculum vicissim invitare sese, summo ore nonnunquam libabat, ne prorsus abhorrere videretur, simul ut ipse communibus rebus assuesceret. . . . [Erasmus describes More's taste in food and music]

4. Cultu simplici delectatur, nec sericis purpurave aut catenis aureis utitur, nisi cum integrum non est ponere. Dictu mirum quam negligens sit ceremoniarum quibus hominum vulgus aestimat morum civilitatem. Has ut a nemine exigit, ita aliis non anxie praestat nec in congressibus nec in conviviis; licet harum non sit ignarus, si lubeat uti. Sed muliebre putat viroque indignum eiusmodi ineptiis bonam temporis partem absumere.

5. Ab aula principumque familiaritate olim fuit alienior, quod illi semper peculiariter invisa fuerit tyrannis,[1] quemadmodum aequalitas gratissima. Vix autem reperies ullam aulam tam modestam quae non multum habeat strepitus atque ambitionis, multum fuci,[2] multum luxus, quaeque prorsus absit ab omni specie tyrannidis. Quin nec in Henrici octavi aulam pertrahi potuit nisi multo negotio, cum hoc principe[3] nec optari quicquam possit civilius ac modestius. Natura libertatis atque otii est avidior; sed quemadmodum otio cum datur lubens utitur, ita quoties poscit res, nemo vigilantior aut patientior. Ad amicitiam natus factusque videtur, cuius et sincerissimus est cultor et longe tenacissimus est. Nec ille metuit πολυφιλίαν[4] ab Hesiodo parum laudatam. Nulli non

---

1 'To him (*illi*) tyranny (*tyrannis*, nom. case) was particularly hateful . . .'

2 'showy display'.

3 'than this prince'; abl. of comparison w. *civilius* and *modestius*, which are neut. because of *quicquam*.

4 'with many friends', Hesiod *Works and Days* 713. More was happy to make a *necessitudinis foedus* ('pact of friendship') with anyone.

patet ad necessitudinis foedus. Nequaquam morosus in deligendo, commodissimus in alendo, constantissimus in retinendo. Si forte incidit in quempiam cuius vitiis mederi non possit, hunc per occasionem dimittit, dissuens[1] amicitiam, non abrumpens. Quos sinceros reperit, et ad ingenium suum appositos, horum consuetudine fabulisque sic delectatur, ut his in rebus praecipuam vitae voluptatem ponere videatur. Nam a pila, alea, chartis, ceterisque lusibus quibus procerum vulgus temporis taedium solet fallere, prorsus abhorret. Porro ut propriarum rerum est neglegentior, ita nemo diligentior in curandis amicorum negotiis. Quid multis? Si quis absolutum verae amicitiae requirat exemplar, a nemine rectius petierit quam a Moro.

6. In convictu tam rara comitas ac morum suavitas, ut nemo tam tristi sit ingenio quem non exhilaret: nulla res tam atrox cuius taedium non discutiat. Iam inde a puero sic iocis est delectatus, ut ad hos natus videri possit, sed in his nec ad scurrilitatem usque progressus est, nec mordacitatem unquam amavit. Adolescens comoediolas et scripsit et egit. Si quod dictum erat salsius etiam in ipsum tortum, tamen amabat; usque adeo gaudet salibus argutis et ingenium redolantibus: unde et epigrammatis lusit iuvenis, et Luciano cum primis est delectatus, quin et mihi ut *Morias Encomium* scriberem, hoc est ut camelus saltarem, fuit auctor.[2]

The many heretics burned under More's supervision may have had a different opinion.

1 'unpicking', 'dissolving'.

2 More had translated three dialogs in Erasmus' edition of Lucian. *Auctor* means "inspiration"; More did not write *In Praise of Folly*. For the 'dancing camel' see *adagium* 1666 in this *Reader*.

7. Nihil autem in rebus humanis obvium est unde ille non venetur[1] voluptatem, etiam in rebus maxime seriis. Si cum eruditis et cordatis res est, delectatur ingenio; si cum indoctis ac stultis, fruitur illorum stultitia. Nec offenditur morionibus,[2] mira dexteritate ad omnium affectus sese accommodans. Cum mulieribus fere atque etiam cum uxore non nisi lusus iocosque tractat. Diceres alterum quendam esse Democritum, aut potius Pythagoricum illum philosophum, qui vacuus animo per mercatum obambulans contemplatur tumultus vendentium atque ementium.[3] Nemo minus ducitur vulgi iudicio, sed rursus nemo minus abest a sensu communi.

8. Praecipua illi voluptas est spectare formas, ingenia et affectus diversorum animantium. Proinde nullum fere genus est avium quod domi non alat, et si quod aliud animal vulgo rarum, veluti simia, vulpes, viverra,[4] mustela, et his consimilia. Ad haec si quid exoticum aut alioqui spectandum occurrit, avidissime mercari solet; atque his rebus undique domum habet instructam, ut nusquam non sit obvium quod oculos ingredientium demoretur; ac toties sibi renovat voluptatem, quoties alios conspicit oblectari. Cum aetas ferret, non abhorruit a puellarum amoribus, sed citra infamiam, et sic ut oblatis magis frueretur quam captatis, et animo mutuo caperetur potius quam coitu.

---

1 *venor, venari*, 'hunt'; subj. in ind. question.
2 Jesters or fools.
3 Democritus of Abdera (ca. 460-361) 'the laughing philosopher,' who maintained his cheerfulness in spite of being blind. The Pythagorean is in Diogenes Laertius 8.1.
4 'ferret'.

9. Bonas literas a primis statim annis hauserat. Iuvenis ad Graecas literas atque philosophiae studium sese applicuit, adeo non opitulante patre (viro alioqui prudenti proboque), ut ea conantem omni subsidio destitueret, ac paene pro abdicato[1] haberet, quod a patriis studiis desciscere videretur: nam is[2] Britannicarum legum peritiam profitetur. Quae professio, ut est a veris literis alienissima, ita apud Britannos cum primis habentur magni clarique, qui in hoc genere sibi pararunt auctoritatem. Nec temere apud illos alia via ad rem ac gloriam parandam magis idonea; siquidem pleramque nobilitatem illius insulae peperit hoc studiorum genus. In eo negant quenquam absolvi[3] posse, nisi plurimos annos insudarit. Ab hoc igitur cum non iniuria abhorreret adolescentis ingenium melioribus rebus natum, tamen post degustatas scholasticas disciplinas[4] sic in hoc versatus est ut neque consulerent quenquam libentius litigatores, neque quaestum uberiorem faceret quisquam eorum qui nihil aliud agebant. Tanta erat vis ac celeritas ingenii.

10. Quin et evolvendis orthodoxorum voluminibus non segnem operam impendit. Augustini libros *De Civitate Dei* publice professus est[5] adhuc paene adolescens auditorio frequenti, nec puduit nec poenituit sacerdotes ac senes a iuvene profano sacra discere. Interim et ad pietatis studium totum animum appulit, vigiliis, ieiuniis, precationibus aliisque consimilibus progymnasmatis[6]

---

1 'disinherited'; his father wanted him to study law exclusively.
2 his father.
3 'be fully trained'.
4 At Oxford.
5 'lectured on'.
6 'religious exercises'; *sacerdotium*, 'the priesthood'.

sacerdotium meditans. Qua quidem in re non paulo plus ille sapiebat, quam plerique isti, qui temere ad tam arduam professionem ingerunt sese, nullo prius sui periculo facto[1]. Neque cuicquam obstabat quo minus sese huic vitae generi addiceret, nisi quod uxoris desiderium non posset excutere. Maluit igitur maritus esse castus quam sacerdos impurus.

11. Tamen virginem duxit admodum puellam, claro genere natam, rudem adhuc, utpote ruri inter parentes ac sorores semper habitam, quo magis illi liceret illam ad suos mores fingere.[2] Hanc et litteris instituendam curavit et omni musices genere doctam reddidit; planeque talem paene finxerat quicum lubuisset universam aetatem exigere, ni mors praematura puellam sustulisset e medio, sed nixam liberos aliquot, quorum adhuc supersunt puellae tres, Margareta, Aloyisia, Cecilia, puer unus Ioannes. Neque diu celebs vivere sustinuit, licet alio[3] vocantibus amicorum consiliis. Paucis mensibus a funere uxoris viduam duxit, magis curandae familiae quam voluptati, quippe nec bellam admodum nec puellam, ut ipse iocari solet, sed acrem ac vigilantem matrem familias, quicum tamen perinde comiter suaviterque vivit ac si puella foret formā quantumlibet amabili. Vix ullus maritus a sua tantum obsequii impetrat imperio atque severitudine[4] quantum hic blanditiis iocisque.

---

1 'making a trial/test of it first'; *periculum*, 'test, attempt', the original meaning of the word.
2 His first wife was Jane Colt (1487?-1511). They married in 1505. The daughters are Margaret, More's favourite, Elizabeth (not Aloyisia/Alice – Erasmus has made a mistake), and Cecilia. His son John was born about 1508. More's second wife was Alice, widow of John Middleton of London. They married in 1511.
3 'in another direction'; did they want him to stay single?
4 *severitate*.

12. Consimili comitate totam familiam moderatur, in qua nulla tragoedia, nulla rixa. Si quid exstiterit, protinus aut medetur aut componit; neque quenquam unquam dimisit ut inimicum aut ut inimicus. Quin huius domus fatalis[1] quaedam videtur felicitas, in qua nemo vixit qui non provectus sit ad meliorem fortunam, nullus unquam ullam famae labem contraxit. Quin vix ullos reperias quibus sic convenerit[2] cum matre, ut huic cum noverca; nam pater iam alteram induxit; utramque non minus adamavit ac matrem. Porro erga parentes ac liberos sororesque sic affectus est, ut nec amet moleste nec usquam desit officio pietatis.

13. Animus est a sordido lucro alienissimus. Liberis suis semovit e facultatibus[3] quod illis satis esse putat; quod superest largiter effundit. Cum advocationibus[4] adhuc aleretur, nulli non dedit amicum verumque consilium, magis illorum commodis prospiciens quam suis; plerisque solitus persuadere uti litem componerent, minus enim hic fore dispendii. Id si minus impetrabat, tum rationem indicabat qua possent quam minimo dispendio litigare, quando quibusdam hic animus est, ut litibus etiam delectentur. In urbe Londoniensi, in qua natus est, annos aliquot iudicem[5] egit in causis civilibus. Id munus ut minimum habet oneris (nam non sedetur nisi die Iovis usque ad prandium[6]), ita cum primis

---

1 Their happiness was 'fated,' not fatal.
2 'was such agreement'; his father had married his third wife, More's second stepmother.
3 'For his children (dat.) he set apart from his property what . . .' He made adequate, but not lavish, provision.
4 'by his law practice'.
5 Under-Sheriff; he was appointed in 1510.
6 'Thursday until noon'; *tres drachmas* is three shillings; *actor* is the plaintiff, *reus* the defendant.

honorificum habetur. Nemo plures causas absolvit, nemo se gessit integrius; remissa plerisque pecunia quam ex praescripto debent qui litigant. Siquidem ante litis contestationem actor deponit tres drachmas, totidem reus, nec amplius quicquam fas est exigere. His moribus effecit ut civitati suae longe carissimus esset.

14. Decreverat autem hac fortuna esse contentus, quae et satis haberet auctoritatis, nec tamen esset gravibus obnoxia periculis. Semel atque iterum extrusus est in legationem;[1] in qua cum se cordatissime gessisset, non conquievit serenissimus rex Henricus eius nominis octavus, donec hominem in aulam suam pertraheret. Cur enim non dicam 'pertraheret'? Nullus unquam vehementius ambiit in aulam admitti quam hic studuit effugere. Verum cum esset optimo regi in animo familiam suam eruditis, gravibus, cordatis et integris viris differtam[2] reddere, cum alios permultos, tum Morum in primis accivit. Quem sic in intimis habet, ut a se nunquam patiatur discedere. Sive seriis utendum est, nihil illo consultius; sive visum est regi fabulis amoenioribus laxare animum, nullus comes festivior. Saepe res arduae iudicem gravem et cordatum postulant; has sic Morus discutit, ut utraque pars habeat gratiam. Nec tamen ab eo quisquam impetravit ut munus a quoquam acciperet. Felices res publicas, si Mori similes magistratūs ubique praeficeret princeps! Nec interim ullum accessit supercilium.

15. Inter tantas negotiorum moles et veterum amiculorum meminit et ad literas adamatas subinde

---

1 On one of them, to Brussels in 1515, he wrote Book II of the *Utopia*.
2 'stuffed full of' + abl.

redit. Quicquid dignitate valet, quicquid apud amplissimum regem gratiā pollet, id omne iuvandae reipublicae, iuvandis amicis impendit. Semper quidem adfuit animus de cunctis bene merendi cupidissimus, mireque pronus ad misericordiam; eum nunc magis exserit, quando potest plus prodesse. Alios pecunia sublevat, alios auctoritate tuetur, alios commendatione provehit; quos alioqui iuvare non postet, his consilio succurrit; nullum unquam a se tristem dimisit. Diceres Morum esse publicum omnium inopum[1] patronum. Ingens lucrum sibi putat accessisse, si quem oppressum sublevavit, si perplexum et impeditum explicuit, si alienatum redegit in gratiam. Nemo lubentius collocat beneficium, nemo minus exprobrat. Iam cum tot nominibus sit felicissimus, et felicitatis comes fere soleat esse iactantia, nullum adhuc mortalium mihi videre contigit qui longius abesset ab hoc vitio.[2]

16. Sed ad studiorum commemorationem redeo, quae me Moro mihique Morum potissimum conciliarunt. Primam aetatem carmine potissimum exercuit. Mox diu luctatus est, ut prosam orationem redderet molliorem, per omne scripti genus stilum exercens; qui[3] cuiusmodi sit, quid attinet commemorare–tibi praesertim qui libros eius semper habeas in manibus? Declamationibus praecipue delectatus est, et in his, materiis paradoxis,[4] quod in his acrior sit ingeniorum exercitatio. Unde adolescens etiamnum dialogum moliebatur, in quo Platonis

---

1 'of all in need'.
2 i.e. arrogance, boasting.
3 i.e. *stilus*, style (lit. 'pen').
4 'those with marvellous or paradoxical matter'; e.g. Lucian's
  Dialogues 'In Praise of Flies', 'Philosophies for Sale,' 'The True
  History' (of a flight to the moon), etc.

communitatem ad uxores usque defendit.[1] Luciani
Tyrannicidae respondit, quo in argumento me voluit
antagonistam habere; quo certius periculum faceret
ecquid profecisset in hoc genere. *Utopiam* hoc consilio
edidit, ut indicaret quibus rebus fiat ut minus commode
habeant respublicae; sed Britannicam potissimum effinxit,
quam habet penitus perspectam cognitamque. Secundum
librum prius scripserat per otium; mox per occasionem
primum adiecit ex tempore. Atque hinc nonnulla
dictionis inaequalitas.[2]

17. Vix alium reperias qui felicius dicat ex tempore;
adeo felici ingenio felix lingua subservit. Ingenium
praesens et ubique praevolans, memoria parata; quae
cum omnia habeat velut in numerato,[3] prompte et
incontanter[4] suggerit quicquid tempus aut res postulat. In
disputationibus nihil fingi potest acutius, adeo ut summis
etiam theologis saepe negotium facessat, in ipsorum
harena[5] versans. Ioannes Coletus, vir acris exactique
iudicii, in familiaribus colloquiis subinde dicere solet

---

1 The only thing usually remembered about Plato's *Republic* was
  the communal ownership of women or group marriage. Lucian's
  Tyrannicida is declamation on a fictitious subject: the speaker had
  planned to assassinate a tyrant but was only able to kill his son
  instead. On hearing the news of his son's death, the tyrant
  committed suicide. The speaker now claims he is owed a reward
  as a tyrannicide. Erasmus is supposed to write the opposing
  argument as the opposing attorney (*antagonista*). See Pliny the
  Elder for many similar *controversiae.*
2 See the selections from the *Utopia* in this textbook. The Book 1
  (written last) concerns England; Book 2 describes Utopia.
3 'in readiness'.
4 *incunctanter,* 'without hesitation'.
5 i.e. 'in their own arena' = in their own area of expertise.

Britanniae non nisi unicum esse ingenium;[6] cum haec insula tot egregiis ingeniis floreat.

18. Verae pietatis non indiligens cultor est, etiam si ab omni superstitione alienissimus. Habet suas horas, quibus Deo litet precibus, non ex more, sed e pectore depromptis. Cum amicis sic fabulatur de vita futuri saeculi, ut agnoscas illum ex animo loqui neque sine optima spe. Ac talis Morus est etiam in aula. Et postea sunt qui putent Christianos non inveniri nisi in monasteriis.

[Erasmus praises King Henry's court and mentions other prominent men (Linacre, Latimer, and others) who were associated with it.]

19. Habes imaginem ad optimum exemplar a pessimo artifice non optime delineatam. Ea tibi minus placebit, si continget Morum nosse propius. Sed illud tamen interim cavi, ne mihi possis impingere quod tibi minus[1] paruerim, neve semper opprobres nimium breves epistolas. Etiamsi haec nec mihi scribenti visa est longior, nec tibi legenti, sat scio, prolixa videbitur: id faciet Mori nostri suavitas. Bene vale.

Antuerpiae decimo Calendas Augusti Anno M.D.XIX. [23 July 1519]

---

6 Colet must not have had a high opinion of Englishmen; the next clause is Erasmus' opinion.

1 'hold it against me that I did not . . .'

Erasmus spent the year 1507 in Bologna with some students. At the end of this year he planned to return to Northern Europe, but wanted to reprint his translations from Euripides (the *duas Tragoedias* mentioned in §2) as a suitable present for his friends there. He approached the printer Aldus Manutius (1449-1515), whose work was a vital support for Humanism. The Aldine Press, founded in Venice in 1494, is famous for the introduction of italic type, which was based on the handwriting of Humanist scholars and which replaced the older Gothic type like that used in Gutenberg's Bible. The Press was also famous for introducing "pocket" or duodecimo and octavo editions of Greek and Latin texts in the interests of portability and convenience.

By 1506 the Aldine Press had fallen into difficulties: its owner, Aldus Manutius had been imprisoned during the wars ravaging Italy in 1505-7 and had lost most of his possessions, including presses and type. He issued no books in 1506 or 1507, except for this volume of Erasmus' translations. He took a chance in reprinting a book for an author who was not yet famous, but once he became acquainted with Erasmus, he retained him as an editor – especially for Greek. Erasmus stayed in Italy a year longer than he had intended and worked for Aldus. This letter is #207 in *Opus Epistularum Des. Erasmi Roterodami*, ed. P. S. Allen (1906), vol. 1 pp. 437ff.

Aldo Manutio Romano Erasmus Roterodamus S. P. D.

1. Illud apud me saepenumero optavi, doctissime Manuti, ut quantum lucis attulisses utrique[1] literaturae, non solum arte tua formulisque longe nitidissimis,[2] verum etiam ingenio doctrinaque neutiquem triviali, tantundem emolumenti illa tibi vicissim rettulisset. Nam quantum ad famam attinet, dubium non est quin in omnem usque posteritatem Aldus Manutius volitaturus

---

1 Latin and Greek.

2 *formulae* 'type'; here *nitidissimis* 'most elegant' refers to what we call italic type. See a few lines below.

sit per omnium ora[1] quicunque literarum sacris sunt
initiati. Erit autem memoria tua, quemadmodum nunc est
fama, non illustris modo sed favorabilis quoque et
amanada; propterea quod (ut audio) restituendis
propagandisque bonis auctoribus das operam, summa
quidem cura, at non pari lucro, planeque Herculis
exemplo laboribus exerceris, pulcherrimis quidem illis et
immortalem gloriam allaturis aliquando, verum aliis
interim frugiferis magis quam tibi. Audio Platonem
Graecanicis abs te formulis[2] excudi, quem docti plerique
iam vehementer exspectant. Quos auctores medicinae
impresseris cupio cognoscere. Atque utinam Paulum
Aeginetam[3] nobis dones. Demiror quid obstiterit quo
minus Novum Testamentum iampridem evulgaris, opus
(ni me fallit coniectura) etiam vulgo placiturum, maxime
nostro, id est Theologorum, ordini.[4]

2. Mitto ad te duas Tragoedias a me versas magna
quidem audacia, ceterum satisne feliciter ipse iudicabis.
Tomas Linacer,[5] Gulielmus Grocinus, Gulielmus
Latimerus, Cutbertus Tunstallus, tui quoque amici, non
tantum mei, magnopere probarunt; quos ipse nosti
doctiores esse quam ut iudicio fallantur, sinceriores quam

---

1 See Cicero *Tusc*. I.15.34: *Volito vivu' per ora virum*, a line from
Ennius.

2 'in Greek type' (*Graecanicus = Graecus*); Plato did not appear until
Sept. 1513.

3 Paul of Aegina was a Greek writer on medicine, much esteemed
in the 16th century.

4 Aldus published his NT in Feb. 1518.

5 Thomas Linacre (ca. 1460-1524) was one of the first Englishmen
to study Greek in Italy; he is perhaps best known for his Latin
Grammar. William Grocin (ca. 1446-1519) also studied Greek in
Italy. William Latimer (ca. 1460-1545), who was also studying in
Italy, became a famous Oxford scholar. Cuthbert Tunstall (1474-
1559) became Bishop of London and later of Durham.

ut amico velit adulari, nisi si quid amore nostri caecutiunt;[1] neque damnant conatum meum Itali quibus adhuc ostendi. Badius[2] impressit sibi sat feliciter, ut scribit; nam ex animi sententia divendidit exemplaria iam omnia. Verum non satis consultum est famae meae, usque adeo mendis scatent omnia, atque offert quidem ille operam suam ut superiorem editionem posteriore resarciat. Sed vereor ne iuxta Sophocleum adagium malum malo sarciat.[3] Existimarim lucubrationes meas immortalitate donatas, si tuis excusae formulis in lucem exierint, maxime minutioribus illis omnium nitidissimis. Ita fiet ut volumen sit perpusillum, et exiguo sumptu res conficiatur. Quod si tibi videbitur commodum negotium suscipere, ego exemplar emendatum quod mitto per hunc iuvenem[4] gratis suppeditabo, nisi paucula volumina mittere volueris amicis donanda.

3. Neque ego vererer rem meo sumptu meoque periculo moliri, nisi mihi esset intra paucos menses Italia relinquenda. Quare pervelim rem quam primum absolvi. Est autem vix decem dierum negotium. Quod si modis omnibus postulas ut centum aut ducenta volumina ad me recipiam, tametsi non solet mihi admodum propitius esse Mercurius ille κερδῷος[5] et incommodissimum erit

---

1 'have been blinded by . . .'

2 Jodocus Badius (1462-1535) established a press in Paris specializing in Latin authors. He printed Erasmus' translation in 1506. Apparently it was full of typos (*mendis scatent*), but had sold out.

3 'to patch one evil with another,' 'to fix one problem by making another'; see *adagium* 106 in this *Reader*.

4 The messenger who is carrying the manuscript; also mentioned in the last line of the letter.

5 'profit-maker'; Mercury was the god of merchants. Erasmus does not expect Mercury to be propitious to him; in addition, it would be inconvenient to carry 100-200 copies in his baggage, but he

sarcinam transportari, tamen ne id quidem gravabor, modo tu aequum praescribas pretium, Vale, doctissime Alde, et Erasmum in eorum numero ponito qui tibi ex animo bene cupiunt.

Si quid est in officina tua non usitatorum auctorum, gratum facies si indicabis; nam docti illi Britanni hoc mihi negotii dederunt uti pervestigarem. Si de imprimendis Tragoediis res animo tuo non sedet omnino, reddes exemplar huic ipsi qui attulit ad me referendum.

Bononiae. V. Cal Novembr. [Bologna, 28 Oct. 1507]

Aldo Manutio Romano, viro undecunque doctissimo. Venetiis. [The address in Venice]

will do it if necessary. In the event, he stayed in Italy and worked with Aldus.

92

GROTIUS: *MYRTILUS, A NAUTICAL PASTORAL*

Hugo Grotius (1583-1645), born in Delft, Holland, was best known as a legal theorist who laid down the foundations for international law, was also an enthusiastic Latin poet, writing about 25,000 lines of verse, including original poems (like this one), original dramas, and translations from Greek poetry and drama. (His legal writing is in Latin as well).

His career was marked by ups and downs. A child prodigy, at age 11 he entered Leiden University in 1594, where the great scholar Joseph Justus Scaliger was his informal tutor. In 1598 he was part of a Dutch embassy to Paris, where he acquired a law degree. On his return to Holland he established a law practice, entered politics, married, and enjoyed a successful career, including a period as mayor of Rotterdam. Reverses came in 1618. He was on the losing side in an on-going conflict between two divisions of the Calvinist state religion. His patron and mentor, Johan van Oldenbarnevelt, was executed and Grotius was sentenced to life imprisonment. He wrote continually while in prison, and in 1621 escaped with the help of his wife, who smuggled him out of jail in a book crate. (The crate is on display in the Rijkmuseum in Amsterdam.) He fled to Paris, where he lived for several years, publishing his *De Iure Belli ac Pacis*, which established his international legal reputation. He joined the Swedish diplomatic service and was Swedish ambassador in Paris for 10 years. On a journey to Stockholm in Winter 1645 he was shipwrecked and died of exposure in Rostock.

In addition to his legal writings, he composed three Biblical tragedies in Latin, translated into Latin verse several Greek tragedies and the entire *Greek Anthology*. He wrote panegyrics (praise poems), including one celebrating the coronation of James I as King of England (1603).[1] He wrote occasional poems for weddings and other celebrations.

---

1 Text and trans. at http://www.philological.bham.ac.uk/grotius/

The following poem, from 1604, was an experiment in writing a new type of pastoral poetry. (For a discussion of pastoral, see the introduction to Barclay's *Daphnis* in this *Reader*). In the first 11 lines, the poet claims to be the first to compose a nautical eclogue and he dedicates it to his friend and Leiden Professor of Greek Daniel Heinsius. The song tells the unrequited love of the sailor Myrtilus for the beautiful but faithless Cochlis. On his return from a voyage, apparently to the Far East, he expects to find her waiting, but is disappointed. He offers her exotic presents, and in despair considers suicide. Reviving his spirits, he recounts the pleasures of life aboard ship. As the sun sets, the sailor, still alone, ends his song.

This poem first appeared as an appendix to Heinsius' comprehensive edition of the Greek pastoral poets Theocritus, Moschus, Bion, and Simias (1604). Grotius also contributed several of his own translations of Theocritus, as well as this original eclogue. Grotius was a skilled translator, as his versions of Greek drama and verse prove. The names of many sea divinities occur in this poem: Neptunus, Proteus, Nereus, Cymodocea, Portumus; for these and the stories connected with them, consult a dictionary of mythology. The best edition of this poem (with notes, no translation) is *The Poetry of Hugo Grotius, Original Poetry 1602-1603*, ed. Arthur Eyffinger (Assen/Maastricht: Van Gorcum, 1988), also catalogued as *De Dichtwerken van Hugo Grotius I. Oorspronkelijke Dichtwerken Tweede Deel*, pars 3A en B.

Hugonis Grotii Myrtilus sive Idyllium Nauticum,
Ad Danielem Heinsium
Prima mihi,[1] sylvis et amoeno fonte relicto
Fistula ad Oceani fluctus, et ad aequora venit,
Aequora quae Batavis potius cantanda Poëtis.

---

1 i.e. the poet. Eclogues are usually pastoral, about shepherds and their loves, but not this one. A nautical theme is suitable for a *Batavus*, 'Dutch' poet. *Hagae* (line 5) is The Hague, capital of the Dutch Republic.

Nam neque me tantum[1] saltus, aut pascua circum,
Aut Hagae nemus omne meae iuvat, invia quantum 5
Littora, pendentesque domus, scopulique cavernae.
Non audita cano. Labor hic tibi sumitur, Heinsi.
Heinsi, noster amor, si quid mea carmina possunt,
Te Libycus Garamas, te Iava loquetur, et Indi,[2]
Et puppes Austrina ferent ad sidera coeli   10
Dia Sophocleo tua pulpita quassa cothurno.
Dicite, formosae Nereïdes, inclyta Ponti
Numina, quas voces, quae carmina Myrtilus inter
Aërias rupes, et respondentia saxa,
Cochlidis insano iactarit saucius igni.   15
"Iam defuncta[3] malis pelagi ratis, acta per altum,
Venit ad hos fines, ubi dividit insula pontum
Cara mihi, et solo notissima Cochlidis antro.
Tiphy,[4] ratim serva: si nox collegerit Euros,[5]
Anchora demisso descendat in aequora ferro;   20
Aut littus praetexe, malus si saeviet Auster:
Sed brevia, et rapidos aestus fuge; dextera multis
Est via caeca vadis; securius, ire sinistra.
Cochli, quid exspectas? quin, ut prius ipsa solebas,
Prospicis intonsi specula de montis in undas,   25

---

1 correlative with *quantum*, 'these groves, pastures, and glades don't
please me as much as . . .'

2 *Libycus Garamas* – the Garamantes (a nomadic tribe) of Libya.
Java and the Indies were explored by the Dutch. In the next line
Austrina . . . coeli is equivalent to *Austrinae ad sidera coeli* 'to the stars
of the Southern sky' i.e. hemisphere. In this figure, *hypallage*, an
adj. agrees with a noun with which it does not logically go. See l.
123 for another example. Line 11: *cothurnus* is the high-heeled
shoe worn by tragic actors, referring to Heinsius' recent play
Auriacus on the assassination of William of Orange in 1584.

3 'safe from the evils of the sea' with *ratis*.

4 The vocative case of the helmsman's name Tiphys, from Jason's
helmsman in the Argo.

5 *Eurus* (East wind) is favourable; the *Auster* (South wind) is
dangerous. *littus praetexe* 'beach the ship'; *via caeca vadis* 'the way is
uncertain because of the shallows'.

Meque procul reducem longo clamore salutas?
Heu! Quis mutavit mihi te Deus? An tibi pectus
Transversum[1] novus egit amor? Ne fallite nautae,
Sumne alius, quam nuper eram, cum candida Dorcas,
Diceret, Hesperiis Dorcas praelata puellis;   30
'Pulcher es: ipse tibi, me iudice, cedat Amyclas.'[2]
Illa quidem dixit, sed vix ego credulus illi.
Ipse tamen, tamen in placido me flumine vidi,
Hirsutasque genas et latae frontis honorem
Et roseos crines et caerula menta notavi,   35
Qualia vel Neptunus habet vel qualia Nereus.[3]
Testis anus Crotale, quae ter mihi, 'Myrtile,' dixit,
'Despue; lingua tuos ne fascinet invida vultus.'[4]
Haec eadem canto, quae cum cantaret Arion,
Mulceretque Deos pelagi, circumstetit omnis   40
Delphinum chorus, et vatem servavit in undis.
(Scilicet aut Boreae veteres et Erichthidos ignes,
Aut Phorci laudes, aut caeruleam Amphitriten.)[5]
Aemulus at concha mihi perstrepit aequora Triton,
Miranturque sonum Panope Panopesque sorores,   45
Et Proteus, et Glaucus, et Inoüs Melicerta.
Heu placeo Nymphis, at non tibi. Sola marinos
Despicis amplexūs crudelis et oscula vitas.

---

1 'your turned-away heart,' acc.
2 Amyclas must be Dorcas' ideal man, but she had fallen in love
  with Myrtilus. This line is what she said to him, but he didn't
  yield.
3 The sailor has the dark beard and noble face (*latae frontis honorem*)
  of Neptune or Nereus.
4 Spitting will ward off the envious tongue.
5 Arion was saved by a dolphin. Lines 42-3 list the topics of
  Arion's songs: the love of Boreas and Erechtheus' daughter, praise
  of Phorcus, son of Neptune, and of Amphitrite. In the next line,
  Triton is another singer whose songs are admired. *Inoüs Melicerta*:
  Ino and her son Melicerta leaped into the sea to escape a mad
  husband and were turned into the sea-gods Leucothea (l. 70) and
  Portumus (l. 91). See Ov. *Meta.* 4.351ff.

Quem fugis, ah demens? Secuerunt Di quoque Pontum,
Et magni Minyae Reges, et primus Iason   50
Per freta duxerunt abituram in sidera puppim.[1]
Navifragis iactatus aquis incendit Ulysses
Sole satam Circen, Atlantiademque Calypso,[2]
Et sibi Nausicaā tales optavit amores.
Quid iuvat, illa suum si me fastidit Ulyssem,   55
Quae mihi Nausicaā, Circe prior, atque Calypso?
Saepe ego te vidi, meminisses improba Cochli,
Cum per arenarum tumulos et littora conchas
Oceani legeremus opes; nam tunc ego primum
Cum patre tentavi raucum mare, veris adulti   60
Tempore,[3] necdum ulla pictus lanugine malas.
Saepe etiam, sera quoties sub nocte venirem,
Siccasti aequoreïs manantes imbribus artus.
Nec te poeniteat. Prius hoc quoque fecerat Hero,
Cuius ego et turrim Sestaeo in littore vidi,[4]   65
Nataque collegi vicinis ostrea saxis.
En etiam tibi dona fero miser, en nucis Indae
Pocla,[5] quibus potavit Arabs, Sinisque petitum
Fictile. Non alias tremui propiore periclo,
Et, nisi Leucotheen mea tunc in vota vocassem,   70
Infelix Stygias ivissem nauta sub undas.
Quin et Teutonicis mecum fero condita testis
Smegmata, in Oceanum labentis munera Rheni.[6]

---

1 The Argo became a constellation.
2 *Calypso*, here acc. case. In l. 56 it is nom.
3 'In late spring' when his beard had barely begun to grow.
4 Hero was a priestess in Sestos, who was courted by Leander. He
  swan across the Hellespont and was drowned. Myrtilus has visited
  the spot.
5 Cups of coconut shell; *Sinis . . . fictile*, 'Chinese porcelain'.
6 A reference to *spuma batava* (Martial 8.33.20) used to dye hair red
  (*rutilant . . . capillos*), imported from Batavia. *Teutonicis . . . testis* 'in
  German jugs'; Batavia was always considered part of greater
  Germany. Why they would dye their hair 4x per month is

His etenim Batavi – soli sulcare periti,
Puppe salum Batavi coeloque indicere ventos,   75
Martia gens toto pelagi divisa profundo –
Mense quater rutilant nodatos arte capillos.
Hoc ego pigmentum poscenti nuper Erinnae
(Nata fuit magni Barcemonis illa) negavi,[1]
Quamvis multa diu per Dorida, per Galateam,   80
Per Thetin, erroresque meos quemcunque per orbem,
Luminibus paetis, et blanda voce rogaret.
Et poteram donasse tamen: nam saxea non est.
At tu nil misereris: in hoc ego pactile sertum
Effundam rabido flagrantes corde dolores.   85
Ipse tibi Rubro praedatus in aequore silvam,
Alternas laurus, et Medica mala[2] iugavi.
Nunc labor ille perit, nam tu mea munera curas,
Quantum dura silex pontum vel littora pontus.
Huc ades, ut casta velatus tempora quercu[3]   90
Portuno ante alios, et Dis, quorum aequora curro,
Sacra feram, reddamque reus solemnia vota,
Quae rerum Oceanus genitor, quae Tethys, et ipse
Nympharum accipiat Nereus pater. O mea Cochli,
Huc ades, ut cellis mecum deprompta Falernis   95
Musta bibas caesaque canens epulere[4] iuvenca.
Aut si forte iuvant thynni mollesque platessae
Te magis, et soleae, mecum piscabitur Olpis.[5]
Est mihi namque domi non invidiosa supellex,

---

unknown.

1 Erinna asked him for the *smegma*, beseeching 'by Doris, by
   Galatea, by Thetis,' all sea goddesses. Her eyes were *paeti*, 'with a
   come-hither glance'. She would have yielded to him: *nam saxea non
   est.*

2 Median (Assyrian) fruit, the citron. He has woven a garland
   (*sertum*) from laurel and citron.

3 'wreathing my temples with chaste oak'; he has not yielded to
   another woman.

4 *epulor, epulari, epulatus* 'feast,' 'banquet' (pres. subj. 2nd person).

Fiscellae virides, nodosaque texta plagarum,   100
Filaque, et haerentes maculis humentibus algae
Cum labyrintheo plexis errore sagenis.
Sunt iacula, et tumido fluitantes cortice fundae.
Pendet et aequoreo decori lethalis arundo,
Setaque, et impliciti lumbricis pinguibus hami.   105
Quid loquor infelix? Cochlis nihil audit et idem
Qui mea vela solent venti, mea verba tulerunt.
Si tibi dulce mei nihil est, ô ferrea, vere
Ferrea, dulce tamen mea mors erit. Aspice tantum.
Ibo per has cautes, summoque cacumine lapsus   110
Deferar in fluctus. Nomen mihi debeat aequor,
Myrtoumque novum fiat mare – Vivite rupes![1]
Fallor, an huc Cochlis respexit, et omnia circum
Flabra silent, blandique favet pellacia[2] Ponti?
Hic recubans cantabo; iubet locus, altaque subter   115
Saxa supercilio cohibent umbracula rupes.
Cochli, quid in solis consumere cautibus[3] aevum
Te iuvat, et pensis viridem donare iuventam,
Dum teneros multo digitos subtemine lassat
Mater anus? Nostram potius conscende carinam.   120
Illic et vitrei fluctus et marmora Divûm
Prona iacent, speculoque sali stat solis imago,
Et picturato resplendet in aequore coelum,

---

5 The fish are tuna, plaice, and sole. Olpis is his fishing
   companion. In the next lines is a very Ovidian list of fishing
   equipment: *fiscellae* 'baskets,' *texta plagarum* 'hunting nets,' *plexis
   sagenis* 'woven seines,' *iacula* 'casting nets,' *fluitantes fundae* 'floating
   drag-nets,' *arundo* 'fishing rod,' *seta* 'line,' *hami* 'hooks'.

1 He is ready to throw himself into the sea, which will be called
   from his name. There actually was a part of the Aegean called
   the Myrtoan Sea. The word is used in verse as a metrically
   convenient spondaic word for 'sea'. At l. 113 he revives, thinking
   Cochlis will perhaps relent.

2 'attractions' which he proceeds to recount at l. 117ff.

3 *in solis cautibus* 'in deserted crags'; *pensis* refers to her spinning.

Sacraque Naturae miracula:[4] gurges aquarum
Insequitur Phoeben, caudam Cynosurida magnes.   125
Quid mirum? Sua quaeque trahunt; te, Myrtile, Cochlis.
Illic (falsa salo labentibus insula)[2] cete,
Et validae pistres, et physeteres anheli,
Phocarumque natant examina: pompilus illic
Per mare veliferum puppim comitatur euntem.   130
Illic nata[3] Venus, comitata Cupidine parvo,
Nunc etiam concha patrias quae navigat undas,
Nudatoque sinu pulcherrima Cymodocea
Captat in apricis vernantes fluctibus[4] auras.   134
Nam neque semper aquae furit implacabilis aestu
Ventorumque fremit laxato carcere vulgus.
Sunt etiam Ponto sua gaudia. Saepe per aestum
Gurgite pacato ridet mare, saepe remotis
Vulturno, et Borea, pluviamque cientibus Austris[5]
Oebalios tantum Zephyrus suspirat amores.   140
Longa ministeriis[6] sunt otia, pace serena
Mitia cum placidi requiescunt terga profundi
Altaque languenti descendunt cornua velo.
Aut igitur tacito luctantur in aequore tonsae,[7]
Aut ubi iam ferrum premit unco dente carinam,   145

---

4 Two wonders: the flood follows Phoebe, the moon, and that the
magnet (*magnes*) follows Ursa Minor's tail (= Little Dipper).

2 'an island treacherous to one passing by at sea (*salo*)' The sea
creatures in the next lines are whales (*cete*), sharks (*pistres*), sperm
whales (*physeteres*, 'spouters'), seals (*phocae*), pilot-fish (*pompilus*).

3 Venus was born in the sea-foam (Hesiod *Th.* 188-206).

4 *in apricis fluctibus* 'on the sun-blessed waves'.

5 The winds are frequently mentioned in pastoral: *Vulturnus* 'SE
wind,' favourable, as is *Eurus*; *Boreas* 'cold N wind'; *Auster* 'S wind'
which brings rain; *Zephyrus* 'gentle W breeze'. Oebalus was a
legendary king of Sparta, so *Oebalius* means 'a Spartan person':
Helen (as here), Castor, Pollux.

6 'of the work aboard' dat. of possession. In l. 143 *cornua* are the
yards for the sails.

7 'oars', a poetic synonym for *remi* (Virg. *Aen.* 7.27).

Nos, genus irrequies, alii, quorum indiget usus,
Buxea ligna damus rudibus tornata figuris;[1]
Pars facilem oramus reditum, ventumque ferentem
Ingentes in puppe Deos; pars sidera coeli
Metimur radio, et totum describimus Axem.[2]   150
Sollertis labor ille Tyri, quae prima meatus
Aetherios, et signa Polo labentia vidit.
Tunc nosci caepere Ferae, custosque Ferarum[3]
Arctophylax tarde pelagum subiturus et alter–
Ille quis est, lucet trino cui baltheus igne?   155
Heu miser excludor, duraque in rupe relinquor
Imbribus; ipse parat radiis liventibus atrum
Sol Tartessiacis immergere fluctibus orbem."[4]

---

1 i.e. scrimshaw in boxwood.
2 They use an astrolabe (*radius*) here attributed to the Tyrians /
  Phoenicians.
3 Ursa Major and Ursa Minor, with Bootes ('Bear-keeper'). The
  constellation with the belt (*baltheus*) is Orion.
4 The sun is setting into the Tartessian ('Spanish') waters, leaving
  the world black.

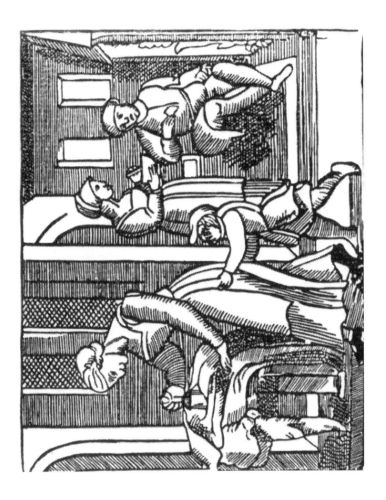

John Barclay: *Argenis*

"The Princess"

John Barclay (1582-1621) enjoyed a varied career spanning France, England, and Italy. He wrote poems (one of which is in the poetry section of this *Reader*), a psychological study of human personality (a section of which – on France – is included here as well), and two popular novels, including the best-seller of the entire 17th century, his *Argenis*, the first two chapters of which are printed below.

Barclay was born in France to a Scottish lawyer father and a French mother. His father, William Barclay, taught law in France and was the author of several books on political theory. His thesis was that kings rule with absolute power by divine right and can never be subject to parliaments, noblemen, or the church. If they do not so rule, states will descend into anarchy and bloodshed. His thesis had plenty of support from all those who studied the history of the previous centuries. While in France, William Barclay had maintained his Scottish ties with King James VI of Scotland, who succeeded Queen Elizabeth I of England on her death in 1603, becoming King James I of England. Both the father William and his son John went to England for King James' coronation. When William returned to France, John stayed and successfully ingratiated himself with King James.

John lived until 1615 at court, where he wrote poems and a popular satirical novel, his *Euphormionis Satyricon*, based on Petronius' Roman novel, the *Satyricon*. In this novel, a naive traveler, Euphormio, arrives in Europe and is astounded by its strange customs. He is reduced to slavery, escapes, has many adventures, and eventually finds refuge with King Tesseranactus ("King of Four Realms"), who is clearly meant to be King James (the four realms are England, Scotland, Wales, Ireland). John knew the king personally, was present at royal meals, and is mentioned in the English state papers. The king sent him on several missions to the continent. King James was trying to make peace between the warring Protestant and Catholic rulers throughout Europe, and had written a book, *A Premonition to All Most Mighty Monarchs*, urging that the secular rulers of all European states convene to make peace between the two religions; the Pope and other religious leaders should definitely not be invited. As a Catholic, John could deliver copies of this book and be an effective spokesman for the Protestant king. The convention came to nothing, but John's experience of travel gave him the insights for his next book, his *Icon Animorum*, or *Mirror of Minds*, an account of the most important nations of Europe and their ways.

John was married and had seven children. His position in England evidently had become precarious: his pension (subsidy) from King James was irregular, and by English law his children, who were born in England, had to be raised Protestant. He sought another patron and found one in Rome, Pope Paul V. In 1615 he and his family moved to Rome, where he lived for the next six years, writing (among other things) his magnum opus, the novel *Argenis*. During the calamitous year 1621, he lost two of his children, then in August his own life, at the very moment when his masterpiece was coming off the press in Paris.

This novel, *Argenis*, is one of the most influential, if little-known, works of literary history. To compose his novel, Barclay combined elements from the ancient Greek novels, primarily Heliodorus' *Ethiopian History*, from the satire of Lucian and Seneca, and from medieval romance like the *Song of Roland*. The heroes of these medieval romances are knights who go on a quest and meet various adventures and lovely noble ladies. There are often fairy-tale motifs like dragons, magic swords, and the like. Barclay eliminated the fantastical elements but kept the romance. The result is an adventure-filled novel with (relatively) believable characters – at least for the genre – living in a world that shares elements of Greco-Roman antiquity and early 17th century Europe.

The plot is complex: the setting is an imaginary ancient Sicilian realm. The kingdom is in confusion, faced by a revolt of the nobles and torn by religious dissension. The king, Meleander, is facing certain defeat, but is unexpectedly rescued by the arrival of a very capable knight from Africa and a fleet sent by the King of Sardinia. After the revolt is quelled, the main characters come into conflict with each other. The king's daughter, the Princess Argenis, acquires three suitors: Poliarchus, King of Gaul/France, whom she loves; Archombrotus, the knight from Africa, who came to Sicily to rescue King Meleander and incidentally to win the hand of Argenis, and who at the end turns out to be her half-brother; and Radirobanes, the King of Sardinia, whose fleet saves Meleander and who asks for the hand of Argenis in return. He is the villain of the piece – if anyone is. Sardinia is eventually driven off, the other two are reconciled, Poliarchus and Argenis marry, and everyone lives happily. The narration is not linear, but starts *in medias res*, operates with flashbacks, surprising revelations, long-hidden secret letters which disclose – at the last minute – essential facts. In many ways Argenis anticipates the modern suspense novel.

The novel also introduced the practice of integrating political commentary about contemporary affairs into the plot. Indeed, the novelist refers to several contemporary scandals in England and France, the Overbury murder of 1613 in London and the 1617 assassination of King Louis' advisor Concini in Paris. The novel's characters engage each other in political discussion, often on the limits of a king's power, the very topic addressed by John's father William. Here is one example. In Book 4 the King of Sardinia (the failed suitor of Argenis) attacks Mauretania in North Africa. Poliarchus happens to have been blown by a storm to Mauretania with an army and volunteers to help the defence. He suggests to the Queen of Mauretania that she levy some quick taxes in order to raise additional troops immediately, since the invaders are right off-shore. She says she can't do that; in order to raise taxes she has to call a parliament and present the proposal to it for approval. This will take too long. Poliarchus is dismayed; he is used to *libera regna*, or "free kingdoms" in which the ruler is "free" to levy taxes whenever necessary. The queen replies that Mauretania is not like that; in this kingdom the queen depends on the love and support of her subjects, and she is not willing to jeopardize that love by sudden impositions. Poliarchus then shows her the danger of her position, and so on and on. The dialog ends with the queen's being convinced. All this was based on a real situation. The queen represents Queen Elizabeth; the Sardinian invasion is the Spanish Armada; in England Parliament did have to approve the imposition of taxes. A source of conflict in the reign of King James I, while Barclay was in England, was the king's constant need for money and the reluctance of Parliament to approve additional taxes. So the topic of this dialog was a burning issue during Barclay's lifetime. Many other such dialogs are scattered throughout the *Argenis* on topics ranging from the treatment of religious dissidents (cp. the Huguenots in France) to the provision of standing armies (none in England; the usual practice on the continent). Later novelists, especially those outside the Anglo-Saxon tradition, have continued the practice of discussing issues which lie outside the covers of their novels. Dostoyevsky is a well-known example; his characters tend to be types (humble Christians, destructive nihilists) who are driven by ideas. The novels of Ayn Rand are in this same tradition.

Poems are scattered throughout the novel, an influence from ancient Menippean satire. Many other 17th century novels in Latin or the vernacular include passages of poetry, which often comment on the action much as do the choruses of Greek tragedy.

During the 17th and 18th centuries, Argenis went through about 50 editions in Latin and was quickly translated into all the major European languages – at least three times into English. It was praised by the English poet Coleridge, who called it "this great work." The most complete modern edition with a 17th century (i.e. contemporary with Barclay) translation is John Barclay, *Argenis*, edd. Mark Riley and Dorothy Pritchard Huber (Assen: Van Gorcum, 2004).

Capitulum 1

1. NONDUM Orbis adoraverat Romam, nondum Oceanus decesserat Tibri, cum ad oram Siciliae, qua fluvius Gelas maria subit,[1] ingentis speciei iuvenem peregrina navis exposuit. Servi, ope nautarum, cultum domini militarem ex alto comportabant, suspensosque per praecincta ilia equos dimittebant ad litora.[2] Ille insuetus navigii malis procubuerat in arenam quaerebatque circumactum pelagi erroribus caput sopore componere, cum acutissimus clamor,[3] primum quiescentis mentem implacidā imagine confundens, mox propius advolutus somni otium horrore submovit. Silva erat in conspectu, raris quidem sed in ingens spatium effusis arboribus, subter quas tumuli, fruticum dumorumque caligine, velut ad insidias surrexerant.[4] Hinc repente in campum erumpit femina optimi vultūs, sed quae corruperat oculos fletu, sparso quoque in funebrem modum crine terribilis. Incitatus verberibus equus non sufficiebat in cursum effusae nec mitius quam in Phrygio aut Thebano furore ululanti.[5] Concussēre ilico iuvenis mentem, praeter favorem in miseros pronum, etiam reverentia sexūs gemendique atrocitas. Omen quoque in spectaculo captabat quod intranti Siciliam primum occurrerat.

---

1 The Gela River flows into the Mediterranean on the SE coast of Sicily, which faces Africa. In general Barclay's geography is accurate, despite the imaginary historical setting.

2 They use a crane to lower the horses.

3 *Clamor.* [subject] . . . *confundens . . . advolutus.*

4 The bushes (*fruticum dumorumque*) looked like a good ambush spot.

5 *in cursum effusae . . . ululanti*, 'for one who was totally given over to speed and who was howling like Phrygian or Theban maenads'; like crazed devotees of Cybele or Bacchus.

2. At illa ubi potuit exaudiri: "O quicumque es, si virtutem, inquit, amas, ah succurre Siciliae, quam in fortissimo viro praedones nefarii oppugnant! Nec diu me orare patitur instans malum, nec leviter deprecari pro Poliarcho possum, quem non hinc procul grassatorum ferox turba circumsedit improviso facinore.[1] Ego inter tumultum effugiens, te primum opportune, nec plus forsitan in illius salutem quam in gloriam tuam, vidi. Hos quoque" (nam dum ipsa loquitur, servi[2] accesserant) "seu iuberi seu rogari a te fas est, provoca ad egregiae pietatis officium." Haec ut mulier inter anhelitus et suspiria effudit, ad galeam ille ensemque respexit et dum equum ministri admovent: "Ego, inquit, O matrona, modo in Siciliam veni. Liceat hactenus homini extero nomen Poliarchi ignorasse. Sed fortunae beneficium debebo, si qualem memoras strenuum virum meo adventu levari voluerit." His dictis in equum exsiliit et duceret ergo iussit. Servi omnino duo erant. Unus et ipse armatus dominum sequebatur; alius praesidio sarcinarum, quae colligi tam turbulentā profectione non poterant, mansit in litore.

3. Iamque pervenerant ad silvae confinia, cuius aditus in semitas varie sectus[3] memoriam mulieris sic confudit, ut dubia qua quaeri Poliarchum oporteret, novis gemitibus caelum impleverit. Ambigebat tanto fletu territus hospes an progredi praestaret an haerere, cum, strepente subito silva, clamor et arma et venientium

---

1 'an unexpected attack'.
2 The 2 servants of the young man; he was not unattended, hence he is noble.
3 'approaches were cut up into so many paths'.

equorum vestigia[1] mentem ad praesentiora pericula
advertunt. Quippe tres armati veniebant, admissis
habenis incitati, nudo ferro, vultuque aliquid ingens vel
auso vel timente. Veritus ille insidias, et ut in subitis quae
timeri vix debent occurrunt,[2] de matronae fide sollicitus
exigit[3] hi-ne essent in quos pugnari ipsa vellet; simul
digitis in amentum[4] aptatis hastam, quam nemo
violentius torquebat, in venientium dirigit ora ne inultum
occuparent. Sed hi fugam, non bellum adornabant,
diversisque itineribus properabant elabi victori. Nam
urgebat fugientes unus ille Poliarchus, cui tam prolixe
matrona timuerat, ultimumque assecutus ita cecīdit, ut
per caput cervicemque continuatum vulnus ad pectoris
ima deduxerit. Hoc collapso cum pervicacius inveheretur
in ceteros, humus scrobibus inaequalis[5] deprehendit equi
vestigium, qui dominum celeri quidem, sed innoxio casu
effudit in gramen. Subitoque matrona (nam Poliarchum
agnoverat) ex equo ad iacentis auxilium se advolvit.

4. Sed ille non lapsu, non vulneribus gravis, quae duo
acceperat, ne omisso quidem ense prosiliit. Cumque ex
Timoclea (id mulieri erat nomen) audisset ut ipsa in
peregrinum iuvenem incidisset, quamque ille humanus
promisisset auxilium, haud mora ad eum tanti beneficii
gratias habiturus convertitur. At ille iam equum
reliquerat, priorque locutus Poliarcho: "Si dii voluissent,

---

1 'hoofbeats'.
2 'In sudden actions things occur which should not be feared'; he is
  also suspicious of the woman, who perhaps is leading him into an
  ambuscade.
3 'he demanded [to know] if these were . . .'
4 The thong wrapped around the javelin which enabled it to be
  thrown with more force.
5 'irregular clods or tufts of grass'.

vir fortissime, inquit, me antehac tuae virtutis conscium esse,[1] istius matronae lacrimas accusassem, quae coëgit ut veniam petere debeam, quod tibi tanto viro auxiliari voluerim. Tres armatos in fugam a te versos, quamvis est eximium, minus tamen mirarer, nisi me illa vis, qua ex iis tardiorem mulctavisti, admoneret quam iustus omnes terror in fugam abstulerit." Poliarchus et ipse blandissimus egit gratias properati auxilii, neque suae virtuti, sed grassatorum ignaviae, aiebat tribuendum quod illi fugissent.

5. Inter haec verba in amplexus abierunt, et salutatione mutua functis[2] non modo quid dicerent sed et cui loquerentur vacavit cogitare. Tunc igitur alterius forma ad oculos alterius tota pervenit, et haesēre mutua contemplatione perculsi, id quisque miratus in alio quo ipse vicissim mirantem rapiebat.[3] Aetas, forma, habitus, et arcanus luminum vigor, pares anni, et quamvis in diversis frontibus una maiestas. Cum tantā specie monstrum[4] erat fortitudinem convenisse. Neque minus Timoclea fortunam adorabat, quae tantum par mirabili occursu coëgerat. Votum etiam fecit, si per eosdem liceret, se tabulam, in quam pictor vultum utriusque transtulisset, Erycinae Veneris templo daturam.[5] Et

1 Elaborate courtesy between knights: 'If the gods had been willing for me to know your martial virtues, I would now be blaming this lady's tears, because she has created a situation (*coegit*) that I have to ask your pardon' for coming to your aid – which Poliarchus clearly didn't need.

2 'having made mutual salutation'.

3 Each recognized his own merits in the other; they seemed soul-mates.

4 'a prodigy of nature' that such martial courage was combined with such appearance.

5 Mount Eryx (now Monte San Giuliano) is a prominent peak near Trapani in w. Sicily. The famous temple to Venus at the summit is

quamquam varii casus distulēre id votum, eo tandem se
exsolvit his carminibus ad oram tabulae insertis:

6. Sic roseis stat forma genis, sic frontis honorae
Fulget apex, tales accendunt lumina flammae.
Humanum ne crede decus; non pulchrior altos
Phoebus agit currūs.[1] Non unquam sidere tanto
Oebalii micuēre dei, quos nauta solutis
Puppibus et iam iam vincentibus invocat undis.
Nec tu Lemniacis Mavors[2] formosior armis
Fraena quatis, Paphiisve soles mitescere blandus
Cultibus, ab misero tantum metuende marito!

7. Cum deinde Poliarchus collegisset se ab hospitis
vultu, matronam familiarius intuitus, in illius exanimata
ora ludebat, maxime quod in latera atque tergum
dissipati tamquam ad rogum crines iacerent. Rogabat
quoque per iocum an incidisset in satyros.[3] Timoclea
autem simplici risu: "Ne hos putes, Poliarche,
desperatione divulsos. Fugam inter virgulta
praecipitabam tuo periculo conterrita, cum obversantibus
ramis solutus est verticis nodus et profluentem comam
laxavit."

---

frequently mentioned in *Argenis*. Timoclea later dedicates this
poem to Venus.

1 'Phoebus is not so handsome when he drives his chariot.' In the
next line the *Oebalii* are Castor and Pollux, gods of sailors.

2 A poetic variant for Mars. 'Nor are you more fair, Mars, when
you brandish your Lemnian arms [arms made in Vulcan's forges
on Lemnos]; nor more mild when you are so often charmed (*soles
mitescere*) by Paphian [Venus'] wiles.' A reference to the loves of
Venus and Mars. Mars is then feared by no one except Venus'
husband Vulcan.

3 In antiquity women let their hair down only in religious worship
(hence the satyrs) or in mourning.

8. Dum loquuntur, libertus interim Poliarchi duoque Timocleae servi qui aberraverant, superato callium flexu,[1] haud procul a dominis emerserunt ex nemore. Sola Timocleae ancilla iam deerat, sed et hanc procul vident pavido equo non bene moderari et inutili virgā cum clamore ferire contumacem.[2] Satis illi in conspectu huius scenae iocati, procurrunt hilares ad trementis auxilium. Interim hospes Poliarchum rogabat, quae illae in eum insidiae quisve grassator; an odia an praedae cupiditas tanti facinoris audaciam nefariis fecisset. Sed matrona sermonem occupavit et: "Utrique necessaria quies est, inquit, huic a mari, alteri a pugna venienti. Neque hinc longe praedium meum.[3] Illic rectius erit vobis, habebitisque levandis corporibus et mutuis sermonibus locum." Non aegre annuerunt tam commode admonenti, famuloque recepto qui sarcinas ad litus servabat, viam omnes exorsi sunt.

9. Iam paene ad familiaritatem initiati iuvenes erant, docebatque quaerentem hospitem Poliarchus:[4] primo mane se e regiis castris egressum; Agrigentum petere negotii causa; per viam occurrisse hanc matronam in aula notissimam, quae a regis filia redibat; aliquo fato servos (ut incuriosi ibant) per viarum anfractūs divertisse in silva; Timocleam unam cum sua anu in eadem secum semita perseverasse, cum obliquo ad latus itinere processerunt quinque latrones, et in se unum tot equos effuderunt. Matronam suo et equi pavore divertisse et felicissimo errore ad tantae humanitatis hospitem esse

---

1 'had come through the winding paths'.
2 Comic relief after the fight.
3 'my estate'.
4 Poliarchus narrates the events of the day.

delatam. "Fatis autem et praedonum scelere factum,[1] inquit, quod primo impetu omnium in me ictus incassum cecidêre, suffecitque caedi illius, qui primus occurrit, iaculum[2] quod habebam. Conserto deinde certamine unus dexteri mei cruris modicam partem libavit,[3] alius ferrum levi vulnere adegit ad latus; quem ego indignatione concitatus postquam meo dolori immolavi, aliumque laesi in capite, infelici flagitio territi omnes habenas verterunt, ut nec mihi liqueat foediusne aggressi sint scelus an fugerint. Tunc quoque unius celeritatem sic praecepi[4] ut sub vestris oculis dederit poenas. Duos qui supererant, ipsi vidistis ut mihi equi casus fugientes subduxerit. Qui illi sint nec suspicari possim, nisi ex Lycogenis castris latrones, qui vel observabant mea itinera vel omnino per silvam ituris imminebant."

Capitulum 2

1. Haec loquente Poliarcho iam ad praedium matronae pervenerant, quod non procul Phthinthia ad ripas Himerae[5] hinc alveo fluminis cingebatur, illinc arbustis inter se implicatis et lentato vimine miscentibus nexus. Ipsam domum, laterculo[6] conditam et in altum porrectam, late fluminis camporumque oblectabat spectaculum. Silva quoque et in proximo colles commendaverant situm. Familia ampla et ex dominae

---

1 Supply *est*: 'Either by chance or by their own folly (*scelere*) it happened that at their first attack their blows had no success . . .'

2 Subject of *suffecit.*

3 'touched'; he's being modest.

4 'I got ahead of the other ones's speed . . .'; abstract for concrete, *unius celeritatem = unum celerem.*

5 This Himera River (now the Salso) flows into the Mediterranean not far from Gela, near the ancient town of Phintias. (Another river also called Himera flows into the N. coast of Sicily).

6 'brick'.

moribus casta, quae, elato pridem viro, integerrimā famā[1] claritatem stirpis adauxerat. Haec tunc mutuis inter hospites sermonibus finem imposuit, officiose obsecrans ne offenderentur tenuitate hospitii. Successēre illi in tectum invitavitque matronae humanitas[2] et provectae lucis tempus, ut illic pernoctaturi ad cenam promitterent, quae dum a familia curatur, interim Poliarchus delibuto aceto[3] vulnera lavit, ne tumore arderent, oleoque deinde quod ascyri floribus tinctum erat permulsit; securior notis inemptisque remediis quam in medicorum fide, iniquissimam mercedem ex supervacuā curationis morā interdum captantium.

2. Discubuēre deinde in triclinium cena perlata, riteque insinuatis sermonibus non dubitavit Timoclea quaerere ab hospite, quo nomine quave patria esset; an praeterea consilio vel errore appulisset ad insulam. Ille se ab Africa patria sua venire respondit, nomen ac genus dissimulari eos velle, quibus in se arbitrium erat, dum rediret,[4] Archombrotum iussisse appellari; neque se adversis actum ventis, sed in Siciliam cursum fuisse ut consortio fortium virorum frueretur, quos apud regem vivere fama vulgaverat. Nihil magis Poliarcho aut Timocleae mirum fuit quam quod ille ab Africa tanti candoris vultum

---

1 'by her unspotted reputation'.

2 i.e. *matrona benevola*; abstract for concrete, a favorite rhetorical device in Barclay's works.

3 vinegar; *ascyri floribus* is St. John's Wort, a medicinal plant. She doesn't like greedy doctors who delay treatment in order to gain more fees. Attacks on doctors (and lawyers) are a commonplace of humanist literature.

4 Those who had control over him wanted him to conceal his name and family. The mystery of Archombrotus' identity lasts until the end of the novel – but it is no accident that he is in Sicily.

afferret.[1] Non reflexa tumuerant labra, non coacti in orbem oculi sub fronte recesserant. Ingentis quoque animi specimen erat, quod amore virtutis extra patriam trahebatur.

3. At ille soluto convivio interrogare Poliarchum magnopere coepit: unde[2] infesta latrociniis Sicilia esset; quis ille Lycogenes, de cuius castris suspicio erat esse praedones qui in illum invaserant; quis denique regni status quaeve bella urgerent. Poliarchus iam remotis arbitris (quippe ad quietem secesserant, placueratque una ambobus cella): "Multae virtutes, inquit, in vitia, Archombrote, degenerant et quod magis est, saepe videas eosdem affectus pro temporum sorte nunc virtutes esse, nunc vitia.[3] Meleander, quod opinor non ignoras, paternum avitumque Siciliae regnum tenet, mitissimi ingenii homo, sed qui non saeculo,[4] non hominum moribus aestimatis, ita ceterorum fidei credidit ut sibi credi par esse ex virtute sentiebat.[5] Illum quoque existimem nimia felicitate laboravisse. Nam sub initia imperii, quia pacata omnia erant, palam cupiditates solvit, lenes quidem et multis principum familiares, quae tamen facilem[6] prodiderunt nec in iniurias idonea severitate acrem: indulgere plus iusto venatui, in cuius varia genera annum distinxerat; non consilio amicitias sortiri impetuque eas colere; largiri immodice, horrere a

---

1 He does not look like a negro.

2 *qua de causa.*

3 Poliarchus introduces here the main political point of the novel, the need for a strong ruler.

4 'the world,' i.e. the present state of things, the 'real' world, not the king's fancy.

5 'He believes in the trustworthiness of others just as he feels that he should be trusted by them, because of his merits.'

6 *facilem . . . acrem*, 'an easy person, one not harsh enough to . . .'

negotiorum summa, quam plerumque infidis credebat.[1] Utinam, hospes, sileri haec possent. Sed malo sinceris indiciis quam iniquitate famae rem omnem deprehendas. Nam omnia hostes urgent attolluntque in peius. Et hinc optimo regi malorum omnium causa: invidiā praecipue et ambitione Lycogenis, regiis erroribus perfidiose imminentis. Is priscis regibus suae stirpis auctoribus ferox, nunquam secundi gradūs satis patiens fuit; vir manu et consiliis strenuus, solertissime populo blandus; ceterum nemini mortalium crudelitate, perfidia, et (quoties tuto licet) superbia concedit. Haud aegre[2] apud Meleandrum, candidissimae virtutis principem, fefellit pro amico. Dumque rex animum curis exoneratum otio pascit, iste suae factionis hominibus Curiam implet. Publica munera veluti sui iuris amicis distribuit, ne qua deinde pars regni sana esset.

4. "Iamque furor et ambitus arma Lycogeni tantum non publice[3] in regem induerant. Sero et propemodum strepente iam bello excitatus Meleander coepit nominis sui et causae, propter quam purpuram accepit, meminisse. Magnitudine animi nemini regum inferior, acri ingenio, prudentia quoque eximius, et qui aliter capi non potuit quam sua bonitate – quae dotes maxime in eo enituerunt – ex quo alienis vitiis[4] ad suas virtutes coactus est. Quamquam tamen male cogitare Lycogenem[5] constabat, ius suum exsequi in eum aliquandiu distulit. Satis visum si occuparet consilia hostis et vires accideret.

---

1 This portrait is often taken as one of King James I, who was mad for hunting and indulgent to the courtiers who pleased him.
2 'With no difficulty he deceived . . .'
3 'just short of going public'.
4 'by others' vices'.
5 'It was long obvious that L. plotted evil'.

Saepe quoque extorquere paenitentiam ab ingrato seu speravit seu metuit.

5. "At Lycogenes hoc ipsum indignatus aliquem esse qui posset ignoscere,[1] palam in eum est invectus. Animos maxime dabat, quod rex filiae,[2] quam unicam habet, tantae hereditatis fortunam destinat. Quis crederet, Archombrote? Eam rapere in violentum coniugium iste adortus est. Arx est ad Alabi fluvii ostium, in qua regis filia servabatur. Illuc furtim sicarios immisit qui puellam et regem in his forte munitionibus pernoctantem ad se perducerent. Credidit Meleander ope Palladis factum ut insidiae in se filiamque exitum non haberent, quippe grassatores in ipso facinore oppressi sunt.[3] Itaque omnibus grati animi signis remuneratus est deam, nam et in nummis iussit noctuam effingi, et seu diis faciat, seu in conviviis remissio invitet, non aliam quam ex oleā coronam capiti suo imponit.[4] Illud quoque illustrius, quod filiam, donec in matrimonium detur, deae aris praefecit. Videbis, Archombrote, quoties nundinae redeunt sacerdotii infulis cinctam, videbis inter choros sacerdotum virginumque operantem numinis sacris. At non tanta haec in deos pietas bellum removit. Nam inexcusabile Lycogenis crimen non subita quidem, sed ingens et veluti matura defectio[5] secuta est.

---

1 'disdaining that there should be anyone who could [= was in a position to] forgive him'.

2 The Argenis of the title.

3 The rescue of Argenis is told in Book 3.

4 The owl and the olive were both sacred to Pallas Athena and were stamped on Athenian coins. Argenis is now a priestess of Pallas Athena.

5 'not a sudden, but a large-scale and well-planned (*matura*) rebellion followed'.

6. "Is in titulum belli[1] res publicas et privatas praetexens, nunc se insontem ab rege proditionis insimulari querebatur destinarique suppliciis; nunc populi iniurias proclamabat diutius ferri non posse, et publicis armis coercendam tyrannidem eorum qui Meleandrum ad saeva consilia agebant. Factione et clientibus valebat. Oloodemus, Eristhenes, Menocritus, praecipuarum provinciarum rectores, cum eo consenserant. Multi levis animi vitio in Meleandrum acti sunt; plures contribuēre se rebellibus, capti dissimulatione Lycogenis prementis[2] vitia de more tyrannorum. Aderat ergo superbus pugnamque poscebat. Neque rex certamen detractavit et ipse ingenti exercitu succinctus. Decimus quintus dies est ex quo non procul hinc in Gelois pugnavimus campis.[3] Acris acies fuit, non his languidius pro scelere quam nobis pro publica salute cernentibus. Tandem imminente iam nocte inclinavit ad regem victoria. Et Lycogenes palantibus suis receptui signum dedit, ut pro fuga species esset militaris obsequii. Nec Meleandro consilium fuit instare perculsis, sive civili sanguini parcebat contentus vicisse, sive noctem et insidias verebatur. Forsan et timuit, cum optimatum apud se praecipui faverent Lycogeni, suspectarum manuum simulationem[4] in extremam fugientis perniciem experiri. Quippe Lycogenes suos omnes ad aperta facinora non

---

1 'As an excuse for war . . .'; he had two excuses, *publicas* and *privatas*: he was being falsely accused of treason, and the people's injuries are unbearable; the king's ministers, not Meleander himself, are tyrannical.
2 'who was hiding his vices'.
3 The battle had been 15 days before.
4 'the pretence of this suspected group [of secret traitors]'; Meleander feared to put to the test (*experiri*) their pretence of loyalty to him as king by pursuing Lycogenes.

eduxit; haud pauci sunt circa regem laevis aversisque animis, et illinc quidem militant, isthinc favent.

7. "Sic infesta omnia Meleandro: infidae purpuratorum sententiae, consilia ad hostem delata, neque domi quam in campis periculosiores insidiae. Itaque quamquam campum obtineret, quem pugnando hostes institerant,[1] tamen ad pacis consilia animum adiecit. Nec victoriae suae fisus tamquam adhuc integro bello mansit in castris. Post privata hinc illincque commercia, legati Lycogenis ad regem perveniunt, specie impetrandae occisis sepulturae, re autem ut de foederibus mentionem inicerent. Quae adeo fuit grata ut illi ab hoste oratores, timeri se rati, dicere pacis legem auderent victoribus. Equidem Meleandro quamcumque placere pacem existimem, ut illi, qui iam ad Lycogenem coierunt, ictis foederibus spargantur,[2] aegre in unum redituri. Ita novis artibus spatium erit, quo vel inter se commissos, vel consenescente factione apud populum exosos impietas[3] sua perdat. Aut certe exsatiati inquietudine rerum novarum, ipsi se ad reverentiam maiestatis a seditione recipiant.

8. "Ego pacem cum superbis ac perduellibus non probabam. Praeterea aetatis et generis timebam invidiam, si me iuvenem externumque rex (ut solet[4]) tantis consiliis adhibuisset. Siquidem iuxta tecum peregrinus sum, Archombrote, nec me aliud Meleandri partibus iunxit,

---

1 'field of battle, which the enemy had tried to win (*insto, instare, institi*) by fighting'.

2 'so that those who joined Lycogenes might be scattered when peace was made'.

3 i.e. their rebellion against their king.

4 supply *facere*, 'as he is accustomed to do,' i.e. consult Poliarchus.

quam quod illius calamitas omnibus gentibus abominandum exemplum est, quae quietem nunquam agent, si vitiis principis irasci liceat et insidiari bonitati.[1] Dum igitur invisa foedera peraguntur, hoc potissimum tempus habui quo Agrigentum contenderem. Sum armorum telorumque studiosus; nec alibi praestantiora sunt quam quae illic quidam ex Lipara hospes excudit."

Archombrotus is quite taken by Poliarchus' tale. He also discovers that Poliarchus is in love with the Princess Argenis, Meleander's only daughter. Soon, however, news comes that, as part of the peace negotiations, Poliarchus has been declared an outlaw and must flee. Events spiral out of control: Lycogenes revolts again; he is put down with the help of Radirobanes, King of Sardinia, who in turn also falls in love with Argenis. After many vicissitudes, events come to a satisfactory climax: lovers are united, enemies defeated, Meleander retains his throne, and both Poliarchus and Archombrotus are recognized as the noblemen that they are.

---

1 Again a main point of the novel; a king must have absolute power for there to be peace in the land.

BARCLAY: *DAPHNIS*

For information on John Barclay, see the introduction to the *Argenis* in the previous selection. This introduction will describe pastoral poetry, one of the most productive branches of Renaissance verse in any language.

Pastoral poetry goes back to the Sicilian Greek poet Theocritus (3rd cent. BC). His *Idylls* established the genre of tuneful shepherds whose names were transmitted to later poets: Tityrus, Corydon, Daphnis, Amyntas, Lycidas (used by Milton), and others. The immediate model, however, for Renaissance pastoral was Vergil, whose *Eclogues* elevated the occasionally low tone of Theocritus and introduced new motifs. His characters are shepherds and shepherdesses, whose duties tending sheep seem to be minimal, and who have much leisure for singing songs, for making love, and for competition in the rustic skills (archery, running, leaping). Vergil introduced into pastoral both the contrast between rural and urban life and political allegory. Pastoral thus became a (relatively) safe way to address political and social issues. For example, in his first *Eclogue*, Virgil portrays a simple shepherd who has gone to the city and found favour with a young man who has allowed the shepherd to remain in his home pastures. This has always been taken as an allegory of thanks by the poet to the Emperor Augustus. His fourth *Eclogue* celebrates the birth of a child who will usher in the Golden Age again. This was often taken as a prophecy by the noble pagan poet of the birth of Christ.

In his four pastoral poems, including his eighth eclogue printed here, Barclay continued this tradition of political allegory, which in his case is transparent, since we know about his life at court. (In contrast, the references in Vergil's poems seem fairly opaque at a distance of 2000 years.) *Eclogue* 8 is based on Vergil's *Eclogue* 5, the death of Daphnis; this is an amoebaean lament, a poem in which one singer sings a stanza with a certain mode and subject, and a second singer responds with the same poetic structure and a related topic. Barclay adheres closely to his model, even keeping the name Daphnis for his dead shepherd. Daphnis has died and the whole world mourns, until suddenly a new star appears in the heavens (the transfigured Daphnis), and a new, small Daphnis appears on earth with the promise of a new Golden Age to come (ll. 100ff). It is clear that this poem is a lament on the death of Prince Henry in 1612 and a hopeful forecast for the future reign of Prince Charles, who did in fact succeed to the throne on King James' death in 1625.

This poem displays some common features of pastoral Latin verse. The poet lives in Greco-Roman times: Orcus is the underworld, the gods are worshipped in their temples, the Fates rule the poet's life. The poet makes comparisons with famous people of antiquity: Midas, the Nymphs, Apollo. He lives in or knows about the famous sites in Greece: Eleusis, Messinia. In another poem the poet has travelled to Phrygia, where Midas is king. In yet another dedicated to and praising Robert Cecil, Earl of Salisbury and King James' secretary of state, Cecil is compared to the Greek ambassador Cineas (an historical figure from the 2nd century BC) and to Homer's aged advisor Nestor, never to any post-Classical figure. In a poem celebrating the living Prince Henry, soon to become the dead Daphnis of *Eclogue* 8, Barclay compares Henry to Achilles, who was mighty with the sword and harp, and to Bacchus, who conquered the lands of the East, but who also delights in the songs that rise to him at Delphi. In many Renaissance poems the Phoenix still rises from the ashes in Egypt. In pastoral, poets imagined themselves in a fantasy Greco-Roman world consistent with the actual Greco-Roman world which they had studied as they learned Latin and Greek.

The poets also inherited a religious setting. Roman gods are frequently invoked: Phoebus, Bacchus, and Jove the Thunderer appear throughout pastoral, as do the sylvan goddess Diana, Neptune with his trident, Minerva, Iris the rainbow, Juno, Venus, and Cupid. More exotic divinities are occasionally cited such as the Magna Mater Cybele and Adonis. Semi-divinities are mentioned: Nemesis is fairly common, as is *Pietas*, "Righteousness." Note that in many poets, this use of inherited classical tradition utterly precludes any specifically Christian reference. (Of course, outside the pastoral genre, there was much Christian poetry).

For further study of the Latin pastoral tradition, see William Leonard Grant, *Neo-Latin Literature and the Pastoral*, (Chapel Hill: Univ. of North Carolina Press, 1965). All of John Barclay's poems are available with introductions and translations at this on-line site: The Philological Museum (http://www.philological. bham.ac.uk/).

DAPHNIS.

Texerat horrentes furva[1] caligine vultus
Sol Pater, et toto squalebant sydera coelo.
Tityrus, et Corydon, laevas imitantia buxos[2]
Ora manu nixi, flebant te maxime Daphni,
Daphni decus campi, diro quem vulnere raptum,   5
Non tantum agricolae, non gens pastoria tantum,
Sed flebant elementa[3] palam, tellusque, polusque;
Et sua concussae vexabant bracchia sylvae;
Tristius et raucos volvebant aequora fluctus.

    Illi inter lachrymas, abruptaque verba querelis,   10
Reddite, dicebant, nunc reddite, sydera, Daphnim.[4]
Tityr. Vivimus? An nigro miseri concessimus Orco?
Quod scelus? Unde irae Superum? Proh saeva Sororum
Pensa, nec in tantos quondam[5] ingeniosa furores!
    Aspice: non idem campis color, omnia marcent   15

---

1 'gloomy'; poetic.
2 'unlucky boxwood'; the box or boxwood in Latin verse is *pallida* or *horrida*, and ill-omened. Their faces are pale with grief.
3 earth (*tellus*), air (moving the *bracchia silvae*), fire (*polus*, stars), water (*fluctus*).
4 This chorus line is repeated throughout the poem.
5 'ever before'; the Fates (*Sorores*: Clotho, Lachesis, Atropos) have never done anything this bad before.

Gramina, nec gelidis Boreas afflavit ab oris.
Iam trepidae pallent frondes, iam lurida messis
Tingitur, et nullum consumpsit carmen[1] aristas.
Arva sibi desunt, et nunc trahit omnia secum
Tristis, et e luctu virtus cognoscit alumnos.   20
Reddite nunc nobis, nunc reddite, sydera Daphnim.
Coryd. Tityre mitte pedum;[2] pecoris non cura iuvandi;
Non iam lucis amor, nulli post talia risus.
Occidimus, parvoque simul mors horrida ferro[3]
Pastoresque gregesque tulit. Iam Daphnide rapto   25
Marcet ager, mutusque procul per devia terror
Sparsit inane pecus. Facinus nescite futuri;[4]
Pene facit sontes haec tanta iniuria Divos.
Reddite nunc nobis, nunc reddite, sydera, Daphnim. 29
Tityr. En modo[5] laetus ager, nullo plus pondere gaudens,
Quam sua cum noster premeret vestigia Daphnis,
Daphnidis heu caesi diro nunc vulnere sparsus,[6]
E non sponte rubens; quo maesta piacula fonte
Ponere, queis[7] sese possit lustrare sub undis?
Eluite, ô Superi, fusis miserabile nimbis   35
Crimen, et in toto si desunt nubila coelo,
Reddite nunc, saltem, nunc reddite, sydera Daphnim.
Coryd. ô Divae, ô celeres nemoralia numina Nymphae,
Sueta choris Daphnin admittere, sueta petenti
Incautas monstrare feras et ducere tela,   40

---

1 'magic charm'; not an evil spell, but grief, ruins the grain (*aristas*).

2 'shepherd's crook'.

3 *parvo ferro*, 'with a small dagger or arrow point'.

4 'Forget any hope for the future' or 'forget any deed in the future';
the Gods have become guilty of this crime.

5 'not long ago'.

6 *sparsus* and *rubens with* ager: the fields are spattered and red with
the wounds of Daphnis.

7 *queis* or *quīs* are common in verse for *quibus: sub queis undis*, 'with
what springs can the fields be purified?'

Spargite[8] nunc crines laceros, nunc rumpite vittas.
Nusquam Daphnis adest, nusquam laetabile carmen.
Heu blandae periere genae, laeta ora, nec illo
Deterius lumen pulsis quo Lucifer astris[2]
Pandere saepta monet, madidosque revisere pastus.   45
Plangite ferali marcentia pectora more,
Plangite Sylvicolae, medioque haec addite planctu,
Reddite nunc nobis, nunc reddite, sydera, Daphnim.
Tityr. ô Chaos ô ingens! Pereunt discrimina rerum.
Omne venit terris sublato vindice[3] crimen.   50
Nunc aries cornu, petulans nunc haedus in herbis,
Debile de viridi late pecus aequore pellit.
Quique boves cervice tument, queis robora fronti,
Septa feri rumpunt, et quae pinguissima pastu
Arva placent, longa circum insedere corona.   55
Astupet omnis ager, ducunt ieiunia Damae.[4]
O cohibete nefas, vel qui regat omnia rursus
Reddite nunc nobis, nunc reddite, sydera, Daphnim.
Coryd. Quanta per eversi tempestas culmina mundi
Miscuerat terras, orsus[5] cum pascua nostra   60
Auspicibus divis quondam componere Daphnis!
Ut tunc Marte fero rapidas egisse per Orbem
Addecuit fundas,[6] atque obvia sternere saxis!

---

8 'spread out,' 'let down' your hair (as a sign of mourning).

2 [*periit*] *lumen* (= eyes, as often in verse) *non deterius illo* (abl. of
   comparison) *quo Lucifer monet* (= *imperat*) *saepta pandere, pulsis astris*.
   The Morning Star opens the sheepfolds after the stars have set.

3 'the avenger/protector being removed from the earth'. For
   shepherds, the criminals are the aggressive ram and the annoying
   billy goat who drive the flocks from the green prairie (*aequor*) or
   the rampant bulls who, with their horns, monopolize (*insedēre*
   coronā) the pasture.

4 'deer'.

5 *cum orsus est Daphnis componere pascua nostra.*

6 'How fitting it was (*addecuit*) that he ply his swift sling (*fundus*, a
   shepherd's weapon; cp. David and Goliath) through the world
   and flatten all opposition (*obvia*) with his stones. Now begins the

Tityr. Quanta dedit victor pacatis ocia terris,
Cum rapidae cessere ferae, lymphataque[1] corda   65
Daphnidis ad versus miseros posuere furores!
Nec sua complevit magnā modo pascua famā.
Quisquis ad Arctoas hiemes, Phoebumve cadentem,[2]
Pastor oves egit, vel laetas rupe capellas,
Quem petit igne Nothus, radiis qui flavus Eois,   70
Daphnidis ad vires suspectaque robora pronus
Horruit, aut tantis captus virtutibus arsit.
Heu victor bello, saevae iacet hostia pacis.
Reddite nunc nobis, nunc reddite, sydera, Daphnim.   74
Coryd. Daphnida qualis erat nunc, Tityre, concipe mente.
Cerne gravem baculo dextram, quem myrtea longum
Silva dedit;[3] cerne et meritis innexa coronis
Tempora; quercus erat, laurusque, et mitis oliva.
Qua graditur laeta arva nitent, et sibila ponit
Anguis, et omnigenis curvatur foetibus arbor.   80
Cerne decus frontis, trepidosque ad singula tauros
Verba, sed effusis pingues palearibus ire,
Ire et oves saturas, Saturnia regna redire.
Tityre tunc dices (lachrimae tua verba sequentur)
Talis erat pastor Messenis Cynthius[4] arvis.   85
Tityre tunc dices, nostra ille in commoda vixit;
Reddite nunc, dices, nunc reddite, sydera, Daphnim.
Tityr. Cerne magis fuso pallentia sanguine membra,
Et lapsos vultus, et livens pectore vulnus;
Tunc Corydon dices, heu! nostra in funera Daphnis   90

---

narrative of Daphnis' heroic deeds.
1 'crazed,' 'maddened'.
2 All corners of the world feared or adored Daphnis: North (*ad Arctoas hiemes*), West (*Phoebum cadentem*), South (*quem petit igne Notus*, the south wind), East (*radiis Eois*).
3 He has a myrtle wood staff and a crown of oak, laurel, and olive.
4 Apollo as a shepherd. (Cynthus: mountain on Delos where Apollo was born).

Occidit. Ille brevi sublatus ad astra dolore,
Sed facient longos terris sua vulnera luctus.[1]
Reddite nunc nobis, nunc reddite, sidera, Daphnim.
Coryd. Sit mitis, placetque Deos, sint omina nostri
Cassa[2] metūs; mens tuta polo, terrisque perennis   95
Fama procul duret; corpusque umbramque tegenti
Sit leve pondus humo;[3] sint et de sanguine flores.
Tityr. Semper et ad tumulum sint tristia sacra, piumque
Agmen, Eleusinos vincamus et ignibus ignes.[4]   99
Coryd. Tityre pone metum, placavimus aethera luctu.
Ecce redit caelum vibratis laetius astris.[5]
Daphnis habet coelum, Daphnis tenet astra, nitetque
Ipse novum sidus (numera modo sidera) Daphnis.
Tityr. Daphis habet terras. Novus en regit omnia Daphnis
Ille quidem parvoque pedo, fundaque minore,   105
Crescentique manu; genius tamen omnia maior
Implet, et ô quantos illi iam destinat annos![6]
Ite pecus laetum, consuetaque carpite prata.
Ite gregum domini (nunc ô bona secula surgunt!)
Ite per umbriferas (Daphnis regit omnia) silvas.   110
Ergo et vos Dryades, et vos quae montibus altis
Erratis Nymphae, longos iam solvite luctus.
Frangite iam molles risus, iam fingite crinem;
Hic aget hic vestras patrio de more choreas.

---

1 A contrast between the brief pang of death and the long grief of
  the survivors.
2 'vain,' 'of no effect'.
3 Cp. the Roman tomb inscription: S.T.T.L. - *Sit tibi terra levis.*
4 "Eleusinian fires': as a major international sanctuary, Eleusis
  presumably had many altars and many sacrifices.
5 *vibratis astris*, 'glittering stars'.
6 The new Daphnis is presumably Prince Henry's brother, Charles,
  12 years old when Henry died. The Nymphs and Dryads can
  now rejoice and resume their dancing.

BARCLAY: *RICHES OF FRANCE & TALENTS OF ITS PEOPLE*

John Barclay: from *Icon animorum*.

For the biography of John Barclay, see the introduction to his novel *Argenis* above.

In his book *Icon animorum*, translated by Thomas May as *The Mirror of Minds*, Barclay observes that human beings vary in many ways and that their behaviour depends on their ages, their innate character, and the environment in which they are raised. In each chapter of this book he tried to isolate one of these factors and specify its effects. He first outlines the differences between the young, the middle-aged, and the old, with particular emphasis on the best practices in rearing children. (He had seven himself.) Next he reviews the national characters of each of the European nations, beginning with his native France, then treating England, Germany, Italy, Spain, Eastern Europeans (Poles, Hungarians, Russians), and finally the Turks, seven chapters in all. His chapter on France is printed here. Finally he devotes chapters to each person's inborn qualities: some are bold, some cautious; some are quick-witted and verbal, others think slowly; some are affectionate, some aren't; and so on. Finally he discusses the influence of the professions, with particular emphasis on the personality distortions which may arise when men attempt to make a career at court – a subject dear to his heart, since he was trying to accomplish just that, to make his living at the court of King James I.

This entire work is written in a kind-hearted spirit, with wit and humour, especially the chapters dealing with national character. Barclay traveled widely in Europe and thought the best of each nation, although he seems to have had some reservations about the Italians; the Turks of course he considered to be enemies, while still giving them credit for many good qualities. In this chapter you can see him criticizing his native land for duelling, but also praising it for its natural resources, its acceptance of foreigners, and the nobility of its best men. (Women are rarely mentioned.)

The student will find Barclay's Latin difficult. His vocabulary is large and his sentence patterns often convoluted, avoiding Ciceronian parallel or periodic constructions. He likes certain figures of speech: abstract for concrete (*solitudinem Hispaniae*, the barrenness of Spain = barren Spain; *potentiae magnitudo* for *potentia magna*), hendiadys, two nouns instead of noun+adjective (*rostra et iracundiam* f o r *rostra iracunda*; *amentiam aut impietatem* f o r *amentia impia* o r *impietas amens*), and hyperbaton, word order distorted for effect – easier to do in Latin than in English (*haec tolerabili instituta consilio* for *haec instituta tolerabili consilio*). The verb *est* is often omitted. He uses the Livian 3rd person plural perfect ending *-ēre* for *-ērunt*, perhaps to give an air of solid historical accuracy to his work. The notes give more than usual help.

The best recent edition of the *Icon*, with notes and introduction, is John Barclay, *Icon animorum*, translated by *Thomas May*, ed. Mark Riley (Leuven: Leuven University Press 2013).

Galliae dotes et ingenium incolarum.

1. Gallia paene provinciarum in Europa amplissima – si eam intra veteres terminos aestimes – Romanorum quondam terror, Graeciae Asiaeque victoriis[1] clara, iam in varia imperia moresque distincta est. Quicquid Rheno, Oceano, Pyrenaeis, Alpibusque clauditur, Gallia erat. Ab alio deinde Alpium latere ad Rubiconem pertinebat, Romanorum cervicibus gravis. Quippe fortissimi hominum Galli, cum in Italiam penetrassent, capta

---

1 'because of its victories'; *iam*, 'now,' since what the Romans called *Gallia* is now divided among France, Germany, Switzerland, and Italy.

incensaque Roma tantum terroris attulēre[1] ut deinde
caveretur ne, quoties Galli tumultum intulissent,
sacerdotibus senibusve ab armis vacatio esset. Et domita
quidem a Romanis vicissim Gallia est,[2] sed per partes et
inter se domesticā aemulatione commissā[3], neque integra
aut agnovit suas vires aut in Italiam experta est. Post haec
Franci e media prorupere Germania, et videbantur ad
secundam servitutem Gallias vocaturi.[4] Sed mox victores
miscuēre se victae genti ne tam Gallias quam Romanos in
Galliis vicisse viderentur. Iam vero divisis in plerosque
principes terris, paene in tantum Galliarum nomen
obtinet quod in iis occupant Franci, gens virtutibus
factisque eximia, et quae meruit ut communis fabulae
vanitatem[5] ad suae stirpis praeconium scriptores
usurpent dicanturque Troianorum reliquiae esse.

2. Haec igitur omnium regionum quae ad Occidentem
recesserunt felicissima, soli bonitate cum genio et indole
incolarum certavit.[6] Ager vini et frumenti passim ferax;
olea quoque insignis, et omnibus pomis quae crudum
aërem non ferunt, qua ad Alpes et Ligusticum mare[7]
porrigitur aut viciniori Occidente intepuit. Nec ulla
provincia in orbe terrarum pro suis finibus tot incolis
divitias indulsit. Adeo omnis generis opibus clara, ut

---

1 ca. 390 BC the Gauls under Brennus sacked Rome. Thereafter
  when the Gauls attacked, there were no exemptions from military
  service.
2 by Julius Caesar 58-50 BC.
3 'put at odds by domestic rivalries'.
4 The Franks moved in during the 5th and 6th centuries AD.
5 The story that the Franks are descendants of Trojans is *vanitas*,
  since this story was told of the Romans, the British, and others.
  Barclay has no confidence in such tales.
6 'The quality of the land/soil competes with the spirit and talents
  of the inhabitants.'
7 The Mediterranean off Nice and Marseilles.

exterorum mercatorum commercia paene ad solam voluptatem[1] exceperit. Nam et luxus transalpino serico pretium fecit, et artificia Germanica opulentum populum ad peregrinas delicias adverterunt. Britannicae tamen merces, si non necessariis, utilitatis certe plenissimis navigiis subvehuntur, quae plumbo atque stanno, uberi etiam croco, tam quotidianis usibus quam altiori elegantiae ministrant. At Gallia praeter messes, quibus solitudinem[2] Hispaniae levat, vina etiam in frigidiorem viciniam dispensata,[3] multa carbaso et cannabi dives, necessaria plerisque gentibus vela rudentesque et quae cetera ex funibus in classium armamentis idonea subministrat. His et aliis dotibus, aurum, quod in venis suis vix habet, largissimo proventu excipit, ut qui illud anxia et crudeli diligentia effodiunt, qui ab extremo devehunt sole, plerumque videantur Gallicae felicitati famulari.

3. Tam diffusa regione, tot provinciarum vario nexu composita, vix sterilis aut inculti soli glebam[4] indulgentia naturae omisit. Nam et vasta aliquot in Aquitania loca ne incolis quidem sunt vacua vel ingrata, pinetis frequentibus et succo fructuque pretiosis,[5] avibus quoque catervatim provolantibus quae in deliciis solent haberi, ut

---

1 i.e. they import things only for their desires, not for their needs: silk and German crafts are luxuries, not necessities. They also get lead, tin (*stannum*), and saffron (*crocus*) from Britain.

2 'barrenness'; Spain is arid.

3 The French export food to Spain, wine, canvas or flax (*carbasus*), hemp (*cannabis*), and other naval stores. They acquire gold by trading.

4 'land'.

5 The wood is 'valuable because of its sap and produce' (turpentine, resin, and the like).

aëri illa plaga tantum debeat,[1] quantum de iusto telluris officio arena subduxit.

4. Gallia ad utrumque mare pertingens Oceano alluitur et pelago quod ab Hispaniae Africaeque faucibus positas ad Aegyptum terras interfluit. Ita commodus nauticae rei situs et qui classes per omnis nominis maria litoraque possit emittere, si Galli quam equis tam navali industriae assuescerent,[2] spesque ut subitas ita longas ferre possent.

5. Toti populo ingens amor et patientia dominantis.[3] Apud illos vere regnatur, nefasque quantum regi liceat dubitare. Gens armis strenua, sed equestri certamine melior; ignara perfidiae, publico praesertim consilio; indomitae intra se molis,[4] et ubi in exteros exundat, statim impetus sui oblita. Eo modo nec diu externum imperium tenuit, et sola est in exitium sui potens. Longobardiam, Neapolim, Siciliam, et plerasque alias per orbem terrarum provincias frequentibus victoriis subegēre.[5] Sed mox hostes male domitos fidentius quam par erat contemnere aut simulantibus obsequium credere inconsultā laxāque bonitate. Tum licenter uti victoriā et praeter illarum

---

1 'The area owes as much to the sky (*aëri*) as the sand has taken away from the proper duty of the land'; an indirect way of saying that the produce of the air (birds) makes up for the poverty of crops.

2 'If the French were as (*tam*) used to ships as (*quam*) they are to horses, or were as (*ut*) able to stick with long projects as well as (*ita*) sudden impulses.'

3 'love and obedience to their ruler (*dominantis*).' The French (in contrast to the English) are tolerant of autocracy.

4 'of unconquerable strength (*molis*) domestically (*intra sē*)'; but it's different abroad.

5 A reference to the Italian Wars from 1494-1559. The French sacked Rome in 1527, but did not gain permanent control. Barclay attributes this to French *bonitas* 'an open disposition,' arrogance (*licenter . . . lascivire*), and homesickness.

gentium indolem lascivire.[1] Ad extremum oblivisci armorum aut ad patriam suam respicere, cuius diu absentiam ferre non possunt. Per haec vitia cessere in praedam his ipsis de quibus triumphabant, laeta semper bellorum initia atroci exitu corrumpentes.

6. Nullis mortalibus indoles ad speciem virilis elegantiae magis facta: oris intrepidi habitus, motusque, atque gestus qui totum corpus decent. Et hic decor virtutem ingentium virorum adornat; exiguis autem animis[2] pro fuco est ac veluti naturali munimento, quo suam humilitatem abscondant aut mitigent. Sic venuste compositi qualemcumque vestitum de suae mutationis infinita serie tamquam de inexhausto penu[3] deprompserint, quocumque salutationis artificio corpus inflectant, putes nihil magis illa institutione convenire. Vicinae autem gentes ridiculo errore deceptae ad illorum quoque mores per earundem vestium ac motuum variam imitationem putant accedere, ignarae leporis et gratiae virtute in nonnullis hominibus uno genio cuncta placere. In aliis autem, in quibus natura ad hos mutabiles habitus propitia non est, eiusdem venustatis imitationem et curam ingratam ac ludicram esse.[4]

---

1 *uti, lascivire, oblivisci, respicere* are historical infinitives used for pres. tense.

2 *exigui animi*, 'weak minds' are the opposite of *ingentes viri*, 'great men'; elegance adorns great men, but can also disguise worthless men. Barclay tends to avoid parallel constructions; Cicero might have written this sentence as *Decor cum virtutem ing. vir. adornat, humilitatem tamen exiguorum abscondere potest.*

3 'storehouse' (of fashion); *illa institutione* is the art of bowing and saluting each other.

4 The French can succeed in their bowing and obsequiousness because of their elegance; in any other nation it looks ridiculous (*ingratam et ludicram*). Barclay may be thinking of English courtiers in London who ape French manners.

7. Nam virtutes et vitia et quicumque alii motūs ipsis animi recessibus inhaerent possunt a nobis non multum operosa simulatione effingi, quia adeo ingentibus latebris reconduntur nostri sensūs, ut vix ullus deprehendat veris an extemporaneis affectibus deducamur.[1] Sic facile humilitatem simulabis; sic odium, amorem, pietatem. At vero quae non magis imperio animi quam usu et externo corporis obsequio perficiuntur, eorum imaginem in te transferre, reluctante natura, non poteris, ut est aptitudo corporis prompto habilique decore idonea, ut hilaris iocandi facilitas et omnino eloquentia non in praecordiis, sed summo ore nata. Haec autem cum in Gallia consuetudine emineant, aegerrime te ad illius similitudinem transferes,[2] nisi se tuus genius huic indoli sponte admoverit.

8. Ceterum numquam orbis dignas gratias hospitali Galliae habebit,[3] quae humanitatis templum videtur aperire, quo se omnium externorum fortuna coniciat. Animum in hominibus, non patriam, aestimat, neque communi ceterarum regionum errore in inquilinis ac advenis nascendi sortem punit. Ita candido simplicique amore virtutis eximios viros, undequaque prodierint, sine invidia miratur, et sua opulentia gaudet augeri, et in tantae humanitatis premium[4] habet publicam primum

---

1 People can easily counterfeit inward emotions: hatred, fear, worship. Outward displays that require practice (*usu et externo corporis obsequio*) cannot be counterfeited, unless the person is suited to the display. Acting requires skill.

2 'You' are the foreigner thinking about imitating French ways.

3 The French, then and now, have been noted for their willing acceptance of foreigners (*inquilini, advenae*). In 2016 about 10% of the population of France was foreign-born.

4 The reward (*praemium*) of this humanity is praise (*laudem*) and the fortune and fame of the immigrants.

laudem, tum etiam tot hospitum fortunam ac famam, qui
Gallico corpori[1] non indigna aut inutili adoptione inserti
sunt. Neque illic hospitibus dediscendi sunt patriae suae
mores aut ad Gallicam similitudinem flectendi, dum
superbia absit aut inculta barbaries. Quippe ipsa veluti
professione exteri moris sollicitabis[2] curiosae gentis
studia, simplicius[3] peregrina quam sua aestimantis, etiam
quaedam vitae aut corporis vitia, si modo aliunde
advehantur, trahentis in laudem. Nam et peregrini
hominis eloquentiam vidimus crebro linguae errore
favorem meruisse et grandis opinionem scientiae, quod
non intellegeretur.[4]

9. Plebis in amplioris fortunae homines vera, nec ex
metu aut sola institutione, reverentia.[5] Rursus primi
optimatum eodem genio culti ab illis, qui gratia aut
genere perinde non excellunt. Sed superbiam fastumque
non ferunt. Si videris dominari, servire erubescunt.
Comitas,[6] quae frontis artificio luminumque clementer
vibrantium vel per sermonum familiaritatem blanditur,
fidelius purpuratorum latus clientibus cinget quam
potentiae magnitudo. Opes omnes et ipse vilior
honoribus sanguis. Praecipue patriciorum spiritūs in

---

1 i.e. the French nation.
2 'You' are now a foreigner who will excite curiosity by the mere
  'display of a foreign manner/custom' (*exteri moris*).
3 'Naively' they value the foreign custom more than their native,
  even if it is worse (*vitia*).
4 The foreigner's inability to make himself understood excites
  admiration; they think he must be saying something great, a
  quality that perhaps has not entirely vanished: cp. the
  obscurantisme of some recent French philosophy.
5 Supply *est. institutione*, 'training'.
6 'Courteous behaviour' on the part of the great man (smiles,
  glances, friendly words) will attract more followers than
  haughtiness.

suum aut patriae damnum saepissime excrescunt, dum
nemini eorum mercaturae aut artificiorum utilissimam
disciplinam   capessere   ipsa   inopiae   experientia
persuadet.[1] Aemulari praepostero ambitu magnitudinem
placet avorum, et foedari gentilicium sanguinem putant
si populum vivendi consuetudine accesserint. Ita vanum
nobilitatis nomen et magnifici otii improba species ad
patientiam tristium curarum sufficit et in sola exeuntium
morte. Et haec animorum celsitudo, quamvis sibi placeat
adeoque ab omnis generis sordibus videatur abire, tamen
interdum paene necessariis facinoribus corrumpitur, in
miserorum penatum angustiis[2] turbulentam industriam
exercens, ut vel publica violentia vel arcanis sceleribus
inopiae squalorem repellat.

10. Mercatura illic vilior quam tantae utilitatis rem esse
deceret   et   quae   prima   humanitatem   per   orbem
circumduxit. Solon[3] quidem, qui Athenis leges condidit,
et plerique Graecorum usque ad nos famā durantium illo
commercio suas res tulerunt ad exteros vicissimque
fecerunt ut exotica sui cives viderent. Nec abhorret ab hoc
more Italia, in illustribus familiis opes eadem industria
late componens. Britannia quoque sanguinis claritatem
illo vitae genere foedari non putat. At in Galliis hanc
mutuae utilitatis rationem non modo stirpes antiquae[4]

1 *Experientia* is the subject: 'not even the experience of poverty can
  persuade them' to engage in trade. Note the insult attributed to
  Napoleon: the English are 'a nation of shopkeepers.' *gentilicium
  sanguinem,* 'noble blood'.

2 'In the difficulties of their poverty-stricken fortunes/households
  (*penatum*)' they are led to public violence or secret crimes.

3 Solon (ca. 638-ca. 538) wrote laws for the Athenians, then he left
  so that he could not be forced to revise them. He travelled
  throughout the Mediterranean world.

4 The ancient nobility (*stirpes antiquae*) spurn commercial activity,
  but even the merchants seem to be (*quasi*) ashamed of themselves

aspernantur, sed et quasi mercatores sui puderet, ubi illis largius fortuna indulsit, statim in aliam disciplinam filios suos agunt iubentque maiorem paterno fastigio scaenam sperare.

11. Et quidem magnitudinem Gallicorum animorum nullibi efficacius videas quam in ambitu magistratuum,[1] a quibus pervicax licitatio iam diu egentium virtutes exclusit. Exhaurire familias, nomina facere, rem fidemque consumere decorum, dum inter aequales emineas[2] vel sterili dignitate vel pretio furtivorum munerum[3] patrimonii ruinam reparante. Nec dubium quin illa libido titulorum, nisi ipsa se frangat, curias, tribunalia, praefecturas tandem sit viliori sanguine angustisque animis maculatura.[4] Quippe e sordidissimis artibus multi compendiosius ad divitias properant quam antiqua nobilitate spectabiles paternisque opibus utentes ex maiorum dignitate. Hoc modo, dum ad emendae curiae aut praefecturae ambitum[5] nummorum pugna initur, saepissime ii vincunt qui ut sanguine sic et ingenio cedunt. Accidit quod vetustarum stirpium viri non tam pervicaci studio suas opes dignitatibus illis donant quam

---

and steer their children into other callings (*disciplinam*), e.g. the law, as mentioned in the following paragraphs.

1 'the pursuit of public office'; *egentium virtutes exclusit*, 'excludes the virtues of poor men' = *egentes bonos exclusit*. Barclay likes this kind of abstract for concrete synecdoche.

2 Now 'you' are a native Frenchman.

3 'by the price of secret gifts,' i.e. by bribes they recover their patrimony.

4 Now Barclay is looking at the situation in a different way: high offices will be polluted (*maculatura*) with these lower class men, who often succeed in gaining money in trade and usurp the positions of gentlemen who should hold these offices.

5 *ad . . . ambitum*, 'in their striving to buy an office at court (*curiae*) or in the government (*praefecturae*)'.

homines adhuc novi, qui e latebris quas auro condiderunt
eruere filios properant[1] et eam nobilitatis gloriam suae
genti emere, quam absque ullo sumptu in hereditatis
partem patricii habent.

12. Sic paulatim hi honores sordidiorum esse possunt, si
pecuniae tantum conceditur, et forsan aliquando in
ignobilitatis suspicionem eorum nominibus censeri.[2]
Neque ideo Fisci industria malignā criminatione
carpenda est, qui de eiusmodi candidatorum bonis
excrescit, nam cui non satius videatur professo pretio
dignitates a principe molem publicam subeunte proponi
quam avaris purpuratorum suffragiis in praedam
concedere? Qui, ubi haec publica licitatio non est,
obtrudunt regibus candidatos quos sibi munere
carissimos fecerint, et quod a domino impetrant, deinde
clientibus vendunt, ut nec meliori sortitu delectos[3]
respublica accipiat, nec intersit eorum qui ad tribunalia
subvehi ambiunt utrum cupiditatem dignitatis sub
principe an sub optimatibus luant, utrimque pari sidere[4]
in patrimonii ruinam percurrente. Haec igitur tolerabili
instituta consilio[5] iam ipso furore licitantium in praeceps

---

1 'They hasten to rescue their sons from the lairs (*latebris*) which
they (the fathers) built with their gold.' A 'lair' because any place
gained by trade is base. The fathers use the money to buy a high
place for their sons.

2 'Because of the names of those [that gain the offices], [the
offices] fall into the suspicion of being base and lowly (*ignobilitatis*).
But now Barclay thinks, 'On the other hand, money from the sale
of offices goes to the Treasury (*Fiscus*), whereas if gentlemen get
the offices, there is no profit at all. They consider the office to be
praeda. Then they go on to harass the king with solicitations for
their friends.'

3 'those chosen by a no better method'.

4 'in both ways,' 'in equal manner'.

5 An awkward hyperbaton; read *haec instituta tolerabili consilio*, 'this
custom adopted on reasonable grounds'; *in praeceps abiere*, 'has

abiēre, qui et mediocris census virtutem excludunt et tota opum mole eos honores redimunt, quibus ipsi tam immodicum pretium fecere.

13. Ut vero quo generosius[1] vina adolitura sunt, eo adhuc recentia turbulentius despumant, ita istius gentis ad humanitatem et (cum senuerit) prudentiam factae adolescentia ac iuventus insano incautoque impetu ut plurimum fervet. Vana in eiusmodi aetate libertas, nunc iocandi, nunc ignotos pariter notosque lacessendi, et ubique titulos nimiae securitatis[2] affectans. Leves animi et rumoribus rapti, iam impatientes otii moxque tumultūs. Ostentatio libidinis supra naturae desiderium inepta, tum inconsulti risus neminique parcentes. Vis etiam intra se irrequieta, per varium ac multiplicem tumultum erumpens. Quidam tamen in omnium exordiis rerum induunt non veram et ideo maiori specie subornatam prudentiam, veluti maturā sapientiā compositi verba tarde euntia deducunt,[3] lento vultu et astum cum humanitate fingenti. Ex re quoque factum nomen, ut appellent "frigiditatem". Sed et virtutis simulatio tunc est ingrata, nec diu tamen scenica persona impatientem omnis veli levitatem abscondit. Media autem indoles, quae nec Gallis certe deest, laetitiā capacis animi exuberans eique non effictā prudentiā frenum imponens,

gone crazy'.

1 *quo generosius . . . eo turbulentius,* 'the more full-bodied the wines will [eventually] become when mature, the more vigorously they ferment when new'; likewise with the French, who when young *insano impetu fervet.*

2 'excessive self-confidence'; now a list of faults: fickle-minded, inability to bear idleness or activity (*tumultūs,* gen. case), showing-off their conquests, scorning everyone, restlessness (*vis irrequieta*).

3 'They bring out their words slowly, as if they had considered [what they were going to say] with mature wisdom'; but it's all a show (*fingenti*). They call this 'frigidity.'

ea demum omni pretio maior et ad sapientiae simulque hilaritatis imaginem exacta est.

14. Illud autem in Gallicis moribus – ac veluti fatis triste – quod benevolentiam, qua in sua regione hospitibus indulgent, extra patriam vix in suos cives expromunt. Quis credat in exteris terris tam humano populo non satis convenire?[1] Aves quoque in caveam deductae rostra et iracundiam[2] vix stringunt, et societas fati peregrinationem ferarum conciliat extra silvas quaerentium praedam. Soli Galli quacumque in peregrino solo consederint, praesertim si miseri et ad opem alienam conversi, saevissima aemulatione decertant. Tum occulta ludibria livorque deformis, tum professa odia et rixarum etiam ad peregrina tribunalia concives vocantium derisa improbitas.[3] Sic inter se certantes nescio qua infamia apud imperitos inundant suam gentem, quasi in invidiam nata sit, exsorsque quietis ac amoris, quo unius patriae cives arcanā vi natura coniunxit.

15. Et haec Gallorum extra patriam suam labes. Adhuc autem foedius in Galliarum visceribus peccant, qui passim tamquam gladiatores ad arenam damnati, subitis odiis armisque privatis ad ultima discrimina committuntur.[4] Rem immanem et ad istius saeculi probrum! Leve iurgium solaque altercantium ambitione increscens aut revera innocens iocus, plerumque autem turbulenti ingenii praecipitatio ad famam, saepe ad

---

1 'be in agreement'.
2 hendiadys; they do not exercise their anger and their beaks = their angry beaks against each other.
3 supply *est.*
4 An attack on duelling. Barclay's preface to his *Argenis* attacks duelling at even greater length.

tristissimas caedes et familiarum orbitatem lymphatam iuventutem propellit. Hinc toties miserorum parentum intercepta consilia spesque occisae et propemodum frustra pax in Galliis, et quae vix minus patricii sanguinis[1] quam si bello certatum publice esset in hac arena hausit. Quae haec autem dementia, ritu ferarum, non ratione sed impetu iniurias ulcisci, rerumque suarum iudicium permittere paene scenicae arti fortunaeque saepe fallenti ipsam artem ut, quicumque felicius, ille et iustius arma sustulerit?

16. Ferae gentes et ab ipsā venientes Barbariā[2] orbem supra aliquot saecula suis moribus polluerunt. His auctoribus quondam factum ut in dubiis iudiciis, cum utrimque argumenta essent obscura, armis litigantium crederetur. In circum arenamve dimissi pugnabant, victus pro nocente habebatur, et inde vesaniae origo hanc aetatem infestans quae iam auctis finibus, cum olim in magistratuum arbitrio esset, hodie ad privatorum libidinem desaevit. Isti tamen gladiatoriae arti praetextus est – nescias magnificentiā an utilitate acceptior – peritia pugnandi. Nam cum arte gladio ferire vel deflectere destinatos sibi ictus, quis neget ad rem militarem pertinere? Hoc Graeci Romanique et omnis gens armis strenua cum ambitu quaesivit.

17. Nunc vero non tamquam in angustia sese prementium cuneorum (ut in iustis proeliis solet) sed veluti in apertae arenae libertate per cursus recursusque,

---

1 'less noble blood'; part. genitive.
2 'Wild nations, those coming from Barbary itself . . .'; Barclay attributes to them the trial by combat, but thinks it's worse today, because combat (duelling) is the resort for private quarrels (*ad privatorum libidinem*).

per omnem corporis habitum, per longam et disparem oculorum manuumque fallaciam,[1] quis non potius privatorum odiorum crudelitatem erudire quam publicae pietati suam fortitudinem parare videatur? Et vero nihil iam ad amentiam aut impietatem residuum[2] in propinquos amicosque saevientibus. Sive sanguinis sive familiaritatis iure coniuncti non atrocibus iniuriis sed inani superstitione verborum et propemodum gratis dissociati[3] alterno cruore imbuuntur, quodque ultimum furoris gradum putes, ne inter se quidem laesi, saepe aliorum inimicitiis tantum nefas tribuere amant, et in gratiam nihil ad se pertinentium odiorum seipsos et amicorum carissimos immolant. Quippe a pugnaturis qui perire soli nolunt, veluti ad theatrum aut cenam, ita ad hunc feralem ludum invitati ultro subeunt, et quicquid hominibus aut dulce aut carum est violare non dubitant ineptissimo desiderio famae, ut iactentur magno vitae contemptu in arenam processisse, id est truculentissimum facinus ausi esse barbara ignoratione virtutis.

18. Sed haec mala et si quae praeterea maculae se Gallicae indoli interserunt omnino donari eorum virtutibus debent,[4] quos vel aetatis vel sapientiae pondus ita composuit ne aestu patriorum vitiorum diripi[5] possint.

---

1 This describes the moves of fencing.

2 *nihil iam ad amentiam aut impietatem residuum*, 'nothing is wanting in their madness and wickedness"; another hendiadys: 'their mad wickedness. They fight over words alone, not just deeds. They even fight to the death in another's cause.

3 'put at odds with each other for nothing (*gratis*)'.

4 'ought to be excused (*donari*) for the sake of the virtues of those whom . . .'

5 'carried away by'; Barclay now portrays the best type of Frenchman: courteous, not treacherous and deceitful, welcoming to all who approach them.

In iis egregia comitas, non fucata aut insidiose in hos ipsos quibus blanditur collocata. Non fraudibus, non secretis odiis vacant. Dignari singulos qui accessum aut notitiam petunt, et pro sua sorte unumquemque mulcere. Externo homini ad illorum consortium admisso satis erit aperto scelere aut nimia ineptia non peccare; ut quidem alibi in alienos mores, ne tibi noceant, intentus sis,[1] cum maturis autem et castigatis Gallorum animis teipsum respicias. Nec aliquid in humana societate felicius quam consuetudinis tam politae erecta virilisque suavitas.

---

1 Elsewhere (*alibi*) you have to beware of the natives lest they harm you; in France, you simply have to take on the flavour (*resipio, -ere*) of Gallic manners. In other words, try not to offend them; that will suffice for you to be welcome.

GEORGE BUCHANAN ON MACBETH

Selections from *Rerum Scotarum Historia*

George Buchanan (1506-1582), *poetarum facile nostri saeculi princeps*, as one of his early publishers called him, a wandering poet, playwright, historian, and controversialist, was perhaps the greatest of all Neo-Latin writers. He was born in Scotland and died there 76 years later, but during the intervening adventurous years he had fled Scotland, lived and taught in Paris, Bordeaux, and Coimbra (Portugal), where he was briefly imprisoned by the Inquisition; finally returning to Scotland ca. 1561, where he became the enthusiastically Protestant tutor to the young Mary, Queen of Scots, and later to her son James VI. His literary output was enormous: lyric poetry in all genres, a didactic poem on the astronomical sphere, biting satires against individuals and groups such as the Franciscans (Buchanan was a good hater), a paraphrase of the *Psalms* which was used in schools for centuries, translations of Greek drama as well as original plays of his own composition, and several works on the history and politics of Scotland, an example of which is printed here along with some of his political poems.[1]

In politics, his primary effort was to oppose the doctrine of the divine right of kings. This theory, widespread in the 16th and 17th centuries, held that God had appointed legitimate kings (not usurpers) to rule, and that any attempt to overthrow the king, however bad he may be, is an offence against God. Here's part of a Latin poem on the topic:

Princeps, seu bonus est, seu malus, a Iove;
A ruler, whether good or bad, is sent us by Jove;
In poenam malus est, in pretium bonus . . .
The bad is for chastisement, the good as a reward.

---

1 All of Buchanan's political poetry is available in Paul J. McGinnis and Arthur H. Williamson, *George Buchanan, The Political Poetry*. (Edinburgh: The Scottish Historical Society 1995).

Ornes, si bonus est; sin malus est, feras.
Praise him if he's good, tolerate him if he's bad.[1]

The people must have done something for God to inflict an evil king on them. William Barclay, John Barclay's father, espoused this doctrine. Opposing this were the *monarchomachs*, the "monarch-fighters," among whom was George Buchanan. His theory was this: God created kingship and kings for the benefit of the people; sovereignty resides in the people, who have a right to choose their king, or if the kingship is hereditary, must acquiesce in the succession; law exists partly to restrain the king, so that he does not act arbitrarily or cruelly. If the king does not follow the law, the subjects may resist and depose him. Buchanan expounded this theory in detail in his political treatise *De Iure Regni Apud Scotos Dialogus*, prompted by his need to defend the deposition and imprisonment in 1567 of Mary, Queen of Scots, his former pupil. He claimed that she was a tyrant and deserved her fate. (She escaped to England, was imprisoned there, and was executed on the orders of Queen Elizabeth in Feb. 1587.)

We moderns often take Buchanan's view as obvious, even beyond controversy, but in fact his theory can be (and has been) used to justify all kinds of mischief. In Mary's case, she was overthrown and imprisoned, not by the "people," but by a cabal of grasping noblemen who wanted her power for themselves. The question "Who rules?" is one fraught with problems; the concept "consent of the governed" is difficult to put into practice. Especially in the 16th and 17th centuries, with their constant religious wars and dynastic struggles (think 21st century Afghanistan), a strong central power, especially one divinely sanctioned, could bring peace to a nation. One might compare and contrast the conditions of 21st century Iraq, Syria, or Libya before and after the overthrow of tyrants before making any hasty judgment about these political theories.

---

1 From Matthew Gwinne's tragedy *Nero* (1603), quoted by Dana Sutton in the Philological Museum:
(http://www.philological.bham.ac.uk/scotconst/intro.html).

In support of his political theory, Buchanan composed his long *Rerum Scoticarum Historia* (*R.S.H.*, 1582). The underlying "fact" of Scottish history, according to him, is that the Scottish nation was born free and by the freely-given votes of the people selected kings to rule over them, and that the people could depose these kings if necessary. *Gens enim Scotorum cum ab initio libera esset, reges eo iure sibi creavit ut imperium populi suffragiis eis mandatum; si res posceret, eisdem suffragiis adimere possent. Eius legis multa ad nostram usque aetatem remanserunt vestigia.* (*R.S.H.* 20.34) The first king, Fergus I, was elected and his family was freely chosen as the one to supply future kings. Buchanan was also very pro-parliament, considering the assembly or parliament as the voice of the people. He also considered the Scottish nobility a source of political wisdom.

There is of course much material other than political theory in the 700+ pages of his history, including many colourful stories. Buchanan had criticized previous writers on Scottish history, especially Hector Boece,[2] for believing legendary stories about the founding of Scotland and about King Arthur, but the modern reader will have difficulty in seeing Buchanan as any more critical. Indeed, he traces an unbroken line of Scottish kings back to the 4th century B.C.! One must remember that, for the humanists, history was a morality tale, full of good and bad examples which supply food for thought as well as for emulation or avoidance. Buchanan's tale of MacBeth is a particularly good example. The following passage is from Book 7, beginning in chapter 7. The time is the 11th century AD. We are in the reign of Donald VII, the 84th king of Scotland, who has succeeded his uncle Malcolm II on the latter's death. He is subject to the Danish King Canute, who rules England. By trickery at a banquet, Donald, with MacBeth and Bancho (Shakespeare's Banquo), have poisoned most of the Danes, although their king escaped. The Danes vow

---

1 'under this condition that . . .'

2 Hector Boece or Boethius (1465-1536); born in Dundee, he studied in Paris and was a friend of Erasmus; he wrote *Historia Gentis Scotorum*, the first history of Scotland.

to come no more to Scotland. Hence the peace and prosperity of the first sentence.

That Shakespeare took his version of Macbeth from Hector Boece, not from Buchanan, is shown by the names used (e.g. Banquo for Bancho) and details of the story (particularly Macbeth's death).

Several editions of the Latin text are available on-line. The most accessible version, with translation, is posted at the Philological Museum (http://www.philological.bham.ac.uk/scothist/).

VII. 7. Cum in Scotia rebus domi forisque prospere succedentibus omnia pace florerent, Macbethus, qui consobrini ignaviā semper spretā[1] regni spem occultam in animo alebat, creditur somnio quodam ad eam[2] confirmatus. Quadam enim nocte cum longiuscule abesset a rege visus est sibi tres foeminas forma augustiore quam humana vidisse, quarum una Angusiae thanum,[3] altera Moraviae, tertia regem eum salutassent. Hoc somnio animus cupiditate et spe aeger vehementer incitatus omnes regnum adipiscendi vias secum volvebat, cum non iniusta (ut ipsi videbatur) oblata est occasio. Duncanus e filia Sibardi reguli Northumbrorum[4] duos filios genuerat, Milcolumbum Cammorum, quasi dicas megalocephalon, et Donaldum cognomento Banum, id est album. Ex iis Milcolumbum vixdum puberem Cumbriae praeficit. Id factum eius Macbethus molestius

---

1 Macbeth considered that his cousin, King Donald, was lazy and inactive. *spreta* fr. *sperno, -ere*, 'feel disgust at'.

2 i.e. *spem regni* [*adipiscendi*].

3 'Thane of Angus, Thane of Murray, and King'.

4 'of Sibert, a petty king of Northumberland'; the two sons are Milcolumbus (Malcolm) Cammorus (meaning 'Bighead') and Donaldus Banus (meaning 'white'). The latter is Shakespeare's Donalbain. The former is made governor of Cumberland (Cumbria).

quam credi poterat tulit, eam videlicet moram sibi ratus iniectam ut, priores iam magistratūs iuxta visum nocturnum adeptus,[1] aut omnino a regno excluderetur aut eo tardius potiretur, cum praefectura Cumbriae velut aditus ad supremum magistratum semper esset habitus. Animus etiam per se ferox prope quotidianis convitiis uxoris (quae omnium consilorum ei erat conscia) stimulabatur. Igitur re cum intimis amicorum, in quibus erat Bancho, communicata, regem opportunum[2] insidiis ad Ennernessum nactus septimum iam regnantem annum obtruncat, ac manu collecta Sconam profectus populari favore fretus regem se dicit. Liberi Duncani tam repentino malo icti, cum simul et patrem caesum et auctorem caedis regnantem audirent, et insidias passim a tyranno collocari, ut eorum caede regnum confirmaret, latebras fugae subinde mutando[3] saluti aliquandiu consuluerunt. Verum cum neque quicquam adversus potentiam eius satis tutum videretur, neque ab homine natura saevo spes ulla clementiae ostenderetur, diversi, Milcolumbus in Cumbriam, Donaldus ad propinquos patris in Aebudas diffugiunt.[4]

8. LXXXV REX.

Macbethus, ut regnum male partum stabiliret, potentiores magnis largitionibus sibi conciliat, securis de regiis liberis ob aetatem,[5] de vicinis regibus ob mutuas simultates. Potentioribus delenitis populi favorem aequitate parare, severitate retinere decrevit. Igitur cum

---

1 He had already become Thane.
2 'open to ambush'; the following names are Inverness and Scone.
3 'by changing their hiding places'.
4 Malcolm went to Cumberland, Donald to the Hebrides.
5 They were still children.

latrones punire statuisset qui Duncani lenitate animos sustulerant, nec id posse fieri sine magno rerum motu videret, consilium iniit ut per idoneos homines discordiarum semina inter eos[1] spargerentur et ex discordia provocationes et paucorum pari numero certamina in disiunctissimis Scotiae locis omnia eodem die fierent. Quem ad diem cum convenissent frequentes, per homines fidos ad id commode dispositos omnes comprehensi. Eorum poena caeteris metus est iniectus. Praeter thanos Cathenesiae, Rossiae, Sutherlandiae et Narniae, nonnullos etiam e potentioribus quorum intestinis discordiis plebs attrita erat, sustulit. Ad Aebudas profectus ius severissime dixit. Inde reversus cum Magillum sive Macgildum Gallovidiae[2] longe potentissimum semel atque interum in ius vocasset, isque magis Milcolumbicae factionis invidiam quam obiecta crimina pertimscens adesse renueret, missis eo copiis proelio victum capitali supplicio affecit. Per haec summa tranquillitate restituta ad leges scribendas, rem a superioribus regibus prope neglectam, animum adiecit tulitque longe plurimas atque utilissimas quae nunc[3] magno publico malo aut penitus ignotae sunt aut neglectae iacet. Prorsusque per decennium ita regnum administravit ut si vis in eo parando abfuisset, nemini superiorum regum fuisset habitus inferior.

9. Verum cum ita praesidiis et favore multitudinis se communisset ut a vi sibi metuendum non arbitraretur,

---

1 i.e. the bandits. His plan was to cause discord among the bandits and have them fight each other.

2 'of Galloway' (SW Scotland); the man's name was either MacGill or Macgild. He refused to come, fearing that he was being attacked not for crimes, but for being in Malcolm's faction.

3 In Buchanan's time.

regiae (ut credibile est) caedis stimulis[1] animum elatum in praeceps impellentibus imperium perfidiā partum in crudelissimam tyrannidem vertit. Primum suae immanitatis impetum in Banchonem regiae caedis socium coniecti. De hoc vulgabatur sors per maleficos[2] edita, fore ut eius posteritas aliquando regno potiretur. Igitur veritus ne homo potens et industrius, et regio iam sanguine imbutus exemplum ab ipso propositum imitaretur, eum cum filio ad coenam familiariter vocatum curat redeuntem per insidias interimendum, veluti per tumultum repente ortum. Fleanchus filius per tenebras ignotus evasit insidias. Ab amicis autem admonitus patrem a rege dolo caesum, suam quoque vitam peti, occultus in Valliam[3] profugit. Hac caede tam crudeliter et perfidiose patratā proceres sibi metuentes domum quisque suam secesserunt, ac raro et rari in aulam ventitabant. Igitur partim patefacta, partim vehementer omnibus suspecta crudelitate regis ex mutuo timore inter eum et proceres mutuum odium natum. Atque inde cum coelari[4] amplius non posset, res in apertam tyrannidem evasit, ac palam, levibus de causis et plaerunque confictis, potentiores occidebantur. Eorum bonis facinorosorum circa regem manus[5] nomine custodiae alebatur. Nec per hos tamen rex vitam suam satis munitam ratus in colle Dunsinano, unde late in omnes partes est prospectus, arcem aedificare aggressus. Cum opus ob difficultatem

---

1 'by the shock of the king's murder' Macbeth's mind was affected so that he turned into a tyrant.
2 'wizards,' i.e. evildoers. *eius* refers to Bancho's posterity.
3 Wales.
4 *celo,celare* 'hide'.
5 'a band of criminals under the guise (*nomine*) of bodyguards'.

vecturae[1] tardius procederet, thanis omnibus per universum regnum laborem per vices partitus, operas et iumenta imperavit, ipsosque velut operi praefectos adesse iussit.

10. Erat tum Macduffus Fifae thanus longe potentissimus. Is vitam suam regi committere non ausus operas frequentes et ex intimis amicorum qui opus urgerent eo misit. Rex sive operis (quod simulabatur) invisendi studio, sive (quod Macduffus metuebat) ut eum comprehenderet cum advenisset, et forte iugum boum oneri impar[2] per adversum clivum subire non posset, rex occasione succensensi libenter arreptā minatus est se contumaciam thani iampridem sibi perspectam domiturum, ac iugum ipsius[3] collo impositurum. Macduffus re ad se perlatā nihil cunctatus commendatā uxori familiā ac naviculā pro temporis angustia ornatā in Lothianam transvectus, inde in Angliam abiit. Fugae consilio audito rex statim valida manu si forte eum opprimere posset in Fifam contendit. In arcem statim intromissus non invento thano in uxorem et liberos, qui aderant, omnem iram effudit. Bona in fiscum redacta, ipse perduellis denunciatus, gravi indictā poenā si quis vel congredi cum eo ausit. In caeteros quoque genere claros aut opibus potentes sine discrimine saevitum. Ac iam ex eo contemptis proceribus, rex domesticis consiliis regnum administrabat.

10A. Interea Macduffus in Angliam delatus Milcolumbum regio cultu habitum apud Edwardum

---

1 'of transport'; *operae,* 'workmen'.
2 The load was too heavy for the oxen to pull.
3 Macduff's.

regem invenit.[1] Edwardus enim fractis in Anglia Danorum opibus in regnum ab exilio revocatus multis de causis favore prosequebatur Milcolumbum ab avo materno Sibardo[2] ad se adductum, vel quod pater avusque cum praeessent Cumbriae, quatenus per tempora licuit, semper maioribus suis studuissent, vel quod eventorum similitudo et memoria periculorum eos conciliaret, quippe regem utrunque et iniusto exilio a tyrannis multatos, vel quod regum afflictae res facile hominum etiam alienissimorum animos commovent. Thanus[3] igitur ubi primum per ocium Milcolumbum convenire potuit, cum longo sermone suae fugae infelicem necessitatem, Macbethi in omnes ordines crudelitatem et omnium contra eum odia exposuisset, accurata[4] oratione ad regnum paternum repetendum filium est hortatus, praesertim cum neque sine summo scelere patris necem impiam inultam relinquere, nec populi a Deo ipsi commissi[5] miserias negligere, neque amicorum iusta petentium precibus deesse posset. Praeterea non ei defuturum[6] neque Edwardi regis optimi erga amicum et supplicem officium, neque populi studium adversus tyrannum, neque numinis favorem pro bonis contra scelestum, nisi ipsi sibi deesse velit.

---

1 Edward the Confessor (reigned 1042-1066).
2 Sibart was Edward's maternal grandfather. Edward has 4 reasons to support Malcolm: the kinship, Malcolm's ancestors support for Edward in Cumberland, similarities between the fates of the two men (both having been driven into exile), and sympathy for a fellow king.
3 Macduff.
4 'carefully worded'.
5 'entrusted to him (*ipsi*),' i.e. to Malcolm, as legitimate heir.
6 Three sources of support: Edward's help, the people's support, God's favour.

11. Milcolumbus, qui saepe antea per homines a Macbetho summissos, ut eum per dolum ad se illiceret, solicitatus fuerat de reditu, priusquam rem tantam fortunae committeret, Macduffi fidem tentare [1] statuit. "Ego vero (inquit) nihil horum quae a te sunt exposita ignoro, sed vereor ne tu me, quem ad regnum suscipiendum invitas, penitus ignores. Eadem enim vitia quae iam multos reges pessum dederunt – libido et avaritia – in me quoque adsunt, sed quae nunc privata occulit, ea regni licentia solvet. Proinde vide ne me non in regnum sed in exitium voces." Cum Macduffus ad haec subiecisset multorum libidinem liberali coniugio solvi, et avaritiam penuriae metu amoto temperari, adiecit Milcolumbus[2] se malle nunc apud amicum ingenue fateri quam sero cum maximo utriusque malo in vitio deprehendi, nihil sibi veri, nihil sinceri in animo esse, nemini prorsus fidere, et consilia ad omnes suspitionum auras mutare, et ex sui ingenii inconstantiā iudicium de aliis facere. Ad haec Macduffus, "Apage (inquit), regii sanguinis ac nominis dehonestamentum et prodigium non ad regnum accersendum sed in extrema orbis solitudines deportandum," et cum dicto iratus discedere parabat. Tum Milcolumbus hominis manu apprehensā causam simulationis ostendit, se toties Macbethi insidiis petitum ut non temere cuivis audeat credere. At in Macduffi nec genere nec moribus nec fama nec fortuna quicquam se scire unde fraudem extimescat.

---

1 *temptare, periculum facere.*
2 Malcolm now lists his supposed faults: he's not true or sincere; he trusts no one and changes his mind with every word he hears, and he judges others by his own fickleness.

11A. Igitur data accaeptaque fide de tyranni exitio consultant, amicis per secretos nuncios praemonitis, ab Eduardo rege decem millia militum accipiunt, duce omnibus praefecto Sibardo Milcolumbi avo materno. Ad famam eius exercitus magni in Scotia motus facti, magni quotidie ad novum regum concursūs. Macbethus prope desertus ab omnibus, cum in tam repentina defectione nihil melius occurreret, in arcem Dunsinanam se inclusit, missis in Aebudas et Hiberniam amicis ut pecuniā illinc militem conducerent. Milcolumbus consilio eius audito recta ad eum ducit, populo quaecunque ibat bene precante ac faustis acclamationibus eum prosequente. Hoc velut omine victoriae laeti milites frondes virentes galeis omnes apposuerunt, triumphantiumque magis quam ad pugnam progredientum specie agmen incedebat. Ea perterritus hostium fiducia Macbethus confestim in fugam se dedit, milites eius a duce deserti Milcolumbo se dederunt. Multa hic fabulose quidam nostrorum affingunt, sed quia theatris aut Milesiis fabulis sunt aptiora quam historiae, ea omitto.[1] Macbethus septemdecim annis rei Scoticae praefuit. Decem primis optimi regis officio est functus, septem supremis crudelitatem saevissimorum tyrannorum facile aequavit.

12. LXXXVI REX

Milcolumbus recuperato paterno regno Sconae vicesimo quinto die Aprilis anno a Christo nato 1057 rex fuit declaratus.

---

1 Milesian tales are fantastic, unbelievable. Buchanan is referring to Hector Boece's detailed narrative of Macbeth's death (as found in Shakespeare): Malcolm pursues Macbeth, they meet in single combat, Macbeth boasts that he cannot be killed by man born of woman, Malcolm recounts his birth, and so on.

In pursuit of his political goals Buchanan wrote many poems supporting or attacking rulers of various kinds. Here are several of his political poems. The two short poems are to Mary, Queen of Scots, the first to her as a girl, before Buchanan came to view her as a tyrant, and the second, when she was an adult. In the latter, Mary, who speaks in the poem, blames her uncle, Charles of Lorraine, for her *malam famam*. The metre is the Elegiac Strophe, the most common of all Neo-Latin meters.

1. Ut Mariam finxit natura, ars pinxit; utrumque
 Rarum et solertis summum opus artificis.[1]
Ipsa animum sibi dum pingit, sic vicit utrumque:
 Ut natura rudis, ars videatur iners.[2]
2. Ni mihi tam foedus, tam dirus avunculus[3] esset,
 Saecli huius Mariae femina prima forem.
Sed vitiis, quibus evertit regna omnia, famam
 Polluit ille suam, polluit ille meam.

The next ode is to Queen Elizabeth, praising her for supporting the Protestant cause. The metre is Alcaic Strophe as in Horace's Cleopatra Ode 1.37.

3. Quamvis vetusto stemmate splendeas,
Regina, Princeps optima Principum,
Quacunque magnum sol per orbem
Flammiferos agitat iugales;[4]

Quamvis feroci Marte subegeris   5
Hostes rebelles, et populi feros
Motūs, et insanos tumultūs
Lenieris, sine caede, victrix;

---

1 Art and Nature both pictured the perfect girl (*rarum et summum opus*).
2 But Nature and Art both appear crude (*rudis, iners*) compared to the reality.
3 Charles, Cardinal of Lorraine (1524-1574), Mary's uncle. He ferociously opposed the Protestant party in France and disrupted politics in France (*evertit regna*).
4 'pair' of horses.

Virtutis inter tot titulos tuae,
Et sempiternas fulget adoreas,[1]   10
De fauce avarorum latronum
Relligio pia vindicata.

Iam nulla saxis figimus oscula,[2]
Nulla e sepulchris tracta cadavera
Gemmis refulgent, fascinantque   15
Indociles animos popelli.

Non otiosae dedita naeniae[3]
Mendica fratrum turba rapacium
Passim vagatur, collocatque
Foemineo insidias pudori.   20

Sub te licebit Principe libere
Christum fateri, ficta refellere.
Mysteriumque veritatis
Seposito reserare fuco.[4]

Ergo salutis sollicitum tuae   25
Caeleste numen[5] pervigil excubat,
Et impiorum inauspicata
Vota facit, retegitque fraudes.

Super dracones fortis inambula,[6]
Saevam leonum frange ferociam;   30
Per aspides erra, et per oras

---

1 *inter tot titulos et sempiternas adoreas* ('prizes') *virtutis tuae relligio*
[subject] *fulget*. The *avari latrones* and the *praedones* (l. 35) are the
priests.

2 A criticism of the cult of relics. *animos popelli*, 'the minds of the
rabble'.

3 The 'idle chants' of the monks, who lure women to their doom.

4 'to unlock it from layers of makeup/disguise'.

5 *caeleste numen* [subj.] *excubat . . . facit . . . retegit.*

6 Enemies that the queen will conquer: perhaps the dragon of *Rev.*
13:4, the lion of *Rev.* 9:8, the serpents of *Rev.* 9:19. The Libyan
basilisk may be the Turks.

Quas Libycus basiliscus afflat.

Caeli favor te, te pietas tua,
Te supplicantum continuae preces
(Praedonibus quos ex avaris   35
Eripis) incolumem reducent.

As a fervent Protestant in a time of religious war, Buchanan
hated contemporary Papal Rome and all it stood for. His
eloquence never failed him, and we see in this poem a tour de
force of punning on the word Lupus and its relatives: Lupercalus,
an old Italian deity often identified with Pan, a protector of sheep;
Lupercalia, the festival of Lupercus; Luperci, men who ran
through the city on the festival, hitting women with thongs;
Lupercal, a grotto on the Palatine Hill; Lupa, the wife of
Faustulus, who found Romulus and Remus – also a word for
'prostitute' and 'she-wolf"; lupanar, a whorehouse; lupini, either
little wolves or lupine seeds. The metre is hendecasyllabic, made
famous by Catullus and suitable for an abuse poem.

Hi colles, ubi nunc vides ruinas,
Et tantum veteris cadaver urbis,
Quondam caeca LUPIS fuere lustra,[1]
Donec per freta vectus Arcas exul,[2]
Pani, pelleret ut LUPOS, Lyaeo   5
LUPERCALIA festa dedicavit;
Nudos currere iussit et LUPERCOS,
Sacrum et collibus addidit LUPERCAL.
Sed vis insita, contumaxque flecti[3]
pervicit genius laborem et artem,   10

---

1 'dark lairs for wolves'.
2 The Arcadian exile is Evander, who came from Greece and
   founded a city on the future site of Rome before the Trojan War.
   He instituted the Lupercalia (V. *Aen*. 8.51ff). He dedicated the
   Lupercalia to Lyaean (Dionysian) Pan to drive off wolves; he
   established the Luperci and built the Lupercal. But, Buchanan
   says, his efforts came to nothing.
3 *vis insita* and *contumax genius* (subjects) *pervicit l. et a.* [of Evander];
   con. flecti, 'resistant to bending', 'unbendable', 'inflexible'.

Et per saecula longa ne perirent
Istis semina collibus LUPINA,[1]
Tristes progenuit solum LUPINOS,[2]
Laetos progenuit LUPOS salictum.[3]
Et coniunx LUPA Faustulo tyranni   15
Albani pecoris fuit magistro;
Et qui moenia prima condidere,
Nutrivit LUPA[4] Romulum Remumque.
Et Floralia festa sunt LUPARUM,
Et quondam in media fuit Suburra,   20
Vico urbis celeberrimo, LUPANAR.[5]
Et quos Fabricios graves putabis,
Observa, invenies LUPOS voraces.[6]
Et quas Sulpicias reare castas,
Observa, invenies LUPAS salaces.[7]   25
Et ne posse Deos LUPIS carere
Credamus, sacer est LUPUS Gradivo.[8]
Et LUPOS mare laneos,[9] et amnis
Sub cryptam mediae vomit Suburrae;
Nec putris soboles araneorum[10]
Non cognomine nobilis LUPORUM est.

---

1 *semina lupina*, 'wolfish seeds,' 'the inborn nature of the wolf'.
2 Puns: 'the soil produced sad lupines [the plant]' or 'sad wolf cubs'
3 'The willow grove produced happy wolves'; an obscure reference.
4 Either Lupa, Faustulus' wife, or Lupa the she-wolf.
5 There's a whorehouse in the middle of the Suburra, a crowded
  precinct of Rome, prob. here meaning the Vatican.
6 Fabricius is a model of austerity and honesty. The current
  Romans look like Fabricii, but act like *lupi*.
7 Sulpicia is a model of wifely virtue (Martial 10.35, 38), unlike
  current Roman women.
8 Mars; the wolf is sacred to Mars Gradivus.
9 *lupos laneos*, 'wooly wolves,' i.e. wolves in sheep's clothing; prob.
  the monks and priests. *Sub cryptam Suburrae*, lit. 'under the vault in
  the middle of the Suburra,' prob. 'under the Vatican'.
10 Double negative: 'neither is the rotten offspring of spiders not
  known by the name of wolf'; i.e. they are so known. An obscure
  reference.

Totam denique quantacunque Roma est
Nascentem, vegetam excute,[1] et ruentem,
Nihil comperies nisi LUPERCOS,
LUPERCALE, LUPOS, LUPAS, LUPANAR.

From Holbein's Dance of Death.

1 'examine'; 'examine youthful Rome (*nascentem*), flourishing Rome
(*vegetem*), collapsing Rome (*ruentem*), you'll find nothing but . . .'

POETRY THROUGH THE AGES

Buchanan: *Quam misera sit conditio docentium literas humaniores Lutetiae.*

For Buchanan's biography, see the introduction to selections from his Rerum Scotarum Historia. This poem, which seems true-to-life, was inspired by his experiences as a teacher in Paris.

Ite leves nugae, sterilesque valete Camoenae,
    Grataque Phoebaeo Castalis unda choro.[1]
Ite, sat est; primos vobiscum absumpsimus annos,
    Optima pars vitae deperiitque meae.
Quaerite quem capiat ieiunā cantus in umbrā;   5
    Quaerite qui potā carmina cantet aquā.[2]
Dulcibus illecebris tenerum vos fallitis aevum,
    Dum sequitur blandae carmen inerme lyrae.
Debita militiae molli languescit in umbra,
    Et fluit[3] ignavis fracta iuventa sonis.   10
Ante diem curvos senium grave contrahit artus,
    Imminet ante suum mors properata diem;
Ora notat pallor, macies in corpore toto est,
    Et tetrico in vultu mortis imago sedet.
Otia dum captas, praeceps in mille labores   15
    Irruis, et curis angeris usque novis.
Nocte leves somnos resolutus compede fossor[4]
    Carpit, et in mediis nauta quiescit aquis;
Nocte leves somnos carpit defessus arator,
    Nocte quies ventis, Ionioque mari.   20

---

1 'the waters dear to Apollo's chorus of Castalian nymphs'; i.e. the Castalian spring at Delphi.

2 Seek an abstemious poet who does not drink wine, who is drawn by poetry (*cantus*) in a starveling glade.

3 'flows away,' 'goes to ruin'; they will be bent with age and die before their time (*ante diem*). They are pale as death even now.

4 Ditch-diggers, sailors, and farmers can rest at night; even the rough Ionian Sea calms at night; but not you!

Nocte tibi nigrae fuligo[1] bibenda lucernae,
  Si modo Calliopes castra sequenda putes;
Et tanquam Libyco serves curvata metallo
  Robora, et Herculeā poma ferenda manu,
Pervigil in lucem lecta atque relecta revolves,   25
  Et putri excuties scripta sepulta situ.[2]
Saepe caput scalpes, et vivos roseris[3] ungues,
  Irata feries pulpita saepe manu.
Hinc subitae mortes, et spes praerepta senectae,
  Nec tibi fert Clio, nec tibi Phoebus opem.   30
Si caput in cubitum lassā cervice recumbat,
  Et sopor exiguus lumina fessa premat,
Ecce, vigil subito quartam denuntiat horam,[4]
  Et tonitru horrifico lumina clausa quatit.
Excutit attonito somnos sonus aeris acuti,   35
  Admonet et molli membra levare toro.
Vix siluit, iam quinta sonat; iam ianitor urget
  Cymbala, tirones ad sua signa[5] vocans.
Mox sequitur longa metuendus veste magister,
  Et humero laevo mantica terga premit.[6]   40
Dextera crudeli in pueros armata flagello est;
  Laeva tenet magni forte Maronis[7] opus.
Iam sedet, et longis clamoribus ilia rumpit,
  Excutit implicitos ingenioque locos.

---

1 'soot'; Calliope is the Muse of epic verse (hence *castra*). The next
  comparison is to the sleepless dragon who guards the apples of
  the Hesperides.

2 The papers are buried in 'disgusting mildew and mould.'

3 *scalpo, -ere*, 'scratch'; *rodo, rodere, rosi*, 'nibble at' (fut. perf.); i.e. you
  bite your nails. *pulpita*, 'desk'.

4 The watchman yells 'Four o'clock.' The students rise at 5:00
  (*quinta*).

5 The signs posted on the classrooms.

6 As if he is wearing a toga.

7 'Vergil's'; what follows describes the lecturer's *explication du texte*,
  including his review of earlier scholars, in addition to his own
  novelties.

Corrigit, et delet, mutat, vigilata labore   45
    Promit, in obscuro quae latuere diu.
Magna nec ingeniis aevi explorata prioris
    Eruit, inventas nec sibi celat opes.
[Ignava interea stertit plerumque iuventus,[1]
    Cogitat aut curae multa priora suae.]   50
Alter abest, petiturque alter, mercede parato
    Qui vocet, et fictos condiat arte dolos.
Ille caret caligis; huic ruptā calceus alter
    Pelle hiat; ille dolet, scribit et ille domum.
Hinc virgae, strepitusque sonant, fletuque rigantur   55
    Ora, inter lacrymas transigiturque dies.[2]
Dein nos sacra vocant, dein rursus lectio, rursus
    Verbera; sumendo vix datur hora cibo.
Protinus amotā sequitur nova lectio mensā,
    Excipit hanc rursus altera,[3] cena brevis;   60
Surgitur, in seram noctem labor improbus exit,
    Ceu brevis[4] aerumnis hora diurna foret.
Quid memorem interea fastidia mille laborum,
    Quae non ingenua mente ferenda putes?
Ecce tibi erronum plenas ex urbe phalanges,[5]   65
    Terraque ferratis calcibus icta tremit.
Turba ruit, stolidasque legentibus applicat aures,
    Quales Phoebaeae Phryx dedit ante lyrae.[6]

---

1 Many editions do not include these lines, but they provide a good transition to B's comments about the audience. *Alter . . . alter* refer to the individual students and their excuses for being absent.

2 Cp. the *plagosus Orbilius* of Horace *Ep.* 2.1.70.

3 i.e. *mensa*.

4 understand *nimis*, 'too brief'.

5 'phalanxes of *errones*'; *errones* were older students, auditors, who were 'sitting in,' just killing time in class.

6 Their ears are dulled 'like those which the Phrygian [Midas] gave to Apollo's lyre.' Midas preferred Pan's pipes to Apollo's lyre; he grew donkey's ears as a reward.

Et queritur[7] nullis onerari compita chartis,
    Esse et Alexandrum nullo in honore suum.   70
Nec gravidum pleno turgescere margine librum,
    Neglectumque premi vile Guidonis opus.
Curritur ad Montem magno cum murmure Acutum,
    Aut alias aedes, sicubi Beta sapit.
Quid referam quoties defenditur acer Orestes,   75
    Carmina vel numeris cum caruere suis?
Arcadico iuveni quod laeva in parte mamillae[2]
    Nil salit, iratus clamat uterque parens;
Conqueritur nullo labentia tempora fructu,
    Totque diu sumptūs deperiisse suos.[3]   80
Aestimat et nostros non aequā lance labores;
    Temporis et nulla damna rependit ope.
Adde, quod Aonidum[4] paupertas semper adhaerens
    It comes, et castris militat ipsa suis.
Sive canas acies[5] in Turcica bella paratas,   85
    Sive aptas tenui mollia verba lyrae;
Sive levi captas populi spectacula socco,
    Turgidus aut tragico syrmate verris humum;
Denique quicquid agis, comes assidet improba egestas,

---

7 Their complaints: they see no posters in the streets (*compita*); the old versified grammar, the *Doctrinale* of Alexander de Villadieu, is not honoured; there aren't enough notes in the textbooks; Guido's old textbook (*Modi dictaminum*) is neglected. So they rush off to the Collège de Montaigu (*Montem Acutum*, part of U. of Paris) for old-style teaching from 'the beet-head,' Noël Béda, theologian and principal of Montaigu 1502-1536.

2 A quote from Juvenal 7.159: lit. 'because nothing leaps in the left part of the chest of this Arcadian youth . . .'; i.e. the parent is complaining that this blockhead is not profiting from the instruction, because nothing moves the youth's heart/mind. *acer Orestes* is B's sarcastic way to refer to this dolt.

3 i.e. for tuition, books, etc.

4 *Musarum*, referring to Mt. Helicon in Boeotia (*Aonia*), home of the Muses.

5 A list of poetic genres: martial epic, lyric, comedy (*soccus* is comic footwear), tragedy (*syrma* is a tragic robe).

Sive poema canis, sive poema doces.   90
Bella gerunt urbes septem de patria Homeri;[1]
    Nulla domus vivo, patria nulla fuit.
Aeger, inops patrios deplorat Tityrus [2] agros,
    Statius instantem vix fugat arte famem.
Exul hyperboreum Naso proiectus ad axem,   95
    Exilium Musis imputat ille suum.
Ipse Deus vatum vaccas pavisse Pheraeas[3]
    Creditur, Aemonios et numerasse greges.
Calliope longum coelebs cur vixit in aevum?
    Nempe nihil doti quod numeraret, erat.   100
Interea celeri cursu delabitur aetas,
    Et queritur duram tarda senecta famem.
Et dolet ignavis studiis lusisse iuventam,
    Iactaque in infidam semina maeret humum.[4]
Nullaque maturis congesta viatica canis,   105
    Nec faciles portūs iam reperire ratem.
Ite igitur Musae steriles, aliumque ministrum
    Quaerite. Nos alio[5] sors animusque vocat.

Janus Secundus: *Basium VIII*

The most famous Neo-Latin love poet is Janus or Johannes
Secundus (1511-1536). In his short life he wrote poems that rival
Catullus in depth of feeling. He was born Jan Everaerts in The
Hague into a distinguished Dutch family. His father, Nicolaus
Everaerts, a lawyer, advisor to the Emperor Charles V, and friend
of Erasmus, and his mother, Eliza Bladella, had several high-
achieving children: three sons became knights of the Order of the

---

1 7 cities claim him now, but none when he was alive.
2 i.e. Vergil, referring to *Eclogue* 1. The other poets are Statius and
   Ovid, exiled to the Black Sea (here, equal to the North Pole).
3 Even Apollo herded sheep in Thessaly (*Aemonia*) and Calliope
   had no dowry (*doti*).
4 'seeds, thrown on barren soil, mourn'; *viatica*, 'savings'; *canis* 'for
   grey hairs'.
5 'elsewhere'; of course, he did not quit.

Golden Fleece as rewards for their services in Imperial politics; one daughter, Isabella Everaerts, mother superior of a convent in Delft, is the best known woman Latin poet of the Low Countries. Janus Secundus (the latter name from an uncle) obtained a law degree in Bourges and became secretary to the Cardinal Archbishop of Toledo, Spain. He later was sent to Rome to congratulate the new Pope Paul III on his accession to the throne of St. Peter. Afflicted with malaria (probably), he returned to the Netherlands, to Utrecht, where he became secretary to the bishop there. Shortly thereafter he died on October 1536, age 25. He was a prolific poet, but his most famous work is his *Basia* "Kisses," written to rival Catullus, especially poems 5, *Vivamus, mea Lesbia*, and 7, *Quaeris quot mihi basiationes*.

He wrote in Catullan hendecasyllabics, but he also tried novel meters, as in the sample presented here, *Basium* 8, *to Neaera*. The metre of this poem is iambic dimeter catalectic, a variation of the Anacreontic metre, two pair of iambic feet with the last syllable omitted. This metre is found in a fragment of Petronius:

Mēmphītĭdēs pŭēllae
Sācrīs Dĕūm părātae (Petronius, Frag. XIX Müller)

There is a similar metre in Claudian,

Ăgĕ cūnctă nūptĭālī
Rĕdĭmītă vērĕ tēllŭs
Celebra toros eriles. *Fescennina de Nuptiis Honori Augusti* 2.1-3

In the following poem, the poet complains that Neaera has bitten his tongue. Are the many arrows of love which have pierced him not enough? Or does she just like to torture him?

Quīs tē fŭrōr, Nĕaeră[1]
Ĭnēptă, quīs iŭbēbăt
Sīc īnvŏlārĕ nōstrăm,
Sic vellicare linguam
Ferociente morsu?   5
An, quas tot unus abs te
Pectus per omne gesto
Penetrabiles sagittas,[2]
Parum videntur, istis
Ni dentibus protervis   10
Exerceas nefandum[3]
Membrum nefas in illud,
Quo saepe sole primo,
Quo saepe sole sero,
Quo per diesque longas   15
Noctesque amarulentas
Laudes tuas canebam?
Haec est, iniqua, (nescis?),
Haec illa lingua nostra est,
Quae tortiles capillos,[4]   20
Quae paetulos ocellos,
Quae lacteas papillas,
Quae colla mollicella

---

1 In prose order: *Quis furor te iubebat involare* ('pounce upon') *et
vellicare* ('tear') *nostram linguam?* Note in all the marked scansions
that a macron may mean that a vowel is long by position: the -i-
in *Quis* is not long by nature, but long by position, since two
consonants follow; likewise with the -o- in *furor*.

2 The subject of *videntur* is *sagittae*, but that word is actually
included in the subordinate clause *quas sagittas ego gesto* ('carry in
me'). In Latin prose or verse, the relative clause usually comes first
and often contains the antecedent noun. In this case the relative
clause is the subject: 'the arrows which I bear seem to be not
enough for you.'

3 with *nefas*, 'if (*ni*) you didn't practice a monstrous evil . . .'

4 'your hair in ringlets'; *paetulos*, fr. *paetus, -a,* 'leering,' 'with a
sidelong glance.' Probably the best sense in modern English is
'with a come-hither glance'.

Venustulae Neaerae
Mollī per astra versu   25
Ultra Iovis calores
Caelo invidente vexit,[1]
Quae te, meamque vitam
Animae meaeque florem,
Et te, meos amores,   30
Et te, meos lepores,
Et te, meam Dionen,[2]
Et te, meam columbam
Albamque turturillam
Venere invidente dixit.[3]   35
An[4] vero, an est id ipsum,
Quod te iuvat, superba,
Inferre vulnus illi,
Quam laesione nullā,
Formosa, posse nosti   40
Irā tumere tantā,
Quin[5] semper hos ocellos,
Quin semper haec labella
Et qui sibi salaces
Malum dedēre dentes   45
Inter suos cruores
Balbutiens[6] recantet?

---

1 *vexit*, the main verb: *lingua vexit* (ironic, otherwise 'why would you bite it?') *capillos, ocellos*, etc. *Caelo invidente*, 'with the envy of Heaven'; cp. *Venere invidente* below.

2 Dione, the mother of Venus.

3 *dixit*, 'called'; my tongue has called you *vitam meam, florem, amores, columbam*, etc.

4 Introduces an alternative explanation: 'Is making a wound in it (*Inferre vulnus illi*) what pleases you?' i.e. perhaps she's not angry, but cruel.

5 'No, instead . . .'; in prose order: *Quin semper recantet* ('sing all the more') *ocellos, labella, et dentes, qui malum |ei linguae| dedēre*.

6 'stammering,' 'mumbling' because of its injury.

O vis superba formae!

Joachim du Bellay: *Faustina, Ad Lectorem*

Many well-known poets from the 15th century to the 18th wrote in both Latin and the vernacular. In this Reader Milton's *In Quintum Novembris* is an example from a poet best known for *Paradise Lost*. In English such poets range from John Gower to Walter Savage Landor (d.1864), perhaps the last major English poet to write extensively in Latin. In 1305, at the very beginning of the Renaissance in Italy, Dante wrote (in Latin!) *De Vulgari Eloquentia* on the virtues of writing in Italian; his great challenge was finding (or creating) a standard Italian in which to write.

In France the conflict between writing in Latin or in French became explicit in two poems, one by Pierre de Ronsard (1524-1585) attacking Joachim du Bellay (1522-1560) for writing in Latin, the other by du Bellay in his defence. Both were poets of the French Pléiade, who applied rules and methods learned from their study of Latin and Greek classics to poetry in French. Ironically du Bellay had written the manifesto of the group, *Défense et illustration de la langue française* (1549; *illustration* means 'enrichment' or 'making illustrious'). However, when he went to Rome as secretary to his kinsman Cardinal Jean du Bellay, he wrote Latin poems, among them a series of *Amores* in the style of Ovid to his mistress Faustina. His Latin poems are available in his *Oeuvres Poétiques*, vol. vii and viii, ed. G. Demerson (Paris: Librairie Nizet, 1984, 1985). Here is a sample in elegiac metre entitled *Faustinam primam fuisse quam Romae adamaverit* (i.e. *poeta*).

Ipse tuas nuper temnebam, Roma puellas,
    Nullaque erat tanto de grege bella mihi.
Et iam quarta Ceres capiti nova serta parabat,[1]
    Nec dederam saevo colla superba iugo.
Risit caecus Amor. "Tu vero hanc," inquit, "amato;"   5

---

1 'Ceres was preparing her fourth new garland . . .'; i.e. this was the 4th year of the poet's stay in Rome.

Faustinam nobis indicat ille simul.
Indicat, et volucrem nervo stridente sagittam
    Infixit nobis corda sub ima puer.
Nec satis hoc: tradit formosam in vincla puellam,[1]
    Et sacrae cogit claustra subire domūs.[2]   10
Haud prius illa tamen nobis erepta fuit quam
    Venit in amplexus terque quaterque meos.
Scilicet hoc Cypris[3] nos acrius urit, et ipse
    Altius in nostro pectore regnat Amor. (*Oeuvres* vii.137)

Ronsard criticized him for abandoning French:

Ce pendant que tu vois le superbe rivage
De la rivière Thusque, et le mont Palatin,
Et que l'air des Latins te fair parler Latin,
Changeant à l'estranger ton naturel langage,
Une fille d'Anjou me detient en servage . . . (*Continuation des Amours* 3)

(While you watch the proud banks of the Tuscan river [the Tiber] and the Palatine Hill, and while the Latin air makes you speak Latin, changing your native language for an alien one, a girl from Anjou holds me in bondage . . .)

Ronsard charges that du Bellay has gone-native in Rome, while he himself has stayed loyal to France. (In fact du Bellay wrote many poems in French during his stay in Rome.) In response, du Bellay more than defends himself in this poem *Ad Lectorem*, which introduces his collection of Latin epigrams; he stresses the attractions which Latin verse has for him by contrasting his wife, French verse, with his mistress, Latin verse, perhaps embodied in Faustina.

---

1 The poet is struck with arrows; the girl is bound in chains.
2 'to cross the barrier of the sacred home'; Faustina was married. Another poem expresses the poet's hatred for her husband, who cruelly keeps her locked up.
3 Venus.

Ad Lectorem

Cum tot natorum casto sociata cubili
  Musa sit ex nobis Gallica facta parens,[1]
Miraris Latiam sic nos ardere puellam
  Et veteris, Lector, rumpere iura tori.
Gallica Musa mihi est, fateor, quod nupta marito;[2]   5
  Pro domina colitur Musa Latina mihi.
Sic igitur (dices) praefertur adultera nuptae?
  Illa[3] quidem bella est, sed magis ista placet. (*Oeuvres*,
vii. 79)

Elizabeth Jane Weston: *Epithalamium* for Margaret Baldenhoven

By far the most famous female Neo-Latin poet was *Westonia*,
Elizabeth Jane Weston (1581-1612). Her father was John Weston,
clerk, who died a few months after her birth. Her mother then
married Edward Kelley, an associate of the astrologer/alchemist
John Dee. Shortly after the marriage, Dee and Kelley travelled to
Prague to work for the eccentric Holy Roman Emperor Rudolf II,
who was mad for alchemy.[4] Dee eventually returned to England,
but Kelley, his wife, and his step-children, whom he treated as his
own, remained. Elizabeth must have received a good education,
for when her step-father Kelley died in 1597 under unfortunate
circumstances, leaving his family destitute, she began to compose
Latin letters and poems addressed to the emperor, to members of
his court, and to other prominent individuals throughout Europe
who might intervene in her behalf. She attained some security
upon her marriage to Johannes Leo of Eisenach, a lawyer, in
1603. She had seven children (three daughters survived) before
her death in 1612.

---

1 In prose order: *Cum Musa Gallica, casto cubili* [*mihi*] *sociata, facta sit parens tot natorum;* his *nati* are his French poems.

2 'what a bride is to her husband'; domina, 'mistress'.

3 *illa – Musa Gallica; ista – Musa Latina.*

4 John Barclay wrote a satirical sketch of Rudolf II in *Euphormionis Lusinini Satyricon,* Bk. 2, chap. 27ff.

She published two major collections of verse: *Poemata* (1602) and *Parthenica* (1608?), the latter under the direction of Georg Martinius von Baldhoven).¹ In addition to the pleas mentioned above, she wrote elegies and epitaphs (several on the deaths of her brother and mother), epithalamia (marriage poems), like the sample presented here, dozens of short epigrams on various topics (e.g. prudence, pride, benevolence), birthday celebrations, and religious poems (she was a devout Catholic). Don't expect to find 21st century feminist consciousness in her work.

Her poems and extensive correspondence (all in Latin) have been collected with translations in *Elizabeth Jane Weston, Collected Writings*, ed. and trans. Donald Cheney and Brenda M. Hosington with the assistance of D. K. Money. (Toronto: Univ. of Toronto Press, 2000). This poem is in elegiac metre.

Virgini Nobili Margarethae Baldhoveniae, B. Martina Baldhoven &c. Senioris.

filiae suaviss. novae nuptae

Margari, quae monitu Fratris tibi carmina promam?²
 In thalamumque tuum vota precesque feram?
Non alia ac³ ipsi mihi quondam Sponsa rogarem
 A Phoebo et Musis, vota precesque dabo.
Auspiciis ineas⁴ igitur sacra foedera laetis: 5
 Et sponsum vere, quo redameris, ames.
Omnibus officiis illum lenire memento;

---

1 As far as we have been able to determine, Weston was the only published female Latin poet before the 20th century.

2 *Quae carmina promam? Quae vota precesque feram?* In the poem the bride's name is Margaris, not Margaretha. The brother is the Silesian nobleman Georg Martinius von Baldhoven, Weston's chief patron and a close friend, to whom many of Weston's poems are dedicated.

3 *Non alia ac . . . rogarem*, 'None other than what I would ask of . . .'

4 *ineas . . . ames* subjunctive because these are Weston's prayers: 'may you enter . . .' The other subjunctives in this poem are also wishes.

Si vitare velis jurgia crebra tori.[5]

Est mandare viri,[2] nostrum esse parere: maritus

 Est caput, ac ipsi mutua membra sumus.   10

Ut caput est Christus sancti (sancta Unio!) coetūs,

 Sic sponsum sponsae fas caput esse suae.

Tu sis gemma viro preciosa, quod omine nomen

 Ipsum Margaridos[3] prosperiore notat.

Sit pietas rectrix morum vitaeque; sine illa   15

 Vix formosa suo est sponsa futura viro.

Margaris[4] artificis digitis quae includitur auro,

 Gestanti semper gratior esse solet.

Sic ubi virgineos mores vitamque gubernant

 Et pudor et pietas, gratia major inest.   20

Est species fallax[5] ac ornamenta caduci

 Corporis; hei! subito, ceu levis umbra, cadunt.

Sola manet nobis virtutis fama superstes;

 Haec sponsos ornet dos pretiosa satis.

Sed quid opus monitis? Ignosce, Puella, puellae,   25

 Quae restant thalamo? Caetera dicet amor!

Vive-vale, sponsoque tuo sis gemma; vicissim

 Ille tibi firmam praestet amore fidem.

Sint procul a vobis rixae; concordia lectum

 Servet; et amborum sint rata vota, precor.   30

Jean Nicolas Arthur Rimbaud: *Jugurtha* (1869)

If any person has ever been born a poet, it was Arthur Rimbaud (1854-1891). In his short, adventurous life he wrote poems and letters that prefigured much of modern literature, including surrealism. Born in northern France, he fled home and school in

---

5 'of the marriage bed'.

2 *Est . . . viri*, 'it's the man's duty to . . .'

3 Margarita, 'pearl'.

4 'Pearl,' the subject: *margaris, quae includitur, gratior esse solet.* The gold surround makes the pearl more beautiful. *artificis*, gen. case.

5 *fallax* is a predicate: 'appearance/beauty is deceptive . . .

1870 and lived in Java, Cyrus, Yemen, and Ethiopia, in the latter place as a gun-runner. He died of cancer in Marseilles at age 37. His precocious talent as a poet is obvious in his school Latin compositions: he astonished his teachers at the Collège de Charleville by his virtuosity in Latin, and the periodical *Moniteur de l'Enseignement secondaire* published three of his compositions from 1869, including the poem presented here, *Jugurtha*, which was Rimbaud's response to a school assignment.

The poem has two inspirations: Sallust's *Jugurtha*, the story of the Roman conquest of Numidia, now Algeria and Tunisia. The Numidian leader was Jugurtha; Roman leaders included Gaius Marius and Cornelius Sulla, later to be political rivals in the city. The second inspiration was the career of Emir Abd el-Kader, who became famous for his leadership of the Algerian resistance to the French conquest of the country, which went on from 1830 until the Emir's surrender in 1847. (The French left Algeria in 1962.) After his surrender, the Emir and his family were imprisoned in France until his release in 1852 by President Louis-Napoleon Bonaparte after international pressure. Emir Abd el-Kader later settled in Damascus.

In the poem Rimbaud imagines the ghost of Jugurtha prophesying at the infancy of the new Jugurtha. The old Jugurtha reviews his own career (ll. 8-60), then urges the new Jugurtha to continue the fight (ll. 61-70). Then, with a change of heart, he urges the new Jugurtha to yield to the French in order to see new joys for the Arabs.

The punctuation here is Rimbaud's original, which divides the Latin dactylic hexameter into short sentences full of interjections, quite unlike any Roman poem; Rimbaud's original poetic impulse is French in Latin guise. This poem and his other Latin compositions are available with French translation in *Arthur Rimbaud, Oeuvres complètes*, edd. Rolland de Renéville and Jules Mouquet (Paris: Éditions Gallimard, 1963). These poems are available on line, but in versions riddled with scanning errors.

I

Nascitur Arabiis ingens in collibus infans
 Et dixit levis aura: "Nepos est ille Jugurthae . . ."
Fugit pauca dies[1] ex quo surrexit in auras
Qui mox Arabiae genti patriaeque Jugurtha[2]
Ipse futurus erat, cum visa parentibus umbra   5
Attonitis, puerum super, ipsius umbra Jugurthae,
Et vitam narrare suam, fatumque referre:[3]
"O patria! ô nostro tellus defensa labore!"
Et paulum Zephyro vox interrupta silebat.
"Roma, prius multi sedes impura latronis,   10
Ruperat angustos muros, effusaque circum
Vicinas scelerata sibi constrinxerat[4] oras;
Fortibus hinc orbem fuerat complexa lacertis
Reddideratque suum! Multae depellere gentes
Nolebant fatale jugum: quaeque arma parassent   15
Nequidquam[5] patriâ pro libertate cruorem
Fundere certabant; ingentior objice Roma
Frangebat populos, cum non acceperat urbes! . . ."
 Nascitur Arabiis ingens in collibus infans
 Et dixit levis aura: "Nepos est ille Jugurthae . . ."   20
"Ipse diu hanc plebem generosâ[6] volvere mentes
Credideram; sed cum propius discernere gentem
Jam juveni licuit, magnum sub pectore vulnus

---

1 'a few days have passed since . . .'; note singular for plural – same
rhetorical figure in *multi latronis* (l. 10).
2 *Jugurtha* (nom.) is a predicate; 'he (*ipse*) was going to be Jugurtha...'
3 The shade of Jugurtha appears over the infant and narrates what
follows as a prophecy.
4 'had bound the neighbouring lands (*oras*) to herself'; *oris*, 'lands'
also in l. 70.
5 *frustra*; 'to no avail'; *objice*, variant spelling for *obice* (*ōbex, ōbĭcis*,
'obstacle') 'more vast than any [other] obstacle'.
6 abl. sing.; 'this people nourished (*volvere*, Sallustian, cp. *Jug.* 6.2)
their minds with noble thoughts'; but when he grew older and
more discerning, he saw that they were wounded in their mighty
heart (*sub pectore ingenti*).

Ingenti patuit! . . . - Dirum per membra venenum,
Auri sacra fames, influxerat . . . omnis in armis   25
Visa erat . . . - Urbs meretrix toto regnabat in orbe!
Ille ego reginae statui contendere Romae;
Despexi populum, totus cui paruit orbis! . . ."
   Nascitur Arabiis ingens in collibus infans
     Et dixit levis aura: "Nepos est ille Jugurthae . . ."   30
"Nam cum consiliis sese immiscere Jugurthae
Roma aggressa fuit, sensim sensimque latente
Captatura[1] dolo patriam, impendentia vincla
Conscius adspexi, statuique resistere Romae,
Ima laborantis[2] cognoscens vulnera cordis!   35
O vulgus sublime! viri! plebecula sancta!
Illa,[3] ferox mundi late regina decusque,
Illa meis jacuit, jacuit terra ebria donis!
O quantum Numidae Romanam risimus urbem!
- Ille ferus cuncto volitabat in ore Jugurtha:[4]   40
Nullus erat Numidas qui contra surgere posset!"
   Nascitur Arabiis ingens in collibus infans
     Et dixit levis aura: "Nepos est ille Jugurthae . . ."
"Ille ego[5] Romanos aditūs Urbemque vocatus
Sustinui penetrare, Nomas! - frontique superbae   45
Injeci colaphum, venaliaque agmina tempsi! . . .[6]
- Oblita hic tandem populus surrexit ad arma:
Haud ego projeci[7] gladios; mihi nulla triumphi

---

1 fut. participle of purpose, 'in order to seize . . .'
2 'suffering,' 'anxious'.
3 *Illa . . . regina . . . terra*, Rome. Sallust stresses the venality of the Romans.
4 i.e. Jugurtha is all the Romans are talking of; they say no one can stand against the Numidians (*contra Numidas*).
5 *Ille ego* with *Nomas*, 'I, a Numidian! . . .'
6 *contempsi* (*contemno, -ere*).
7 'lay aside'; he had no hope of winning, but he could at least fight, using the Numidian landscape (*fluvios, saxa, arenis, posita in culmine castra, campos*).

Spes erat. At saltem potui contendere Romae!
Objeci fluvios, objeci saxa catervis   50
Romulidum; Libycis nunc colluctantur arenis,
Nunc posita expugnant sublimi in culmine castra;
Saepe meos fuso tinxerunt sanguine campos . . .
- Atque hostem[1] insueti tandem stupuere tenacem!"
    Nascitur Arabiis ingens in collibus infans   55
    Et dixit levis aura: "Nepos est ille Jugurthae . . ."
"Forsan et hostiles vicissem denique turmas . . .
Perfidia at Bocchi . . .[2] - Quid vera plura revolvam?
Contentus patriam et regni fastigia liqui,
Contentus colapho Romam signasse[3] rebelli!   60
- At[4] novus Arabii victor nunc imperatoris,
Gallia!... Tu, fili, si quā fata aspera rumpas,[5]
Ultor eris patriae... Gentes, capite arma, subactae! . . .
Prisca reviviscat domito sub pectore virtus! . . .
O gladios torquete iterum, memoresque Jugurthae   65
Pellite victores, patriā libate[6] cruorem! . . .
O utinam Arabii surgant in bella leones,
Hostiles lacerent ultrici dente catervas!
- Et tu! cresce, puer! Faveat fortuna labori.
Nec dein Arabiis insultet Gallicus oris! . . ."   70
- Atque puer ridens gladio ludebat adunco! . . .

II

Napoleo! proh Napoleo! novus ille Jugurtha[7]
Vincitur; indigno devinctus carcere languet...

---

1 The Numidians.
2 Bocchus, King of Mauretania and father-in-law of Jugurtha,
  helped the Roman general Sulla capture Jugurtha.
3 'left a mark on'.
4 Here the spirit (*umbra*) begins to prophecy about current affairs.
5 'If in some way (*quā*) you burst the bonds of harsh fate'.
6 'spill'.
7 Here the poet addresses the modern Jugurtha's condition, urging
  accommodation. Napoleon is Louis-Napoléon Bonaparte, who
  was president of France 1848-52 and emperor1852-70.

Ecce Jugurtha viro[1] rursus consurgit in umbris
Et tales placido demurmurat ore loquelas: 75
"Cede novo, tu, nate, Deo! Jam linque querelas.
Nunc aetas melior surgit! . . . - Tua vincula solvet
Gallia, et Arabiam, Gallo dominante, videbis
Laetitiam;[2] accipies generosae foedera gentis . . .
- Ilicet immensā magnus[3] tellure, sacerdos   80
Justitiae fideique! . . . - Patrem tu corde Jugurtham
Dilige, et illius semper reminiscere sortem.

III

Ille tibi Arabii genius nam littoris extat! . . .[4]

(2 juillet 1869)
Rimbaud Jean-Nicolas-Arthur,
Externe au collège de Charleville.
Professeur: M. Duprez

---

1 The old Jugurtha's spirit appears to the new Jugurtha (*viro*, dat.).
2 *Arabiam . . . Laetitiam*, 'joy in Arabia,' i.e in Algeria. *Arabiam* is an
  adjective.
3 *Ilicet. . .magnus*, 'immediately great', referring to the new Jugurtha.
4 Either the spirit's final words or the poet's. *Arabii genius . . . littoris*,
  'the Guardian Spirit of the Arabian strand'.

GEORGE RUGGLE: *IGNORAMUS* (1615)

When we consider the popularity of drama in the 16th and 17th centuries – Shakespeare and Marlowe in England, Corneille, Molière and Racine in France, Lope de Vega and Calderón in Spain, not to mention miracle plays, pantomimes, and farces – we cannot be surprised that schools and universities indulged in dramatic performances as well, but their dramas were in Latin. In the schools, drama was a useful tool for the pupils to practice their spoken Latin and to enlarge their *copia verborum*, which accounts for the large vocabularies of these school plays, more than would be necessary from a dramatic point of view. In addition, these plays typically have very large casts, so that all of the pupils could display their achievements in Latin to the audience of fee-paying parents. Many of the programs (*periochae*) from these school dramatic presentations survive, and they often list all the student names with the parts they played. Plays were written by the schoolmaster himself and adjusted to the needs of his students – thousands of such plays are preserved in manuscript – but occasionally the students themselves wrote the plays. Latin seminars, *Colloquia Latina*, in the 21st century maintain this custom of creating original plays for production by the class; a few of these have even reached YouTube.[1]

In the universities Latin plays served the same purposes, but were also used as advertisements directed at possible patrons for the institution. In 1566 Queen Elizabeth was entertained at Oxford with a Latin comedy, *Marcus Geminus*, and a Latin

---

1 Plays in Latin continued to be written, even if not performed, in the Middle Ages; Hrostvitha's Terentian comedies are well-known examples. The first revivals of Latin drama during the Renaissance included a Senecan tragedy by Albertinus Mussatus called *Ecerinis*, the story of a monster of "unmitigated cruelty," as a recent study has called him, and a comedy by Petrarch which unhappily has not survived. Other tragedies in the Senecan manner (i.e. full of blood, gore, and horror) were composed in Italy during the 15th and 16th centuries, but were probably never actually performed on a stage.

tragedy, *Procne*. In 1592 she saw William Gager's Latin comedy *Rivales* at Oxford again. Cambridge was not left out: the queen saw the tragedy of *Dido* in 1564 in King's College chapel, an appropriately large space. Universities on the continent made similar presentations to influential patrons.

The most popular – meaning the most acted and the most reprinted – of these university plays was the comedy presented here, *Ignoramus*, by George Ruggle (1575-1622).[1] The play was acted at Cambridge in March 1615 for King James I. Its popularity is evident from its several reprintings, its translations into English, and its many performances, the most recent in August 2000, in an abbreviated version – since the original production took 5 hours. Despite its length, the play pleased the king so much that he wanted to see it again, and in May 1615 he returned to Cambridge for a second performance. Ruggle had adapted an Italian play, the comedy *La Trappolaria* by Giambattista Della Porta (1535-1615), which was itself based on Plautus' *Pseudolus*. The plot of *Ignoramus* is as follows: In Bordeaux the young man Antonius falls in love with Rosabella. However, Rosabella's guardian, the pimp Torcol, arranges to give her in marriage to the ignorant lawyer Ignoramus. Antonius enlists the help of his servant Trico to outwit Torcol, Ignoramus, and his own father Theodorus, who has ordered Antonius to go to London and bring his mother Dorothea, twin brother Antoninus, and stepsister Catharina to back Bordeaux. Various other characters add complications to the plot. To get rid of Ignoramus, Trico and his allies convince everyone that Ignoramus is mad and in need of an exorcism, which occurs in a monastery. At the beginning of Act 5, where our selection begins, the mother, Dorothea, has arrived in Bordeaux with her children and several attendants. They eventually recognize that Rosabella is really Theodorus' long lost adopted daughter, who had been promised long ago to Antonius in marriage. The good servant Trico is rewarded, Ignoramus gets

---

1 George Ruggle spent most of his adult life at Cambridge as a student, later fellow of Clare College.

money in return for abandoning his claim to Rosabella/Isabella, and everyone else lives happily.

(As an aside: anyone interested in Roman comedy or its Neo-Latin adaptations should carefully watch the 1966 film: *A Funny Thing Happened on the Way to the Forum*, an adaptation of Stephen Sondheim's stage musical of the same name. The film and the musical combine several Roman comedies (*Pseudolus, Miles Gloriosus, Mostellaria*) to give us a contemporary, and perhaps more accessible, introduction to the typical plots of ancient comedy. To use *A Funny Thing* as a reference point: in *Ignoramus*, Antonius is Hero, the young man in love; Rosabella is Philia, the eventually-recognized heiress; Trico is Pseudolus, the wily servant; Ignoramus plays the role of Captain Miles Gloriosus, who loses the girl; Theodorus is Senex, the father; the amber medallion which cinches the recognition is the ring with the gaggle of geese; and so on. *Ignoramus* does have a larger cast, but the plots are similar.)

Since *Ignoramus* is a Latin play, presented to a bilingual (at least) audience, much of the comedy concerns the use of language. In the first selection below, two minor characters have just arrived in Bordeaux and do not speak the language of the town – which is apparently Classical Latin. They make jokes on the meaning of some Latin words. A close contemporary parallel can be found in Shakespeare's *Henry V*, Act 3, Scene 4, in which a French woman trying to learn English makes several of the same jokes. The title character, Ignoramus, is a crazed London lawyer who speaks a barbarous jargon of law Latin, Norman French, and some English. He is portrayed as so ignorant that he cannot speak correctly in any language. Two points: first, attacks on lawyers (and doctors) are a staple of Neo-Latin literature; second, the humanist revival of Classical Latin led to a denigration of the earlier styles of Latin, many of which were essentially collections of technical terms used by a fraternity of insiders. These included law terms, philosophical and scholastic philosophy, and medical terminology, none of which were transparent to outsiders. When

181

speaking Latin, Ignoramus uses words such as *notorius malefactor, returnabo, bootatus et spurratus*, ("booted and spurred") and so on. He uses many English words with Latin endings stuck on. These will be obvious as you read the passage.

The best printed edition of Ignoramus is J. S. Hawkins, *Ignoramus Comoedia* (London: T. Payne and Sons, 1788), available on-line. This edition includes copious notes on the text and a glossary of the Latin legal terms used by Ignoramus. The most accessible modern edition is by Dana Sutton at the Philological Museum:

http://www.philological.bham.ac.uk/ruggle/ Sutton's edition includes an English translation.

ACTUS V, SCAENA I

Dorothea, Vince, Nell, Richardus

Argumentum: Dorothea, uxor Theodori, Antoniique mater, Londino jam Burdigalam[1] venit, puerumque Antoninum cum Catharina sua relinquit ad portum fessos de itinere; itque in aedes mariti Theodori secumque affert puerum et puellam Anglicam.

DOR. Salve patria, natalis urbs Burdigala salveto. Nunc, Dorothea, demum annos post Londini exactos quindecim Theodorum virum Antoniumque filium coram licebit visere.[2] Hos postquam bello fuisse captos inaudiveram Nullum exinde mihi laetum affulsit tempus; caeterum haec dies una omnes mihi eximet aegritudines. At me moror nimis: Quadriga[3] enim ad portum mittenda est mihi, nurum huc quae advehat Catharinam; cumque ea Antoninus manet etiam in diversorio portui propinquo.

---

1 Bordeaux.
2 She has not seen them in the 15 years since they were captured by pirates.
3 'a carriage'; *nurus, nurūs (f.)*, daughter-in-law.

Namque e mari lassa est adeo ut vix aut ne vix possit re pedibus. Iam illos accersi fecero huc.

VIN.[1] *Good Madame, speak our language. Here's Nell and I, and a great many more, understand not a word what you say. What shall we do in this country?*

DOR. *Why, Vince, understand you nothing yet?*

VIN. *Scarce a word, yet I was in France once before.*

DOR. *Nor you neither, Nell?*

NELL *No truly. I would I were at home at London. They speak finely there forsooth.*

DOR. *Yes, you understand a few words, I taught you something. What is* caput?

NELL *A head forsooth.*

DOR. *Well said, Nell. What is* manus?

NELL *A hand forsooth.*

DOR. *What is* brachium, *Nell? Nell, say.*

VIN. *Nell, 'tis a horse tool.*[2]

NELL *What is it?*

VIN. *A horse tool, say.*

NELL. *Shall I forsooth?*

DOR. *Say then what is* brachium?

NELL *A horse tool forsooth.*

DOR. *Fie on thee.*

---

1 Vince and Nell serve as comic relief.
2 A joke. Either *brachium* is taken as 'break,' as in 'to break a horse to the harness' or the English should be read 'whore's tool,' since the whores grab the arms of passers-by. Typical Elizabethan or Jacobean punning, as in *Henry V*, act 3, scene 4, an English lesson that also uses 'hand' and 'arm,' as well as other body parts.

VIN. *Ha, he.*

NELL *Indeed forsooth, Vince told me so.*

DOR. *Vince is an unhappy boy. Well, ye shall both learn.*

VIN. *Aye, but it will be such a while first.*

DOR. *Why, boy?*

VIN. *They say that women teach this language best, and it will be this six years, ere I shall get me a mistress.*

DOR. *I will be thy mistress myself.*

VIN. *Aye, but old women never pronounce well. But I pray you, madame, let me alone with my tongue. I love my natural speech, I am a gentleman.*

DOR. *This is a fine tongue for a gentleman.*

VIN. *I know a tongue worth two of it.*

DOR. *What's that?*

VIN. *Marry, a neat's[1] tongue with venison sauce.*

DOR. *Thou art a very wag, Vince. Well I'll go find out thy master Theodorus' house; they say it is near the palace and that is here.*

I'll knock and see. Ticke, tocke.[2] Num hae Theodori aedes?

RICH. Immo, sunt.

DOR. Intusne?

RICH. Maxime. Quid vis?

DOR. Eum cupio alloqui.

RICH. Introeas si placet.

DOR. *Little ones.*[3]

---

1 'a cow's'.
2 The sound of knocking.
3 Addressing Vince and Nell.

NELL *Forsooth.*

DOR. *This is your master Theodorus' house; come with me.*

NELL *Aye, forsooth.*

In scene 2 the jokes (in English) continue between Vince and Nell. They flee after spotting Ignoramus, who is acting like a madman. In scene 3 Ignoramus tells his servants Dulman and Pecus how he was treated in the monastery and how he escaped.

Argumentum: Ignoramus servis suis Dulman et Pecus narrat, quo pacto tractarunt illum in monasterio, et quomodo evasit de monachorum manibus.

ACTUS V, SCAENA 3
Ignoramus, Pecus, Dulman

IGN. Diabolus volet viam cum omnibus his fratribus et fraterculis[1] etiam. Si haberem focum,[2] puto focarem hoc monasterium in mente qua nunc sum. Sed est felonia, puto non focarem. At ite mecum, vos magni nebulones, ab hoc monasterio ad Westmonasterium,[3] si audetis pro ambis auribus. Si capio vos ibi-

DUL. Quid iam? Num est in uno fumo adhuc? Magister, ego liberavi Pecus, vide.

PEC. Spero trounsabis[4] Torcol pro hoc.

IGN. Trounsabis? Ego fui trounsatus hodie, ut puto nunquam homo fuit in mundo trounsatus. Pro hoc solo nunquam endurabo faciem fratris neque clerici dum vivo.

---

1 i.e. the monks in the monastery where he has been imprisoned as a madman.
2 'a fire'; 'If I had a fire, I think the monastery would be on fire, but it isn't a felony fire.'
3 Westminster, the site of law-courts. He's addressing the monks, not his servants.
4 Anglo-Latin 'trounce'; also *endurabo*, 'endure'.

DUL. Ubi erant dagariae[1] tum se defendendo?

IGN. Dagarias meas ceperunt et asportarunt contra pacem regis, coronam et dignitatem eius; reliquerunt tres scaberdas et spoliarunt meam ruffam, et obligationem[2] hic.

DUL. Profecto est cancellata.[3]

IGN. Volebant etiam facere mille res: voluit unus me plorare, et in despectu mei nasi faciebat me plorare; et alius mummabat[4] nescio quid, et ego repetebam mummans nescio quid; et quicquid dicebam erat diabolus cum illis.

DUL. Quomodo dicis per illud nunc? In bona veritate hic erat terribilissimus dies.

IGN. Dies? Festum Omnium Sanctorum praeteriit,[5] puto hodie esse Festum Omnium Diabolorum.

DUL. Tu convenies cum illis uno die.

IGN. Habebo illos in praemunire.[6]

DUL. Fac, et mendica hanc friaram a rege.[7]

IGN. Nisi quidam Angli, inter quos feci aggreamentum, venissent in monasterium tunc per casum, qui me

---

1 'daggers'; *se defendendo* is a legal phrase. In the next line *ceperunt . . . eius* is a legal phrase used in indictments for theft.

2 He's holding a restraining order.

3 More Anglo-Latin, 'cancelled'.

4 English 'to mum,' 'to act as a mime,' 'to act something out' (a 16th-17th century use). They were making fun of Ignoramus.

5 Nov. 1, but the date is irrelevant; Ignoramus is making a contrast with the Feast of All Devils.

6 The name of a certain type of writ, a court order.

7 'Beg the king for the monastery'; Henry VIII distributed monastic lands to his followers.

noverint universi et certificabant quod non eram indiabolatus, per meam fidem puto murdurassent me.

DUL. Quomodo dicis per illud nunc?

IGN. Ita super eorum verba sinebant me ire ad largum.[1]

PEC. Hic est casus meus, haec est villa villanissima.

IGN. Burdeaux, Burdeaux, in diaboli nomine, ego abibo cras, et si gigno Burdeaux semel super dorsum meum, si iterum returno ad Burdeaux, dabo illis veniam geldare me. Ibo nunc ad Torcol nebulonem, et nisi ille mihi det coronas[2] meas et bonam satisfactionem, capiam illum in manum.

PEC. Habes illum super clunem[3] nunc pro falso imprisonamento.

IGN. Eamus tres fortes, nous sommes trois.

DUL. Ne time, magister, ibimus cum una vindicta; eamus, nam video unum. [Exeunt.]

In scenes 4-6 all secrets start unfolding. In the following scene 7, all the major facts come to light.

ACTUS V, SCAENA 7

Anotnius, Theodorus, Banacar, Rosabella

Argumentum: Antonius venit. Interfectam a patre Rosabellam credens, sese parat interficere. Reviviscit,[4] illam in uxorem petit; pater de genere quaerit. Respondet

---

1 'according to their [the Englishmen] testimony, they allowed me to go at large'; Ignoramus always speaks Anglo-Latin law.
2 'Crowns,' a large silver coin. He is owed 600 crowns.
3 'You'll have them on the hip,' a wrestling metaphor, 'in your grasp.'
4 She, Rosabella, revives.

illa, se esse filiam Alphonsi, Portugalli nobili, qui Fessae[1] moriens illam reliquit patruo suo Rodrigo Torcol, qui vi venti in has actus oras, naufragium faciens, hoc habitabat postea. Interrogatus Banacar dicit non esse Alphonsi filiam (quamvis pro sua semper habuerit[2]) sed mercatoris cujusdam Londinensi, Detfordiae raptam per Urtado,[3] filiam Manlii et Dorothea; nutricem habuisse Ursulam; nomen esse Isabellam. Ex quibus signis, una cum imagine succino[4] artificio sculpto, cognoscit Theodorus hanc esse eam Manlii filiam, quae tot abhinc annis filio suo Antonio despondebatur. Ergo jam nuptias Antonii et Isabellae, quae Rosabella fuit supposititia, non aversatur.

ANT. Occidi![5] Sero nimis veni. Iam interempta est, iam iacet mortua. O meam nunc tibi ut possim impertire animam! O te, o me infaelicem, cuius tu hac causa[6] sustinuisti insons! Quid non isthoc in me potius expetit? Nihil tu commerita, nihil poteras.

THE. Quidnam vult ille sibi?

ANT. Abistin' ergo, mea vita, abistin'? At te sequar ego.[7]

THE. Nae male eum metuo; quid facturus, fili?

ANT. Filiusne ego? Aut tu pater, qui tam infandum facinus patrasti hoc? At quem non sivisti vivere, non prohibebis mori.

---

1 Fez, in Morocco.
2 'Although he had always treated her as such', i.e. as the daughter of Alphonso.
3 A Moorish bandit who kidnapped Isabella.
4 'amber'.
5 He enters and sees Rosabella in a swoon.
6 'for whose [= my] sake'; the next sentence is 'Why did this (*isthoc*) not befall me instead?'
7 Draws his sword.

THE. Satin' sanus?

ANT. Sanus? Sanus non sum, nec sanus esse cupio. Nam qui possum, quem tu insanum insania redidisti tua?

THE. Certe tu insanus es.

ANT. Sum hercle, nam insanus essem nisi iam insanirem. Non vis[1] autem ut insaniam, non ut nunc insaniam? Rosabella, mea salus, periit, quae omnes dum vixit anteit foeminas. Certe avertisti oculos cum fecisti hoc, nam si illius spectasses pulchritudinem et suavem innocentiam, nunquam fecisses scio. Quin unum hoc oro postremum, pater, ut quos noluisti vivos frui invicem, saltem sinas una sepeliri mortuos.

THE. Priusquam moriare, fili, discas quid sit vivere.

ANT. Qui possum cum tu vitam eripuisti mihi?

THE. Accede huc quaeso.

ANT. Ne me appropinques, ne iuvenilis id faciat quod fecit senilis furor.[2]

THE. Quid conare? Num certum est mori tibi?

ANT. Tam certum quam haec mortua est.

THE. Vive modo, quidvis concedam tibi.

ANT. Iam concedes, cum mihi nil concedi potest.

THE. Certe nos eam non attigimus. Tentemus illi revocare animam.

ANT. Animam nunc revocare? Num tu insanus? Redire non potest illa; igitur ad te venio, Rosabella, venio.

---

1 The verb *volo*: 'Don't you wish me to be mad, mad as I now am?'
2 i.e. that I attack you, as you did Rosabella.

THE. O fili mi, parce modo tibi; respice canos hos capillos, vel me interfice potius. Mea iam aetas exacta est, tu in aetatis flore.

ROS. Ubi sum?[1]

THE. Audi, audi, reviviscit. Gaudeo.

ROS. Ubi es, Antoni, Antoni?

ANT. O mea vita, num respiras? Servasti vitam meam.

THE. Censen' voluisse me illam, fili, interemere?

ROS. Funestum ego somniavi somnium: putabam me esse mortuam; erat enim qui me volebat interficere.

ANT. Ne time.

THE. Ne time, non fiet, non fiet.

ANT. O me beatum nunc, nam quod tu vivis iam nunc me scio vivere.

THE. Nae, vivam rediisse gaudeo.

ROS. Vivo opinor; sed tuo[2] beneficio.

ANT. Nunc obtestor, mi pater, permitte quod fata volunt, hanc tua voluntate mihi uxorem fore.

THE. Quietus sis modo, forsan tua erit.

ANT. Forsan, pater? Aliter fieri non potest.

THE.[3] Furor filii vicit furorem patris, violenter ambo iracundi sumus. Nae, ille meus mihi natus est. Verum dic, fili, quid dotis cum illa datur.

---

1 She revives.
2 Speaking to Theodorus.
3 An aside.

ANT. Ampla scilicet, nobilitas et illa forma.

THE. At, fili, "nobilitate et forma in foro nihil emitur." Equidem formosam satis esse video, sed qui scis esse nobilem? Peregrina videtur, certe ignota mihi.

ANT. Vel me tacente mores loquuntur satis. Sed hoc tibi melius narrabit ipsa, eam si permittas loqui.

THE. Nihil ausim contradicere: narra tu, sed ficte nihil.

ROS. Nisi vera loquar, arguat me Banacar, qui patris olim servus erat mei.

THE. Num tu[1] patris illius servus? Dixti opinor antea.

BAN. Admodum, Fessae, antequam ad te accessi huc; nam patre eius mortuo in Portugalliam postea profectus sum, quo aliquam mihi conditionem[2] quaererem; quam non reperiens in Galliam veni errans, tandem huc Burdigalam, famulum ubi fecisti tibi me et Christianum simul.

THE. Bene; age iam, et si quid illa falsi dixerit, tu redargue.[3]

ROS. Pater mihi dux belli erat, Alphonsus Portugallus nobilis.

THE. Banacar.

BAN. Ita est.

ROS. Ex Portugallia Fessam se militatum contulit, qui illic moriens mandavit me fratris Rodrigo Torcol fidei. Aderat enim ille tum forte Fessae mercaturam faciens.

---

1 Addressing Banacar.
2 Fortune, a position.
3 Banacar should listen and agree or disagree.

Mecum inde in Portugalliam rediens, vi venti in has actus oras, naufragium faciens hic habitavit postea.

THE. Num vera haec omnia, Banacar?

BAN. Vera opinor, quantum novit illa.

THE. An quid tu nosti quod non novit illa?

BAN. Credo equidem, atque si vacat, rem ipsam narrabo commode.

THE. Age, vacat.

BAN. Non erat illa igitur Alphonsi filia.

ROS. Modo dixti, Banacar, iam nec recte ais.

ANT. Mentiris etiam, tenebrio?[1]

THE. Tace, fili, paululum.

BAN. Vera dico et dicam si vultis amplius.

THE. Perge.

BAN. Prius Alphonsi servus quam eram, ego Portugallo serviebam cuidam mercatori qui tum agebat in nostra Mauritania; nomen ei Urtado. Navigavit is inde Londinum mercaturae causā, quicum et ego una. Sed cum merces illinc venirent[2] male, Anglos quos potuit infantes clam surripuit, eos ut rediens in Mauritaniam venderet. Ut navis igitur nostra in statione ad Thamesin prope Detfordiam erat, forte illius nutrix ulnis gestans eam venit per ripam ambulans. Casu tum etiam Urtado in scapha aderat ibi. Nutricem is itaque quoad potuit Anglice compellavit blande, atque ex uno in alium

---

1 'deceitful knave'.
2 *veneo, venire*, 'sales went badly,' so he turned to slave trading.

sermonem ut inciderent, levis illa et inepta nutrix navem nescio quid cupit animi causā[1] visere.

Invitavit is libens atque adeo ad navem vectans in Mauritaniam cum aliis transfert, ac magna pecunia distrahit. Hanc autem Fessae meque etiam tum una Alphonso quem dixi vendidit, qui, quod careret liberis, illam non nisi quadrimulam[2] pro filia sibi adoptavit sua; mihi vero iam servo eius ne cuiquam vulgarem hoc graviter interdixit. Celavi igitur, neque illam post mortem Alphonsi heri nisi iam primum video.

THE. Sed ubi illa illius quam dixti nutrix est?

BAN. In ipso itinere, ut navi vecta, mortua est.

THE. Scin' quod ei nomen?

BAN. Ursula.

THE. Ursula? Et Detfordia? Quanta spes est! Sed numquid narravit nutrix quaenam aut cuius esset haec?

BAN. Londinensis, filiam senatoris dixit, cuius nomen Manilius reor.

THE. Forte Manlius?

BAN. Ita est, huic item nomen dixit Isabella.

THE. O dii! Isabella etiam?

BAN. Nam "Rosabella" pater illius Alphonsus supposititius[3] postea ei indidit.

---

1 'for pleasure'.
2 '4-years-old'.
3 'supposed'.

THE. Detfordia – Ursula – Manlius – Isabella – signa quam conveniunt! Vix me contineo ab amplexibus. Sed ecquid meministin' amplius?

BAN. Nihil, nisi nutrici mortuae surripui quandam icunculam[1] succino caelatam optime, quam usque adhuc in crumena gestavi mecum propter artificium.

THE. Eam commonstra, Banacar.

BAN. Eccam tibi.

THE. Antoni mi, adesdum.[2] Scis ut olim Manlius Dorotheae maritus meae duas ex priore habuit uxore filias, Catharinam, quae iam Antonini uxor est, et Isabellam, quam tibi desponsavimus olim cum eratis parvuli. Nam balbutientes etiam illam te "virum," illam tu "uxorem" appellitastis[3] invicem. Nos in sponsalibus vero consimiles utriusque imagines vobis succino artificio sculptas dedimus, atque illa ipsa quae tum Isabellae data est. En pueri et puellae haec est effigies. Vide, haec tui imago, illa Isabellae. En dextras iunctas hic in coniugii fidem,[4] geminas illic constrictas faces vides, et cornices duas, symbolum nuptiarum. En literas etiam utrinque has inscriptas A et I, id est Antonius Isabellae.

ANT. Intus gemmam plane similem habeo, cum litteris I et A.

---

1 'a small image'; diminutive of icon.

2 *dum* as a suffix is common in Plautus and Terence: *adesdum*, *tacedum*, *tangedum*, and adds a 'for a second' or 'right now' sense. *adesdum*, 'come here for a second'.

3 A frequentative: 'you always used to call . . .'

4 On the medal are pictures of the two young people with their hands linked; also two torches tied together (a Roman symbol for marriage), and two crows, whose symbolism escapes me.

THE. Nempe Isabella Antonii; ipsamet eadem quae tunc tibi data. Itidem iam certo novi quae tibi desponsa olim, tua Isabella haec est.

ANT. O mirum! Stupens gaudeo.

THE. O mea chara Isabella nurus, nunc sine me te amplecti, indignum licet.[1]

ROS. "Fortuna blanditur iterum," nunc iterum captatum[2] venit.

THE. Non venit; "fortunam tuo nunc temperes arbitrio."[3]

ANT. Rosabella quae eras antea, Isabella nunc mea es. Bis te inveni, videor bis vitam vivere.

THE. Euge, amplexamini invicem, et ego utrosque vos. O fili, o filia, ignoscas tu mihi quaeso quod temere facturus modo.

ROS. Si quid fecisti male, non memini, pater, sed quod nunc boni facis nunquam dememinero.[4]

THE. Quam bene dixit! O Antoni, quam beatus es!

ANT. Fateor; at tu iam, pater, da veniam quaeso quod stulte feci apud te mentiens hodie; "amare enim et sapere nemini conceditur."

THE. Sapis tu, sapit illa; vobis ego, vos mihi ignoscite, solus ego insipiens. O Banacar, quanto tu me prudentior!

---

1 'although I'm unworthy'.
2 Supine: 'it comes to take us'.
3 i.e Fortune is not coming on its own; 'you are bending it to your will.'
4 'forget'.

Sed nisi ego tibi bona multa faciam nemo me natum putet.[1]

ANT. Etiam ego Banacar

ROS. At ego plurimum –

BAN. Tam bene vobis gaudeo meā evenisse operā!
ANT. Pater, Triconi etiam quaeso faxis veniam.

ROS. Faxis[2] obsecro, nam absque illo concubina fuissem Ignorami hodie.

THE. Meritus est iam ille, et vos ut hoc, et illud, et omnia quae vultis faciam.

In the following scenes 8-11, the good news is spread to the other characters and various loose ends are tied up. Ignoramus has his 600 crowns and ceases to claim Rosabella. The cast concludes with a toast to the king. Then Ignoramus has the last word.

EPILOGUS

Ignoramus[3]

St, st.,[4] pax, pax, servate pacem cum manibus. Vos ridetis et plauditis, sed quid iam postea fiet de vestro povero Ignoramo? Nam nisi habemus supersedeas de non molestando,[5] fratres mei Ignorami nos molestabunt sine moderata misericordia. En vester poverus Ignoramus est bootatus et spurratus (ut videtis) ire ad Londinum.

---

1 A mild oath: 'let no one think I've been born.'
2 A Plautine form: *obsecro ut facias.*
3 He enters with boots and spurs on, obviously ready to ride on to London.
4 'Hush, hush'.
5 A restraining order or safe-conduct given by the king to prevent anyone from interfering with Ignoramus.

Sed sine protectione regali non audet ire ultra Barkeway aut Ware ad plus,[1] ut eleganter quidem legalis poeta. Quare, Serenissime Domine,[2] supplico ut concedas per literas tuas patentes salvum conductum mihi et consortibus meis[3]. *Vous, monsieurs*, huic supplicationi si placet vestras manus apponite.

Finis

---

1 Towns on the way from Cambridge (the site of the play) to London, which he would not be able to pass without the king's safe-conduct. Ignoramus considers himself the 'legal poet' of this piece.
2 King James was in fact present at the performance.
3 'my retinue'.

Holbein study for the More family portrait.

SIR THOMAS MORE: *UTOPIA*

In 1516 Sir Thomas More wrote the most influential Neo-Latin book of all time, his *Utopia*. The book is a dialogue addressing the issues More faced as an under-sheriff of London and as ambassador of Henry VIII in the Low Countries: the best system of justice, service to kings, private property versus social justice – all these topics are discussed in Book I. In Book II More describes a polity, the island of Utopia, that provides an answer to the problems outlined in Book I. (Book II was in fact written first, during More's stay in Antwerp; the "practical applications" section in Book I was written after More returned to England and was offered a position at the king's court.) The inhabitants of Utopia hold all property in common and use no money. They rotate jobs, every household farming for two years, then moving to the city to practice urban crafts. They exchange houses every 10 years. All wear the same type of practical garment. In short, every law and custom aims to reduce individual pride and promote national unity. We might consider the island to be one big commune.

Utopia influenced later developments in Latin and vernacular fiction. First, More established the genre of the utopian novel, thousands of which have been and continue to be written. More himself has been seen as a bourgeois rebel against feudalism, preparing the way for modern capitalism; alternatively he is seen as a Catholic thinker, protesting the excesses of his own time. Second, More made debate about serious political and social issues a legitimate part of fiction. After *Utopia* novelists from John Barclay to Dostoevsky and Rand have felt free to include political debates in their novels – although many modern critics consider such passages to be misplaced additions to fictional works. Third, More popularized the method of attacking vice by satirically portraying virtue, if we assume that much of his picture of the Utopians is satire. This assumption has been challenged: many writers view *Utopia* as a straightforward vision of an ideal commonwealth, a vision which may not be achievable, but is still an ideal, the "Kingdom of God" on earth. It is more likely that More really intended his island to be the "opposite" of Europe, whose faults go to the other extreme. The idea that the *Utopia* is at least semi-satirical explains many odd details. The Utopians have abolished the death penalty for robbers, but have instituted it for slaves who accept money from free men. They hate war in general, but readily begin colonial wars for *Lebensraum*; see §27 below. They practice euthanasia and slavery. More's names reinforce his satire: *Utopia* of course means "No-Place" (οὐ-τόπος); the Utopian capital city is Amaurotum, "Dimtown" (see below); the main river of Utopia is the Anhydrus, "No-Water" (ἀν-ὕδωρ). Even the serious discussions of Book I contain odd names: the best system of justice is found among the Polylerites, "Much Ravers" (πολύ-ληρος, 'much-futility'). These satirical names, among other features of the novel, suggest that *Utopia* does not represent real solutions to Europe's problems, but a meditation on how things could be different.

Other Latin utopias were written. Joseph Hall's *Mundus Alter et Idem* (1605) is a comic dystopia, a genre that also flourished in the 20th century. Tommaso Campanella's *Civitas Solis* (1602; originally in Italian) is a serious scheme for an appalling totalitarian state. There were Christian utopias; the most developed is Samuel Gott's *Nova Solyma* (1648), set in a contemporary 17th century Jerusalem which has been re-founded as a Christian commonwealth by Jewish converts to Christianity.

The standard edition, with translation, introduction, and comprehensive notes, is part of the Yale edition of More's complete works: Thomas More, *The Complete Works of St. Thomas More. 4: Utopia* (New Haven: Yale Univ. Press 1965).

In 1516 the author is sent to Bruges in Flanders to settle some commercial disputes (taxes and tolls on English wool and cloth in the Netherlands). There he meets with the representatives of Prince Charles, then the Duke of Burgundy but soon (1519) to be Emperor Charles V of the Holy Roman Empire.

1. Occurrerunt nobis Brugis (sic enim convenerat) hi, quibus a principe[1] negotium demandabatur, egregii viri omnes. In his praefectus Brugensis vir magnificus princeps et caput erat, ceterum os et pectus Georgius Temsicius Cassiletanus Praepositus,[2] non arte solum, verum etiam natura facundus, ad haec iureconsultissimus, tractandi vero negotii cum ingenio, tum assiduo rerum usu eximius artifex. Ubi semel atque iterum congressi, quibusdam de rebus non satis consentiremus, illi in aliquot dies vale nobis dicto, Bruxellas profecti sunt, principis oraculum sciscitaturi.

2. Ego me interim (sic enim res ferebat) Antuerpiam confero. Ibi dum versor, saepe me inter alios, sed quo non alius gratior, invisit Petrus Aegidius[3] Antuerpiae natus, magna fide, et loco apud suos honesto, dignus honestissimo, quippe iuvenis haud scio doctiorne, an moratior; est enim optimus et litteratissimus, ad haec animo in omnes candido, in amicos vero tam propenso pectore, amore, fide, adfectu tam sincero, ut vix unum aut alterum usquam invenias, quem illi sentias omnibus amicitiae numeris esse conferendum. Rara illi modestia, nemini longius abest fucus,[4] nulli simplicitas inest prudentior, porro sermone tam lepidus, et tam innoxie facetus, ut patriae desiderium ac laris domestici, uxoris,

---

1 Prince Charles; *demando, -are,* 'entrust to'.

2 Georges de Themsecke, Provost of Cassel (died 1536) was an experienced diplomat. Erasmus calls him *vir iuxta doctus atque humanus.* Cassel is a town in France, near Dunkirk. *assiduo rerum usu,* 'experienced'.

3 Peter Giles, a friend of Erasmus. A court clerk in Antwerp, he edited many Latin texts. Here is is called *doctior,* 'more learned' and *moratior,* 'of higher moral character' (*mos, moris*).

4 'pretence,' 'insincerity'; *simplicitas* is coupled with *prudentia*; cp. *Estote ergo prudentes sicut serpentes et simplices sicut columbae* (Matt. 10:16).

et liberorum, quorum studio revisendorum nimis quam anxie tenebar – iam tum enim plus quattuor mensibus abfueram domo – magna ex parte mihi dulcissima consuetudine sua, et mellitissima confabulatione[1] levaverit.

3. Hunc cum die quadam in templo divae Mariae,[2] quod et opere pulcherrimum et populo celeberrimum est, rei divinae interfuissem, atque peracto sacro, pararem inde in hospitium redire, forte colloquentem video cum hospite quodam, vergentis ad senium aetatis, vultu adusto, promissa barba, penula neglectim ab humero dependente, qui mihi ex vultu atque habitu nauclerus[3] esse uidebatur.

4. Petrus ubi me conspexit, adit ac salutat. Respondere conantem seducit paululum, et "Vides," inquit, "hunc?" (simul designabat eum cum quo loquentem videram) "Eum," inquit, "iam hinc ad te recta parabam ducere." "Venisset," inquam, "pergratus mihi tua causa." "Immo," inquit ille, "si nosses hominem, suā. Nam nemo vivit hodie mortalium omnium, qui tantam[4] tibi hominum terrarumque incognitarum narrare possit historiam. Quarum rerum audiendarum scio avidissimum esse te." "Ergo," inquam, "non pessime coniectavi. nam primo aspectu protinus sensi hominem esse nauclerum." "Atqui," inquit, "aberrasti longissime; navigavit quidem

---

1 'conversation'; the author was homesick.
2 The cathedral of Notre Dame in Antwerp. *Hunc . . . colloquentem* is Peter Giles.
3 'ship's captain'; he was weather-worn (*vultu adusto*).
4 *tantam . . . historiam.*

non ut Palinurus,[5] sed ut Ulysses; immo velut nempe Plato.

5. "Raphael iste, sic enim vocatur gentilicio nomine Hythlodaeus,[1] et Latinae linguae non indoctus, et Graecae doctissimus (cuius ideo studiosior quam Romanae fuit, quoniam totum se addixerat philosophiae; qua in re nihil quod alicuius momenti sit, praeter Senecae quaedam, ac Ciceronis extare Latine cognovit[2]) relicto fratribus patrimonio, quod ei domi fuerat – est enim Lusitanus[3] – orbis terrarum contemplandi studio Amerigo Vespucio se adiunxit, atque in tribus posterioribus illarum quattuor navigationum quae passim iam leguntur,[4] perpetuus eius comes fuit, nisi quod in ultima cum eo non rediit. Curavit enim atque adeo extorsit ab Amerigo, ut ipse in his xxiiii esset qui ad fines postremae navigationis in castello[5] relinquebantur. Itaque relictus est, uti obtemperaretur animo eius, peregrinationis magis quam sepulchri curioso. Quippe cui haec assidue sunt in ore, 'caelo tegitur qui non habet urnam,'[6] et 'undique ad superos tantumdem esse viae.' Quae mens eius, nisi Deus ei propitius adfuisset, nimio fuerat illi constatura.[7]

---

5 Palinurus, Aeneas' helmsman, fell asleep, fell overboard, and was drowned, hence an example of inattention to surroundings (Ver. *Aen.* 5.857). Ulysses knew countries, men and affairs (*Odyssey* 1.1ff). Plato is said to have visited Egypt and Sicily.

1 A significant name: Gk. ὕθλος 'idle chatter' + δάϊος 'knowing,' 'cunning,' hence 'Expert in Nonsense'.

2 This emphasis on Greek for philosophy is characteristic of the Humanists; Erasmus' *Adagia* contain so much Greek in order to encourage study of the language.

3 'Portuguese'.

4 Vespucci's *Cosmographiae Introductio* was published in 1507.

5 A fort constructed by Vespucci somewhere on the eastern coast of South America.

6 Lucan *De Bello Civ.* 7.819; the next is from Cicero *Tusc.* 1.43.104.

7 'it would have cost him'.

6. Ceterum postquam digresso Vespucio multas regiones cum quinque castellanorum comitibus emensus est, mirabili tandem fortuna Taprobanen[1] delatus, inde pervenit in Caliquit, ubi repertis commode Lusitanorum nauibus, in patriam denique praeter spem[2] revehitur."

7. Haec ubi narravit Petrus, actis ei gratiis quod tam officiosus in me fuisset, ut[3] cuius viri colloquium mihi gratum speraret, eius uti sermone fruerer, tantam rationem habuisset, ad Raphaelem me converto, tum ubi nos mutuo salutassemus, atque illa communia[4] dixissemus, quae dici in primo hospitum congressu solent, inde domum meam digredimur, ibique in horto considentes in scamno cespitibus herbeis[5] constrato, confabulamur.

8. Narravit ergo nobis, quo pacto posteaquam Vespucius abierat, ipse sociique eius, qui in castello remanserant, conveniendo atque blandiendo coeperint se paulatim eius terrae gentibus[6] insinuare, iamque non innoxie modo apud eas, sed etiam familiariter versari, tum principi cuidam (cuius et patria mihi, et nomen excidit) grati carique esse. Eius liberalitate narrabat commeatum[7] atque viaticum ipsi et quinque eius comitibus affatim fuisse suppeditatum, cum itineris –

---

1 Ceylon or Sri Lanka; the Portuguese landed there in 1505. Calicut, in Kerala State, was a major trading port. Vasco da Gama reached it in 1498.

2 'beyond all expectation'; he had been thought lost.

3 *ut . . . rationem habuisset*, 'he had taken such care that I should enjoy the conversation of that man (*eius*) whose talk (he expected) would be most pleasing to me'; *cuius viri . . . eius* are correlative.

4 'the usual' *quae dici solent.*

5 'on a bench covered with turfs of grass'.

6 i.e. the natives.

7 'freedom of passage and travel money'; also a guide (*cum . . . duce*).

quod per aquam ratibus, per terram curru peragebant –
fidelissimo duce, qui eos ad alios principes, quos
diligenter commendati petebant, adduceret. Nam post
multorum itinera dierum, oppida atque urbes aiebat
reperisse se, ac non pessime institutas magnā populorum
frequentiā respublicas.

Hythlodaeus continues with a brief description of his travels,
referring in passing to many useful customs which he has seen
and which contrast with European customs. The rest of *Utopia*,
Book I, is devoted to debates about public service. Hythlodaeus is
sure that advice given to rulers is wasted breath; he cannot be
convinced otherwise. Finally, in Book II, he begins to describe his
ideal, the Land of Utopia. It is situated close to the mainland on
an island about 200 miles wide and about the same in length. It
contains 54 city-states (*civitates*) identical in language and laws.
Their cities are about 24 miles apart, a day's journey. Their
capital, Amaurotum (Dimtown; Gk. ἀμαυρωτόν – dark, dim),
is in the centre of the island. Each city lives off the produce of its
own territory. The selection given here describes the Utopians'
occupations and their personal relationships.

De Artificiis

9. Ars una est omnibus viris, mulieribusque promiscua
agricultura, cuius nemo est expers.[1] Hac a pueritia
erudiuntur omnes, partim in schola traditis praeceptis,
partim in agros viciniores urbi, quasi per ludum educti,
non intuentes modo, sed per exercitandi corporis
occasionem tractantes etiam.

---

1 'exempted'; all are at least part-time farmers. Thinkers from
  Aristotle to Jefferson have considered farmers to be the backbone
  of a democratic society. In the next sentence, pupils go on field
  trips to farms.

10. Praeter agriculturam – quae est omnibus, ut dixi, communis – quilibet unam quampiam,[2] tamquam suam docetur, ea est fere aut lanificium, aut operandi lini studium, aut cementariorum, aut fabri, seu ferrarii, seu materiarii artificium. neque enim aliud est opificium ullum, quod numerum aliquem, dictu dignum occupet illic. Nam vestes, quarum (nisi quod habitu sexus discernitur et caelibatus a coniugio) una per totam insulam forma est, eademque per omne aevum perpetua, nec ad oculum indecora, et ad corporis motum habilis, tum ad frigoris aestusque rationem apposita. eas,[3] inquam, quaeque sibi familia conficit.

11. Sed ex aliis illis artibus unusquisque aliquam discit, nec viri modo, sed mulieres etiam. Ceterum hae velut imbecilliores, leuiora tractant. Lanam fere linumque operantur. Viris artes reliquae magis laboriosae mandantur. Maxima ex parte quisque in patriis artibus educatur, nam eo plerique naturā feruntur. Quod si quem animus alio trahat, in eius opificii, cuius capitur studio, familiam quampiam adoptione traducitur, cura non a patre modo eius, sed magistratibus etiam praestita, ut graui atque honesto patrifamilias mancipetur.[3] Quin si quis unam perdoctus artem, aliam praeterea cupiuerit, eodem modo permittitur. Utramque nactus, utram velit exercet, nisi alterutra civitas magis egeat.[4]

---

2 Every Utopian has two jobs, farming and one of these: wool working (*lanificium*), linen working (*lini studium*), masonry (*cementariorum artificium*), ironwork (*ferrarii art.*), carpentry (*fabri/materiarii art.*).

3 *vestes;* they are beautiful (*non indecora*) and useful (*ad motum habilis*)!

3 The apprentices are assigned to an honourable household.

4 Generally speaking the ideal is 'one man, one job' (as in Plato *R.P.* 2.374ff), but exceptions are permitted.

12. Syphograntorum[1] praecipuum ac prope unicum negotium est curare ac prospicere ne quisquam desideat otiosus, sed uti suae quisque arti sedulo incumbat – nec ab summo mane tamen, ad multam usque noctem perpetuo labore, velut iumenta, fatigatus. Nam ea plusquam seruilis aerumna est, quae tamen ubique fere opificum vita est, exceptis Utopiensibus, qui cum in horas uiginti quattuor aequales diem connumeratā nocte[2] diuidant, sex dumtaxat operi deputant, tres ante meridiem, a quibus prandium ineunt, atque a prandio duas pomeridianas horas, cum interquieverint, tres deinde rursus labori datas, cenā claudunt. cum primam horam ab meridie numerent;[3] sub octavam cubitum eunt. Horas octo somnus uindicat.

13. Quicquid inter operis horas ac somni cibique medium esset, id suo cuiusque arbitrio permittitur, non quo per luxum aut segnitiem abutatur, sed quod ab opificio suo liberum, ex animi sententia in aliud quippiam studii bene collocet. Has intercapedines plerique impendunt litteris. Solemne[4] est enim publicas cotidie lectiones haberi antelucanis horis, quibus ut intersint, ii dumtaxat[5] adiguntur qui ad litteras nominatim selecti sunt. Ceterum ex omni ordine mares simul ac feminae multitudo maxima ad audiendas lectiones, alii alias, prout cuiusque fert natura confluit.

---

1 The 200 Syphogrants, high officials, form the Utopian senate.
2 'daytime plus (*connumerata*) nighttime'.
3 The Utopians use our system of time, starting at noon, not the Roman system starting at sunrise.
4 'It's usual' (from *soleo*). In Oxford, university lectures began at 6 am. But remember, they went to bed at 8 pm.
5 'Only (*dumtaxat*) those who are chosen to devote themselves to letters are compelled to attend.'

Hoc ipsum tempus tamen, si quis arti suae malit insumere (quod multis usu uenit[1] quorum animus in nullius contemplatione disciplinae consurgit), haud prohibetur – quin laudatur quoque ut utilis reipublicae.

14. Super cenam[2] tum unam horam ludendo producunt, aestate in hortis, hieme in aulis illis communibus, in quibus comedunt. Ibi aut musicen exercent, aut se sermone recreant. Aleam atque id genus ineptos ac perniciosos ludos ne cognoscunt quidem, ceterum duos habent in usu ludos, latrunculorum ludo[3] non dissimiles. Alterum numerorum pugnam, in qua numerus numerum praedatur. Alterum in quo collata acie cum virtutibus vitia confligunt. Quo in ludo perquam scite[4] ostenditur et vitiorum inter se dissidium, et adversus virtutes concordia. Item quae vitia, quibus se virtutibus opponant, quibus viribus aperte oppugnent, quibus machinamentis ab obliquo adoriantur, quo praesidio virtutes vitiorum vires infringant, quibus artibus eorum conatus eludant, quibus denique modis alterutra pars victoriae compos fiat.

15. Sed hoc loco, ne quid erretis, quiddam pressius[5] intuendum est. Etenim quod sex dumtaxat horas in opere sunt, fieri fortasse potest, ut inopiam aliquam putes necessariarum rerum sequi. Quod tam longe abest ut accidat, ut id temporis ad omnium rerum copiam quae quidem ad vitae vel necessitatem requirantur vel

---

1 'which happens to many whose minds . . .'; *usu venit*, 'happen,' 'befall'. Many are satisfied to practice their trade (*arti suae*) in their spare hours, rather than attend lectures.
2 'after supper'.
3 chess.
4 'very cleverly'.
5 'more closely, thoroughly'.

commoditatem non sufficiat modo sed supersit etiam, id quod vos quoque intelligetis si vobiscum reputetis apud alias gentes, quam magna populi pars iners degit.[1] primum mulieres fere omnes, totius summae dimidium, aut sicubi mulieres negotiosae sunt, ibi ut plurimum, earum vice, viri stertunt. Ad haec, sacerdotum ac religiosorum, quos vocant, quanta quamque otiosa turba; adiice divites omnes maxime praediorum dominos, quos vulgo 'generosos' appellant ac 'nobiles'; his adnumera ipsorum famulitium,[2] totam uidelicet illam cetratorum nebulonum colluviem; robustos denique ac valentes mendicos adiunge, morbum quempiam praetexentes inertiae,[3] multo certe pauciores esse quam putaras invenies eos, quorum labore constant haec omnia quibus mortales utuntur.

16. Expende nunc tecum ex his ipsis[4] quam pauci in necessariis opificiis versantur. Siquidem ubi omnia pecuniis metimur, multas artes necesse est exerceri inanes prorsus ac superfluas, luxus tantum ac libidinis ministras. Nam haec ipsa multitudo quae nunc operatur, si partiretur in tam paucas artes,[5] quam paucas commodus naturae usus postulat – in tanta rerum abundantia,

---

1 'live a lazy life'; *totius summae dimidium* defines women, who are half of the whole population. In some societies women are idle; in others, men.

2 'body of servants'; *caetratorum nebulonum*, 'good-for-nothing bodyguards'; *caetrati* are men with Spanish shields (*caetra*), hence armed retainers.

3 'for their idleness'.

4 i.e. the workers.

5 The argument: in Europe, many work in useless luxury trades (e.g. jewellers); if they were put to work at the five useful trades, as nature demands (*commodus naturae usus*), they would produce so much that only a few hours work per day would suffice to supply all.

quantam nunc esse necesse sit, pretia nimirum uiliora forent quam ut artifices inde vitam tueri suam possent. At si isti omnes quos nunc inertes artes distringunt, ac tota insuper otio ac desidiā languescens turba, quorum unus quiuis[1] earum rerum, quae aliorum laboribus suppeditantur, quantum duo earundem operatores consumit, in opera universi atque eadem utilia collocarentur, facile animadvertis quantulum temporis ad suppeditanda omnia, quae vel necessitatis ratio vel commoditatis efflagitet – adde voluptatis etiam quae quidem vera sit ac naturalis[2] – abunde satis superque foret.

17. Atque id ipsum in Utopia res ipsa perspicuum facit. Nam illic in tota urbe cum adiacente vicinia vix homines quingenti ex omni virorum ac mulierum numero, quorum aetas ac robur operi sufficit, vacatio permittitur. In iis syphogranti – quamquam leges eos labore solverunt – ipsi tamen sese non eximunt; quo facilius exemplo suo reliquos ad labores invitent. Eadem immunitate gaudent hi quos commendatione sacerdotum persuasus populus, occultis syphograntorum suffragiis, ad perdiscendas disciplinas perpetuam vacationem indulget.[3] (Quorum si quis conceptam de se spem fefellerit, ad opifices retruditur; contraque non rarenter usu venit ut

1 *unus quivis . . . consumit*, 'of all the things that are supplied by others' work, any one of these [loafers] consumes as much as two of the creators of these things (*earundem*).' This a subordinate clause inside the main clause: *At si isti omnes . . . in opera . . . collocarentur*, 'But if all of these . . . were put to work . . . Hythlodaeus' syntax is often entangled.

2 Items of pleasure can be created, if they are for true and natural pleasure, not false and deceptive *fucus*.

3 Some are granted perpetual release (*vacationem*) from manual labour by recommendation of the priests and secret ballot of the Syphogrants, who represent the people's will.

mechanicus quispiam, subsicivas illas horas tam gnaviter impendat litteris, tantum diligentia proficiat, ut opificio suo exemptus, in litteratorum classem provehatur.) Ex hoc litteratorum ordine legati, sacerdotes, Tranibori[1] ac ipse denique deligitur princeps, quem illi prisca ipsorum lingua Barzanem, recentiore Ademum appellant.

18. Reliqua fere multitudo omnis, cum neque otiosa sit nec inutilibus opificiis occupata, procliuis aestimatio[2] est quam paucae horae quantum boni operis pariant.

Aedificia

19. Ad ea quae commemoravi, hoc praeterea facilitatis accedit quod in necessariis plerisque artibus, minore operā quam aliae gentes opus habent.[3] Nam primum aedificiorum aut structura aut refectio ideo tam multorum assiduam ubique[4] requirit operam, quod quae pater aedificavit haeres parum frugi paulatim dilabi sinit; ita quod minimo tueri potuit, successor eius de integro impendio magno cogitur instaurare. Quin frequenter etiam quae domus alii ingenti sumptu[5] stetit, hanc alius delicato animo contemnit, eaque neglecta atque ideo breui collapsa, aliam alibi impensis non minoribus extruit.

20. At apud Utopienses, compositis rebus omnibus et constituta republica, rarissime accidit uti nova collocandis aedibus[6] area deligatur, et non modo remedium celeriter

---

1 A high official, supervisor of the Syphogrants.
2 'an easy calculation'; *pariant*, 'produce'.
3 *minore opera . . . opus habent*, 'they have need of less effort than . . .'
4 i.e. in Europe.
5 'built with another's huge expense'; but the new owner doesn't like it. *eaque ... neglecta ... collapsa*, abl. absolute.

praesentibus vitiis[1] adhibetur, sed etiam imminentibus occurritur. Ita fit, ut minimo labore diutissime perdurent aedificia, et id genus opifices[2] vix habeant interdum quod agant – nisi quod materiam dolare domi et lapides interim quadrare atque aptare iubentur, quo (si quod opus incidat) maturius possit exsurgere.

Vestimenta

21. Iam in vestibus vide, quam paucis operis egeant: primum dum in opere sunt corio neglectim aut pellibus amiciuntur quae in septennium durent. Cum procedunt in publicum, superinduunt chlamydem vestem, quae rudiores illas vestes contegat; eius per totam insulam unus color est atque is nativus.[3] Itaque lanei panni[4] non modo multo minus quam usquam alibi sufficit, verum is ipse quoque multo minoris impendii est. At lini minor est labor[5] eoque usus crebrior, sed in lineo solus candor, in laneo sola mundities conspicitur; nullum tenuioris fili pretium est.

22. Itaque fit, ut cum alibi nusquam[6] uni homini quattuor aut quinque togae laneae diuersis coloribus, ac totidem sericiae tunicae sufficiant – delicatioribus paulo ne decem quidem – ibi una quisque contentus est, plerumque in biennium. Quippe nec causa est ulla cur

---

6 'for constructing houses'; dat. gerundive for fitness or purpose, a more common construction in Neo-Latin than in Classical.

1 'damages'.

2 i.e. *fabri; dolo, dolare*, 'to square with an axe or adze'.

3 'natural,' i.e. not dyed.

4 *lanei panni . . . multo minus*, 'much less woollen cloth . . .'

5 Linen is easier to work, hence more common; they value linen for its colour, wool for its cleanliness and see no value in fineness of thread, i.e. their cloth is coarse.

6 *nusquam . . . sufficiant*, 'is not at all sufficient . . .'

plures affectet,[1] quas consecutus neque aduersus frigus esset munitior neque uestitu uideretur vel pilo cultior.

23. Quamobrem cum et omnes utilibus sese artibus exerceant, et ipsarum etiam opera pauciora sufficiant, fit nimirum, ut (abundante rerum omnium copia) interdum in reficiendas – si quae detritae sunt – vias publicas immensam multitudinem educant. Persaepe etiam, cum nec talis cuiuspiam operis usus occurrat, pauciores horas operandi publice denuntient.[2] Neque enim supervacaneo labore ciues invitos exercent magistratus; quandoquidem eius reipublicae institutio hunc unum scopum in primis respicit:[3] ut quoad per publicas necessitates licet, quam plurimum temporis ab servitio corporis ad animi libertatem cultumque ciuibus universis asseratur. In eo enim sitam vitae felicitatem putant.

De Commerciis Mutuis[4]

24. Sed iam quo pacto sese mutuo ciues utantur, quae populi inter se commercia, quaeque sit distribuendarum rerum forma uidetur explicandum.

25. Cum igitur ex familiis constet civitas, familias ut plurimum cognationes[5] efficiunt. nam feminae – ubi maturuerint – collocatae maritis; in ipsorum domicilia concedunt. At masculi filii, ac deinceps nepotes, in familia permanent, et parentum antiquissimo parent – nisi prae

---

1 '. . . aspire to have more, by which (if he got them, *consecutus*) he would not be fortified against the cold nor would he seem a bit (*pilo*) more elegant because of his clothes.'

2 i.e. proclaim a shortening of the work day to less than 6 hours.

3 The purpose of Utopia is to encourage the intellectual and cultural attainments of its citizens.

4 'social relations'; not 'commercial'.

5 'kinship by blood'; the Utopians are patrilocal; women move to their husbands' households.

senecta mente parum valuerit. Tunc enim aetate proximus ei sufficitur.[1]

26. Verum ne civitas aut fieri infrequentior[2] aut ultra modum possit increscere, cavetur ne ulla familia (quarum milia sex quaeque civitas, excepto conventu,[3] complectitur) pauciores quam decem pluresve quam sexdecim puberes habeat. Impuberum enim nullus praefiniri numerus potest. Hic modus facile servatur, transcriptis iis in rariores familias[4] qui in plenioribus excrescunt. At si quando in totum plus iusto abundaverit, aliarum urbium suarum infrequentiam sarciunt.[5]

27. Quod si forte per totam insulam plus aequo moles[6] intumuerit, tum ex qualibet urbe descriptis ciuibus in continente proximo, ubicumque indigenis agri multum superest et cultu vacat, coloniam suis ipsorum legibus propagant, ascitis una terrae indigenis si convivere secum velint. Cum volentibus coniuncti in idem vitae institutum eosdemque mores facile coalescunt, idque utriusque populi bono. Efficiunt enim suis institutis, ut ea terra utrisque[7] abunda sit quae alteris ante parca ac maligna uidebatur. Renuentes ipsorum legibus vivere, propellunt his finibus quos sibi ipsi describunt. Adversus repugnantes bello confligunt. Nam eam iustissimam belli

---

1 'is put in his place'.
2 'depopulated', always a possibility in pre-modern societies. The opposite is *ultra modum.*
3 'apart from the surrounding countryside'; *puberes*, 'adults'.
4 'into families with too few members'; *rariores* and *pleniores* are the extremes.
5 Originally 'to mend clothes'; here 'repair'. See *resarciri* below.
6 i.e. *hominum.*
7 i.e. for the colonists and the natives; *alteris*, 'for one of them,' the natives. This colonization makes the natives better off.

causam ducunt, cum populus quispiam eius soli,[1] quo ipse non utitur, sed velut inane ac vacuum possidet, aliis tamen, qui ex naturae praescripto inde nutriri debeant, usum ac possessionem interdicat.

28. Si quando ullas ex suis urbibus aliquis casus [2] eousque imminuerit ut ex aliis insulae partibus servato suo cuiusque urbis modo resarciri non possint – quod bis dumtaxat ab omni aevo pestis grassante saevitiā fertur contigisse – remigrantibus e colonia civibus replentur. Perire enim colonias potius patiuntur, quam ullam ex insulanis urbibus imminui.

---

1 'soil,' 'land' dependent on *usum ac possessionem*; construe thus: [*Utopienses*] *iust. causam ducunt, cum populus* [the natives]. . . *aliis* . . . *usum et poss. interdicat.* This sentence outlines the justification for annexing *Lebensraum.*

2 'disaster'; *eousque* with *ut*, 'to such an extent that . . .'

Newgate Prison.

THUANUS: THE GUNPOWDER PLOT

from Jacques Auguste de Thou: *Historiae sui Temporis*

The Gunpowder Plot on the 5th of November, still celebrated in England as Guy Fawkes Night, was a crucial event early in the reign of King James I. Literature about this event is immense and only an outline will be given here.

After King Henry VIII took control over the English Church in the 1530s, religious tension divided the populace between Catholics, who clung to the old regime, and Protestants of various kinds who supported the Protestant monarchy. Under Queen Elizabeth, anyone appointed to a government post had to swear allegiance to the queen as head of the church. Refusal to do so resulted in fines, imprisonment, and worse. King James, a Scot who came to the throne in 1603, had a more moderate attitude towards the Catholics. In fact, many hoped that he would eventually convert, since his mother, Mary, Queen of Scots, executed by Elizabeth, had been devout. When he showed no signs of doing so, a few Catholics conspired to destroy the king, his counsellors, noblemen, and members of Parliament in a massive explosion set under the House of Lords, where the Parliament of November 1605 would be held.

Those mentioned in the passage printed here with some connection with the plot were Robert and Thomas Winter (or Wintour), Oswald Tesimond, Henry Garnet (the Jesuits Tesimond and Garnet were not active plotters, but knew about it), Robert Catesby (the leader), Francis Tresham, Christopher Wright, Guy Fawkes, Thomas Percy (related to the Earl of Northumberland), Robert Keyes, John Grant, Ambrose Rookwood. (The text gives the Latin form of these names.)

The plot almost succeeded; the conspirators planted 37 barrels of gunpowder (§14) under Parliament, and Guy Fawkes was caught with the matches in his pocket the night before Parliament was to meet. How the plot was discovered and what the results were can be read in the following narrative from Vol. 6 of *Historiae Sui Temporis* by Jacobus Augustus Thuanus / Jacques August de Thou.

Thuanus or de Thou (1553-1617) was born into a family with a long history of service to the French crown. He studied law and was destined for the Church, like his uncle, the Bishop of Chartres. However, after the death of his brother, who had been in *parlement*, he left the Church and entered *parlement* himself. He was also appointed *conseiller d'état* (Councillor of State) to Kings Henri III and Henri IV. He remained in government service until his death.

He was also an historian, his masterpiece being his immensely detailed History of his own Times, covering the period 1545 to 1607 in 138 books. (The standard edition comprises 7 volumes of 800+ pages each). He planned – and achieved – an unbiased and scientific work, and for that reason wrote it in Latin, partly to avoid becoming involved in current political and religious controversies. This did not work: he was attacked by the more fanatical Catholics as a heretic, because he had not sufficiently condemned the French Protestants; several volumes were put on the *Index* of prohibited books. The standard edition in 7 volumes is *Jac. Augusti Thuani Historiarum sui temporis*, published by S. Buckley, London 1733-37. Some of the volumes are available on line, including vol. 6, pp. 336-343 (selections), from which this passage is taken.

1. Nunc horrendam et ab omnibus aeque damnatam coniurationem contra Magnae Britanniae regem initam, quae sub exitum huius anni detecta, sequenti anno morte coniuratorum oppressa est, continua narratione exsequemur. Ad libellum supplicem[1] pro libertate

---

1 *Ad libellum . . . oblatum et a rege reiectum . . . fama erat alium . . . porrectum iri*, 'In addition to the petition (*libellum*) which had been presented and rejected, the rumour was that another one (*alium*) was going to be offered (*porrectum iri*) . . .'; *maiorum religioni addicti*, 'those devoted to their ancestral religion' is one of the terms for

218

conscientiarum a maiorum religioni addictis in proximis comitiis oblatum et a rege reiectum, fama erat, alium[1] his proximis, quae iam aliquoties dilata erant, porrectum iri, qui non repulsae, ut prior, periculum, sed concessionis vel ab invito[2] extorquendae necessitatem adiunctam haberet. Itaque qui regni negotia sub principe generoso ac minime suspicioso procurabant, nihil peius veriti, in eo laborabant ut petitiones et iis aductam necessitatem eluderent.[3] Verum non de gratia (de qua desperabatur)[4] denuo obtinenda, sed de repulsa illa-vel[5] cum regni exitio, quod minime rebantur illi-vindicanda inter coniuratos agebatur.

2. Principia ab Elisabethae ultimis temporibus repetuntur. Tunc enim, sicuti ex probationibus ac confessionibus postea constitit, Robertus Winterus, cui se Oswaldus Tesmundus (qui et Greenwellus)[6] e sodalitio Iesuitico, comitem addidit, ex consilio Henrici Garneti eiusdem sodalitii in Anglia praepositi, et Roberto Catesbio, et Francisco Treshamo e nobilitiate instigantibus, nomine Catholicorum in Hispanian ablegatus clam fuerat,[7] cum commendatitiis ad Arturum

---

Catholic; *comitia* are sessions of Parliament.

1 *libellum; his proximis* [*comitiis*].

2 *rege.*

3 They wanted to avoid taking a position on these petitions for religious freedom. They had Catholics on one side and Puritans on the other.

4 'which they had lost all hope of'.

5 'even with,' a common meaning of *vel:* 'even if it lead to the destruction of the kingdom'.

6 His alias was Greenwell, also mentioned in §6 below.

7 'had been secretly sent'; Creswell (1557-1623) was in charge of English Jesuit interests in Spain. The following lines contain a summary (*summa*) of what the English were requesting from King Philip III of Spain.

Creswellum ex eodem soldalitio in Hispania degentem literis et mandatis ad regem, quorum haec summa erat: ut exercitum in Angliam denuo summitteret, cui advenienti Catholici in armis praesto essent; interim pensiones annuas aliquibus Catholicis e nobilitate assignaret. Praeterea regi insinuaret, plures in Anglia esse nobiles ac militares viros praesentium rerum pertaesos,[1] qui facile (sublevatā eorum inopiā) ad partes suas pertrahi possent. In transmittendo exercitu, cum praecipua difficultas esset ab equis, curaturos Anglos ut ad omnes occasiones bis mille equos instructos habeant.

These were the secret clauses of the agreement with King Philip. The king was happy to agree and planned to land his forces either in Kent and Essex, if it was a large expedition, or in Milford in Wales, if a small. He also promised a subsidy of one million gold pieces. Winter then returned to England to report to his co-conspirators. All this while Elizabeth was alive.

3. Quae cum sub id decessisset, Christophorus Wrightus rei conscius propere in Hispaniam mittitur qui, morte reginae nunciatā, negotium de pensionibus et expeditionem urgeret. Eodem missus[2] Bruxellis a Gulielmo Stanleio, Hugone Owneo, et Balduino e Iesuitico sodalitio Guido Fawksus cum literis ad Creswellum, ut rem acceleraret. Ei in mandatis datum[3] ut Philippo significandum curaret, duriorem sub rege novo Catholicorum conditionem fore quam sub Elizabetha fuerat; proinde a tam laudabili incepto ne desisteret; ad Milfordum patere Spinolae[4] triremibus commodissimam exscensionem. Verum res cum reginae morte mutaverunt,

---

1 *pertaedet* + gen.,'disgusted at'.
2 *missus* [*est*], subject is Guido Fawksus.
3 *Ei*, i.e. Fawkes; 'he was told in his orders to be sure to emphasize to Philip . . .'

et Philippus regie respondit se petitionibus eorum
amplius attendere non posse, quippe[1] missis in Angliam,
qui de pace cum novo rege agant, legatis. Itaque re cum
Philippo desperatā, coniurati ad extema consilia
devolvuntur, et ante omnia conscientiam instruunt, eāque
instructā ad facinus audendum obfirmant animum.

They took the following theological and political position (see
the introduction to Buchanan on Macbeth in this *Reader* for the
background): control over the royal power and all kingdoms is in
the hands of the Pope; all heretics are outside the bounds of the
Church and must be separated from the faithful; consequently, all
heretical kings and all of their possible successors must be
removed from power and can never be restored to power, since
haeresim lepram et morbum hereditarium esse. The conspirators
then bound themselves by oaths *per sanctam Trinitatem et
sacramentum mox sumendum* (i.e. the Eucharist) that they would
never either directly or indirectly in word or deed tell anyone of
their plans.

4. Sic enim apud se cogitabat, regem solum multis
modis tolli posse, sed nihil agi superstite principe et
Eboraci duce.[2] Rursus iis sublatis, parum profici[3] stante
senatu tam vigili, tam ad omnes casus intento; et ut[4]
senatus aut praecipui ex eo tolli possent, superare

---

4 Ambrosio Spinola, the very successful Spanish commander in
the Netherlands. *triremibus*, Thuanus' attempt at 'galleys'; *exscensio*,
'landing'.

1 'on the grounds that . . .' King James did sign a peace treaty with
Spain in 1604.

2 Henry, Prince of Wales and eldest son of King James (died
1612), and Charles, Duke of York, 2nd son, who became king in
1625.

3 'they would have made little progress (*proficio*) since . . .'; *senatus*,
"Parliament'.

4 'even if,' 'given that . . .'; Parliament, great lords (*magnates*),
counsellors (*prudentes*), noblemen (*comites*) could reconstitute
(*instaurandis*) the governmentt if any of them survived.

magnates regni, tot prudentes viros, tot praepotentes comites, eidem sectae[1] addictos, quibus obsisti vix posset, et qui auctoritate sua, opibus et clientelis pares essent, si casus ferat, ipsi per se rebus suis instaurandis. Itaque non per spiramenta,[2] sed uno ictu cunctos absorbendos, et simul ac semel tam laudabili conatu, ut ad exitum perduci possit, defungi oportere.

5. Westmonasterii domus est antiqua praecipuae dignitatis ac veneratione sacra, in qua comitia regni celebrari solita, quod vulgo, voce a nobis[3] sumpta, Parlamentum vocant; ad ea rex cum familia mascula, secretioris concilii proceres, episcopi, nobilitas Anglicana, primarii magistratus, et inferiore loco ex provinciis delegati, ex civitatibus, oppidis, municipiis, pagis denique, sapientissimi consultissimique viri conveniunt. Hic opportunum Catesbio visum tamdiu recoctum consilium[4] tandem exsequi, et acto cuniculo,[5] subiectāque magnā vi pulveris nitrati, universos, qui singuli vix carpi[6] possent, cum rege et familia eiusdem ruinae involvere ruderibus. Igitur cum ea de re cum Percio ageret, et ille post vehementes de rege querimonias, in has voces irae impatientiā prorupisset, solum e tot malis effugium restare, si rex e medio tollatur, in idque, qua erat animi

---

1 i.e. they were Protestants.

2 *spiramentum*, 'a pause to take breath,' here the sense is 'one at a time,' 'piecemeal'; they had to destroy every possible source of Protestant power in one blow (*simul ac semel*).

3 i.e. from the French.

4 It was a 'reheated plan' since the earlier plots under Elizabeth had come to nothing.

5 *cuniculum*, 'a tunnel'; gunpowder is called *pulvis nitratus, pulvis tormentarius* (*tormenta*, 'cannon') §11, and *pulvis sulfureus* §16.

6 *carpo, -ere*, 'to pluck, pick out,' a nice euphemism for 'assassinate'.

praesentia,[1] operam suam ultro detulisset, Catesbius cautior et vafrā versutiā praeditus, impetum generosi hominis inhibuit, et "Deus non sinat," inquit, "ut hoc caput bonis omnibus[2] carum tanto periculo sine fructu temere obiicias; te sospite ac tui similibus salvis, qui religioni et rei publicae olim consulere queant, res temptanda et patranda est."

6. Tum consilium suum verbis ad persuadendum efficacibus aperit, et rationes eius exsequendi pari artificio proponit. Nec abnuit Percius, qui statim aedes loco vicinas et ad cuniculum agendum peropportunas conducit. Indicta anno superiore comitia in sequentem Februarium reiecta fuerant;[3] medio tempore Thomas Bates, Catesbii famulus, homo manu promptus et cui multum herus tribuebat, ex suspicione in facti conscientiam ascitus,[4] cum initio rei atrocitate permoveri videretur, ad Tesmundum remittitur (qui et Greenwellus vocabatur, nam ut lateant, binomines ac trinomines fere sunt), a quo persuasus et rei merito demonstrato, ad executionem mirum in modum confirmatus est. Postea Robertus Keies, et post eum Ambrosius Rookwoodus et Ioannes Grantius consilii participes facti.

---

1 *in idque, qua erat animi praesentia . . .*, 'and to carry out this purpose, such was the state of his mind,' that he was willing to go it alone (*ultro*).

2 *bonis omnibus [hominibus]*, i.e. to Catholics.

3 The Parliament for 1604 had been postponed to Feb. 1605. It was further postponed during the year (as mentioned below §7) until it was set to meet in November.

4 *ex suspicione in facti conscientiam ascitus*, 'because he suspected, he was brought into full awareness of the crime'; he was hesitant at first (*permoveri videretur*) but was finally convinced (*confirmatus est*).

7. III Idus Dec.[1] inchoatum opus subterraneum, Christophoro Wrighto et paulo post Roberto Wintero Thomae fratre in societatem assumpto. Saepe opere intermisso, saepe repetito, tandem cuniculus ad curiae murum perductus fuerat. Verum ibi se nova difficultas offerebat ob muri duritiem et trium ulnarum[2] crassitiem, quo fiebat ut non nisi longo tempore opus perfici posset, et pauci dies ad comitia restabant. Iam pertinaciā operariorum medium murum paene pertuderat, et non deficientibus animis solum tempus defuturum videbatur, cum comitia in Octobrem mensem dilata sunt. Tum desperatio in gaudium vertit, cum certā rei exsequendae fiduciā; observatumque dum murum alacriter pertundunt, strepitum ex altera muri parte exaudiri.[3] Eo missus Fawksus, qui causam inquireret. Is renunciat cellam ibi subterraneam esse; inde carbones[4] removeri, defuncto eo qui cellam in illos usus conduxerat. Igitur coniurati hanc cellam commodiorem rati, operā Percii et alteras aedes locant et in illam omnes opes, omnes spes suas coniiciunt. Ea erat loci opportunitas, nam throno regali fere subiectus erat, ea in tempore oblato occasio, ut divinum Numen arcano conductu suis inceptis favere sibi persuaderent. Haec circa Paschales huius anni ferias acta.[5] Pulvis nitratus per otium in cellam ex aedibus Catesbii, e regione curiae, ubi summo studio antea congestus fuerat,

---

1 Dec. 11, 1604.

2 an *ulna* is about 18".

3 They heard noises from the other side (i.e. the inside) of the wall. None of these buildings still survive, and there is no trace of this tunnel.

4 'coal'; it had been a coal cellar, now abandoned because of the death of the renter, which happened to be right under the House of Lords.

5 In 1605 Easter was March 31 (old style, Julian calendar).

convehitur. XX primum dolia immissa, et lignis ac fascibus[1] obtecta.

The conspirators then make plans about after the explosion: what to do about the heir Prince Henry, who would not be at Parliament; how to remove the Catholic peers from danger; when to send for foreign forces – those from the Spanish Netherlands seemed handiest. Finally they decide to lay low until the day of the deed: Fawkes returns to Flanders; Catesby approaches Francis Tresham and Everard Digby for financial help, who promise £3500 together. Meanwhile they add 10 more barrels of powder to the cellar, ready for the Parliament which was now set for November. They plan to seize King James' eldest daughter Elizabeth and proclaim her queen, themselves taking the title "Preservers of Liberty" (*Vindices Libertatis*), without mentioning anything about religion or that they had perpetrated this massacre. They hoped that as time passed, the odium of this deed would fade.

8. Iam parata erant omnia, et scena ultimum actum exspectabat, cum inscrutabili Dei iudicio, quidam ex iis, dum alteri salutem adferre cupit, sibi ac sociis exitium accersivit. Decem ad comitia dies supererant, cum Saturni die sub vesperam literae incerto auctore, incognito latore, ad Montaquilium[2] regulum tanquam ab amico deferuntur. Iis monebatur ut primo comitiorum die a conventu biduum se abstineret, magnum quippe et inopinum malum congregationi imminere. Ignota scribentis manus, et studio ita composita scriptura ut vix alicubi legi posset; non dies literis, non subscriptio vel inscriptio apposita,[3] et ambigua verborum series. Quid faceret Montaquilius diu in incerto fuit: contemneretne

---

1 'bundles of firewood'.
2 William Parker, 4th Baron Monteagle (1575-1622); the letter came Saturday, Oct. 26.
3 There was no signature or address.

indicium an serio animum advorteret. Et si quidem solum ipsius periculum in eo versabatur, fortasse contempsisset; nam inimicorum inventum[1] esse posse, quo eum pavore inutili perculsum a conventu deterrerent. Verum, pensitato regis periculo, nihil contemnendum, et quicquid erat, secretos regis consiliarios minime celandum[2] iudicavit. Itaque intempesta nocte ad Robertum Cecilium Sarisburii comitem,[3] primarium regis secretarium se confert, et porrectis literis, quomodo eas acceperit, quam parvi eas ipse faciat, ingenue aperit.

9. Non pluris illas fecit Cecilius, neque tamen omnino negligendas censuit, easque primariis consiliariis, Carolo Howardo maris praefecti, Notinghamiae comiti,[4] Worcestriensi et Northamptoniensi comitibus ostendit. Re inter eos agitata, quanquam parvi momenti literae primo aspectu viderentur, tamen nullum vel levissimum indicium, praesertim ubi regis salus periclitatur, sperni debere putaverunt; nec vitio verti[5] posse solicitudinem in iis, ad quos maiestatis regiae custodia offico ac muneris necessitate pertineret.

10. Aberat tamen rex, Roistonum ad venationem[6] profectus. Nihil nisi eo prius consulto in eo negotio

---

1 'device,' 'trick', 'means'.

2 *celo, -are* + 2 accusatives, 'to hide something from someone'; 'he judged that he should not hide this from the king's confidential advisors'.

3 Robert Cecil, Earl of Salisbury (1563-1612), King James' chief advisor.

4 Charles Howard, Lord High Admiral and Earl of Nottingham, and the Earls of Worcester and Northampton.

5 'concern could not be considered a fault in those . . .'; *custodia* is the subject of *pertineret.*

6 King James' favourite pursuit. Royston is about 40 m. N of London.

decerni placuit; ipsius [1] in obscure dictis animadvertendis perspicax ingenium, et ambiguis solvendi felicem coniecturam aiebant consiliarii se pluries expertos esse. Kalendis Novembribus rex urbem revertitur, continuoque in arcanum seducto, Cecilius quid rei sit aperit et literas ostendit, quas hic inseri, quoniam illae disputandi inter ipsum ac consiliarios materiam non sine causa praebuerunt, ad tantae rei memoriam pretium visum est.

Thuanus gives a Latin translation of the English letter, which still survives in the National Archives. The English original is as follows: "My lord, out of the love I beare to some of youere frends, I have a care of youre preservacion, therefore I would aduyse you as you tender your life to devise some excuse to shift youer attendance at this parliament, for God and man hath concurred to punishe the wickedness of this tyme, and thinke not slightly of this advertisement, but retire yourself into your country, where you may expect the event in safety, for though there be no apparance of anni stir, yet I saye they shall receive a terrible blow this parliament and yet they shall not seie who hurts them this cowncel is not to be contemned because it may do yowe good and can do yowe no harme for the dangere is passed as soon as yowe have burnt the letter and i hope God will give yowe the grace to mak good use of it to whose holy proteccion i comend yowe." The author has never been determined.

11. Lectis his res, alioqui insita generositate minime suspicax, aliquid monstri in iis latere coniecit neque indicium negligendum dixit. Contra ab amente[2] dictatas videri inquiebat Cecilius, nec enim hominem sanae

---

1 i.e. *regis*; the counsellors said that they had learned from experience (*expertos*) that the king had an acute insight. King James has been variously judged: he was highly intelligent, well educated, well read, the author of several books. On the other hand he was nervous and self-willed, perhaps natural in a king of that period.

2 'a madman'.

mentis de periculo, quod tantopere cavendum ante monuisset, ita locuturum fuisse "Praeterierit periculum haud ocius quam has literas exusseris."[1] Quantillum periculum illud esse quod tam brevi momento evanesceret? Contra rex, in cuius animo suspicio prima iam radices altas egerat, superiora verba illa urgebat: Terribilem iste conventus ictum sentiet, nec videbit percutientem.[2] Dumque aliud ex alio per porticum inambulans profunde meditatur, venit in mentem, subitum a pulveris tormentarii ictu exitium his verbis designari. Nam quid magis momentaneum ictu pulveris tormentarii?

The king and Salisbury debate the issue, but finally decide that it must be investigated.

12. Placuit curiam et vicina loca diligenter perlustrari, idque negotii datur Magno Camerario,[3] qui die Lunae, quae proxime comitia antecedebat, sub vesperam, ut rumoribus occasio praecideretur, cum Montaquilio ad ea loca pergit. Domum a Percio conductam ingressi ingentem in cella subterranea lignorum, fascium, carbonum struem deprehendunt; rogatoque Wineardo regiarum aedium custode, qui aderat, in quem usum illa essent comportata, a Percio conductas aedes cum cella, et acervum illum congestum fuisse didicēre; praeterea astantem in cellae angulo Fawksum conspicatus Camerarius, quis ipse et quid illi inibi negotii esset,

---

1 The Latin for "the dangere is passed as soon as yowe have burnt the letter". *exusseris,* fr. *exuro, -ere, -ussi.*

2 The Latin for "they shall receive a terrible blow this parliament and yet they shall not seie who hurts them".

3 The Lord Chamberlain Thomas Howard; date was Monday, Nov. 4 (old style, Julian calendar).

interrogat. Qui se Percii domesticum et illarum aedium per Percii absentiam custodem esse respondit.

13. Quibus actis in regiam redeunt et quid viderint exponunt, peiora quam prius coniectantes, nam Montaquilio, ad Percii mentionem, venerat in mentem illum maiorum religioni summe addictum,[1] sibi dudum familiarem et amicum, fortasse etiam literarum, quae suspicandi causam praebuerant, auctorem esse. Camerarius vero inter suspicionum argumenta[2] referebat tantam lignorum congeriem in illas aedes – quibus rarissime Percius uteretur[3] – haud frustra comportatam fuisse, et domesticum illum Percii in cella sibi visum cum efferato desperati ac perditi nebulonis[4] vultu. Quae omnia suspicionem regis augebant, qui amplius subterraneam illam scrobem scrutari voluit.

However, they do not want to cause a public uproar in case nothing is found, nor do they wish to bring certain noblemen into suspicion without proof, so they decide to investigate quietly, at night. Thomas Knyvet, Master at Arms, was told go at night with some excuse and make a further examination.

14. Eo profectus Knevetus domesticum illum Percii, qui Fawksus erat, et se mentito nomine Ioannem Ionsonum perhibebat, vestitum et ocreatum[5] ante aedes offendit, eique statim manus iniici iussit. Inde in cellam penetrans ligna et carbones propere amovet, quibus amotis patuere insidiae, doliolo pulveris nitrati seorsum primum reperto, moxque strue illa sepositā, XXXVI diversae magnitudinis

---

1 See footnote to §1.
2 'grounds for suspicion'.
3 Perhaps his house was small or far off. (It was across the river.).
4 'low-life,' 'criminal'.
5 'dressed in traveling clothes, with boots on', for riding.

dolia ibidem numerata. Tum ad captivum conversus, eiusque vestibus exussis,[1] fomenta et treis funes cannabeos,[2] quibus lenta flamma alitur, in iis invenit. Ille vero in furto deprehensus, et re desperatā quam negare non poterat, crimen ultro confessus est, et interrita facie, ut[3] erat obfirmato ad extrema quaeque audenda animo, insuper addidit, bene illis evenisse quod se ante aedes, iam cella egressum, in qua erant parata omnes, offendissent; nam si intus eum nacti essent, non commissurum quin se cum illis igne immisso contumulasset.[4]

15. Knevetus re detecta laetus, e vestigio sub horam quartam matutinam ad palatium venit, et Sarisburiensem et aulae regiae praefectum[5] rei certiores facit; qui protinus eiulabundi[6] in cubiculum regis irrumpunt, et patefactas insidias auctoremque sceleris custodia ac vinculis teneri vociferantur. Sparsa fama[7], neque enim in tanto gaudio celari potuit, coniurati huc illuc diversi abeunt, et Holbechi[8] ad Stephani Litletonii aedes in Staffordiae finibus conveniunt. Eodem e Warwicensi et Worcestriensi provinciis conscii, quanquam detectae rei ignari, veniunt,

1 *exuo, -ere, -ussi*, 'take off'; they removed his coat and searched his pockets.

2 'kindling and 3 hemp slow-matches'; a slow match or match cord is like a fuse, but is designed to burn slowly for a long time. It was used to fire matchlocks.

3 'as he was of a spirit . . .'

4 He would have set off the gunpowder and 'entombed' them all in the same ruin.

5 The Lord Chamberlain.

6 'with a yell'.

7 [*est*], the story spread'.

8 'at Holbeche House, in Staffordshire (about 130 m. NW of London), the home of Stephen Littleton. Other conspirators came from Warwickshire and Worcestershire, unaware that the plot had been discovered.

equis bellicosis passim per domos nobilium raptis, quid
rerum potentes effecturi essent[1] eā re manifestum
facientes, cum incerto adhuc eventu tantā audaciā ubique
grassarentur. Magnum ad suas partes hominum
numerum, atque adeo exercitum aggregaturum se
confidebant factionis duces, ubi se primum in armis
ostendissent.

16. Verum praefectis et vicecomitibus[2] antea a rege, cum
de coniuratione adhuc ambigeretur, per provincias
discurrere iussis, conatus eorum frustra fuit, vixque C ex
omni illo numero in armis apparuere. Ipsi a Richardo
Walshio provinciae Worcestriensis vicecomite necopinato
cum valida manu superveniente cinguntur, ita ut evadere
non possent. Cum desperatā veniā[3] ad extrema se terrente
conscientiā pararent, pulvis sulfureus[4] ad siccandum
prope ignem oppositus scintillā delapsā inflammatus est
et obsessorum facies, latera, bracchia, manus tam subito
ambussit, ut tractandis armis plerique ex eo inhabiles,
animos cum viribus amiserint. Catesbius et Percius manu
promptissimi, cum Thoma Wintero, dum se ad aedium
angulum contrahunt, glande plumbeā[5] uterque transfossi
sunt. Winterus saucius in manus regiorum devenit.

---

1 Their theft of horses shows 'what they had intended to do
(*effecturi essent*) if they had accomplished the thing openly, seeing
that they acted so boldly like bandits (*grassarentur*) when the
outcome was still uncertain'. The leaders were confident that men
(= troops) would flock to them when they openly appeared
armed. The conspirators consistently overestimated the
willingness of the English populace to support the old Catholic
regime.
2 Probably here meaning 'governors and sheriffs'. Richard Walsh
was sheriff of Worcestershire.
3 'giving up all hope of pardon'.
4 See footnote to §5.
5 'a lead bullet' killed both of them.

Most of the conspirators were captured. They were questioned and after a trial whose presiding judges were the Earls of Northampton, Suffolk, Worcester, Devonshire and Salisbury (Robert Cecil). After conviction, in January 1606 the conspirators were hanged, drawn, and quartered near the East Gate of the Cathedral of St. Paul in London. Shortly thereafter the king gave a speech: "Most Catholics are not guilty of conspiracy."

17. Rex gravissimam orationem habuit et Dei inenarrabilem erga se, erga familiam, et universum regnum misericordiam super omnia opera eius depraedicavit, re a circumstantiis prolixe exaggerata, et hoc summa aequitate temperamento addito,[1] ut non omnes maiorum religioni addictos in illo crimine amplectendos diceret; plures quippe inter eos esse qui, quanquam pontificiis erroribus involuti (sic loquebatur[2]) nequaquam sinceram in principes fidem exuerunt,[3] et Christiani hominis simul et integri subditi officium servant; se quoque vicissim de iis bene existimare, dignamque flammarum severitate Puritanorum saevitiam ducere, qui pontificium omnino ullum in caelum recipi posse negant[4]. . . Subiecit et hoc generose, velle omnes intelligere, cum in patrocinio Deo conquiescat, hoc casu minime turbatam animi sui tranquillitatem, ac vovere ut

---

1 'He added, because of his great sense of fairness (*aequitate*) and moderation (*temperamento*), that . . .'

2 i.e. these are the king's words, not Thuanus'. Thuanus had enough problems in France with fanatical Catholics without magnifying them by referring to "Pontifical errors."

3 'they have by no means (*nequaquam*) lost their sincere loyalty to their kings'.

4 King James hated the Puritans far more than he disliked Catholics. They denied Heaven to any Catholic – which was not the king's opinion. King James remained lenient toward most Catholics, some of whom held high office in his reign.

pectus suum pellucidum omnibus pateat, et in penetralia
sua ac recessus populi intuentis aciem possit admittere.

The Gunpowder Plot inspired much effusion of poetry, as well
as numerous prose narratives. Best-known is the poem *In
Quintum Novembris* by John Milton. Written in 1626 when he was
age 17, the poet makes the Gunpowder Plot into a cosmic contest
between good and evil, between Satan, acting through the Pope,
and Fama/Fame, who reveals the plot to the English. The poem
recounts no details of the plot itself and never mentions any of the
conspirators; instead it goes into great mythological detail about
the source of the plot (Satan and the Pope), and Fama's tower,
from which news of the plot spreads to the English, who forestall
it. In later life Milton considered writing his Paradise Lost in
Latin; this poem gives a good idea what the result might have
been. The most accessible introduction to this poem is on line at
the Philological Museum (http:// www. philological.
bham.ac.uk/milton/). The punctuation here has been
modernized.

In Quintum Novembris

Iam pius extremā veniens Iäcobus ab arcto

Teucrigenas populos,[1] lateque patentia regna

Albionum tenuit, iamque inviolabile fœdus

Sceptra Caledoniis coniunxerat Anglica Scotis;

Pacificusque novo felix divesque sedebat   5

In solio, occultique doli securus et hostis;[2]

Cum ferus ignifluo regnans Acheronte tyrannus,[3]

Eumenidum pater, æthereo vagus exul Olympo,

Forte per immensum terrarum erraverat orbem,

Dinumerans sceleris socios, vernasque[4] fideles,   10

---

1 'Trojan-born'; the Trojan prince Brutus founded Britain. Albion
is the common Latin name for Britain.
2 gen. case, 'secure from secret plots or enemies'; singular for
plural.
3 Satan; he is *tyrannus, Eumenidum* (Furies) *pater, vagus exul.*
4 *vernae,* 'home-born slaves'.

Participes regni post funera maesta futuros.

Hic tempestates medio ciet aëre diras,

Illic unanimes odium struit inter amicos,

Armat et invictas in mutua viscera gentes;

Regnaque oliviferā vertit[1] florentia pace,　　　　　　15

Et quoscunque videt puræ virtutis amantes,

Hos cupit adiicere imperio, fraudumque magister

Tentat inaccessum sceleri[2] corrumpere pectus,

Insidiasque locat tacitas, cassesque[3] latentes

Tendit, ut incautos rapiat, ceu Caspia Tigris　　　　　　20

Insequitur trepidam deserta per avia prædam

Nocte sub illuni,[4] et somno nictantibus astris.

Talibus infestat populos Summanus[5] et urbes

Cinctus cærulcæ fumanti turbine flammæ.

Iamque fluentisonis albentia rupibus arva　　　　　　25

Apparent, et terra Deo dilecta marino,[6]

Cui nomen dederat quondam Neptunia proles,

Amphitryoniaden qui non dubitavit atrocem

Æquore tranato furiali poscere bello,

Ante expugnatæ crudelia sæcula Troiæ.　　　　　　30

At simul hanc[7] opibusque et festā pace beatam

Aspicit, et pingues donis Cerealibus agros,

Quodque magis doluit, venerantem numina veri

---

1 'overturns'; *olivifera*, 'olive-bearing,' i.e. peaceful. A rare word from Ovid *Ibis* 317.

2 'untouched [as yet] by crime/sin'.

3 *casses, cassium*, nets, snares; in the next line all 17th century editions have *seu* which is a misprint for *ceu*, 'like'.

4 'moonless', *illunem . . . noctem* in Silius Italicus 15.619.

5 The god of midnight thunder; later Roman writers take the name as a synonym for Pluto, as does Milton here.

6 England, whose white cliffs are famous and who is beloved of the sea-god Neptune; Neptune's son is Albion (next line). Before the Trojan War, Albion fought Hercules (*Amphitryoniaden*) and lost.

7 England.

Sancta Dei[8] populum, tandem suspiria rupit
Tartareos ignes et luridum olentia sulphur,   35
Qualia Trinacriā trux ab Iove clausus in Ætna
Efflat tabifico monstrosus ab ore Tiphœus.[2]
Ignescunt oculi, stridetque adamantinus ordo
Dentis, ut armorum fragor, ictaque cuspide cuspis.
Atque "Pererrato solum hoc lacrymabile mundo   40
Inveni,"[3] dixit, "gens hæc mihi sola rebellis,
Contemptrixque iugi, nostrāque potentior arte.
Illa tamen, mea si quicquam tentamina possunt,
Non feret hoc impune diu, non ibit inulta."
Hactenus,[4] et piceis liquido natat aëre pennis;   45
Quā volat, adversi præcursant agmine venti,
Densantur nubes, et crebra tonitrua fulgent.
Iamque pruinosas velox superaverat Alpes,
Et tenet Ausoniæ fines, a parte sinistrā
Nimbifer Appenninus erat, priscique Sabini,[5]   50
Dextra veneficiis infamis Hetruria,[6] nec non
Te furtiva Tibris Thetidi videt oscula dantem.[7]
Hinc Mavortigenæ consistit in arce Quirini.

Satan then appears to the sleeping Pope in the guise of St.
Francis. He tells the Pope that the English, remembering the
sunken Armada, are laughing at Rome's power. Satan suggests
that an explosion under the Parliament might shake the English

---

8 'the sacred power of the true God'; conflict between Protestant
   and Catholic underlies the Plot.
2 Typhoeus (usual spelling) or Typhon was a huge monster
   imprisoned by Jupiter. *adamantinus*, 'steel'
3 'I have found this one cause for tears (*solum lacrymabile*): this one
   rebellious nation . . .'
4 'Thus far [he spoke] . . .'; *piceis*, 'pitch-black'.
5 the Sabines inhabited the Apennine Mountains.
6 'Etruria, infamous for *witches (veneficae)*'.
7 Tiber giving kisses to Thetis means Tiber joining the sea (Thetis,
   a sea goddess), but with a furtive, unpleasant atmosphere.
   Mavortigenae, 'son of Mars'; Quirinus, the deified Romulus, was
   son of Mars and Rhea Silvia.

and bring them back to the Roman faith. On awakening, the Pope, here called the *antistes Babylonius*, with reference to the Whore of Babylon in Revelation, summons loyal allies of Rome: Discordia, Iurgia, Calumnia, Furor, Timor, Horror, among others. He orders them to go to England and destroy the king and his court with *Tartareo pulvere*, 'Hellish powder'. But God awakens Fama, Fame or Rumour, who rouses herself and informs the English of this hellish plot. For that reason the Fifth of November will ever be celebrated.

JANUS BODECHERUS BENNINGIUS: *SATYRICON*

In corruptae juventutis mores corruptos sive Hermophili
Tanugriensis Satyricon

Here is the sad story of a freshman's arrival at his university and his descent into debauchery and jail. Jan/Johannes Bodecher Benningh was born in 1607 near Utrecht, where his father was a preacher. Father and son moved to Leiden, where Jan matriculated in 1620, at age 13. (Hugo Grotius had matriculated there in 1584 at age 11!) He was successful at Leiden in his academic work and was made professor of ethics in 1629 at age 22. He later became professor of physics (i.e. natural philosophy). In 1638 he left the university to become political advisor to the Dutch colony in Brazil, which had been established by the Dutch West Indies Company in 1630. (During that year the Dutch had seized Pernambuco and in the following years had taken most of NE Brazil, with the capital at Mauritsstad (now Recife). The Portuguese never ceased their resistance, and the Dutch lost control of the area in 1654.) Benningh was in Brazil during 1638-9. He returned and was re-entered in the university's roster, but he had suffered some breakdown either in Brazil or upon his return, since his parents reported to the university that their son was non compos mentis. He died in 1642, having left this satire from 1631 and a number of Latin and Dutch poems as his literary testament.

Satire was one of the most lively genres of Neo-Latin literature. Benningh's short satire (116 octavo pages in the first edition) falls in the sub-category of Menippean satire, which was named for the 3rd century BC Cynic philosopher and writer Menippus of Gadara in Syria. (This town was also the home of the Gadarene swine - Matt. 8:28ff.) None of his works survive, but they were imitated in the 1st and 2nd centuries AD by Lucian, Varro, and Seneca. The latter's *Apocolocyntosis*, a satire on the Emperor Claudius, proved influential in the 16th and 17th centuries, prompting close imitations by Justus Lipsius (*Somnium*, 1581) and others. These satires are short, perhaps 20-40 quarto pages, and characterized by poems in various meters scattered throughout the prose text; cp. §10 and §14 below. When the *Satyricon* of Petronius became known in the 17th century, it provided a model for longer Menippean satires. By far the longest is John Barclay's *Euphormionis Lusinini Satyricon*, a reverse Utopia: an innocent young man, Euphormio, from an ideal, communitarian society (Lusinia, where they do not even know about money!) arrives in Europe, falls into slavery, and is sent on errands throughout Europe by his master. His travels, of course, provide plenty of opportunity for satirical attacks on people, institutions, and customs of the contemporary world.

The characteristic attitude of these satires is "Look how wicked I have been, thanks to my poor choice of companions – but now I know better. Here's my sad tale" and then the author proceeds to give all the lubricious details. Hermophilus' lament in §1-2, along with his narrative, is a good example.

There is no modern edition or translation of this work into English. A good discussion can be found in Ingrid A. R. De Smet, "Town and Gown in the Dutch Golden Age: The Menippean Satires of Jan Bodecher Benningh (1631) and 'Amatus Fornacius' (1633)" in D. Sacré and G. Tournoy, *Myricae: Essays on Neo-Latin Literature in Memory of Jozef Ijsewijn* (Leuven: Leuven Univ. Press, 2000). Benningh's original spelling, including -j-, is retained here.

1. Quia liber sum, neque virgarum lasciviam[1] metuo in tergo servili, libere eloquar quid sentiam de hoc seculo. Regat ubique nequitia, et in deterius res humanae atque in omne nefas labuntur. Etenim experiendo didici paucos esse qui, vitiorum inimici, rectum iter vitae inspiciunt.

---

1 'the delight of the lash', a phrase from Plautus *Asinaria* 298. Satire prefers vocabulary from Plautus and Apuleius to give a colloquial tone.

He then goes on to give his name, Hermophilus, and his homeland, Tanugria, which is a land fortunate for its soil's fertility, its pleasant pastures, and the moderation of its climate. Its people were once kind and open, but what a change has happened!

2. Hanc [terram] olim habitabant homines qui neque subdoli erant neque vafri, sed adeo a vicinarum gentium fraudulentis blanditiis alienati, ut nihil unquam in pectore clausum haberent, quod linguā occultabant. At nunc, dii boni, quanta facta rerum est mutatio! Defecit ingenuae aetatis simplicitas et pretium bonae conscientiae, cujus fiduciā freti ad probitatis amorem olim ducebantur putabantque neque loricam[1] neque gladium firmius munimentum esse homini quam insontem ac liberum ab omni trepidatione animum, Quae ipse vidi, quae feci, quae passus sum, posterorum memoriae reliquam, ut paternis flagitiis deterriti, si nondum omnem rejecerint pudorem, peccandi finem sibi imponere possint et repetere primordia virtutum.

3. Cum primum ad magna tendens ex ignorantiae tenebris pedem movissem, et jam aliquid ultra scholasticum pulverem[2] saperem, urbem in qua puer vixeram deserui, inque aliam sum delatus, quae Castalium[3] dicitur, ubi non properarem ad vota, sed adolescentiae rudimenta deponerem atque assuefacerem modicis[4] contentus esse – et summa posse tolerare, si benignior fortunae aura faveret. Castalium autem,

---

1 'armour'.
2 'the dust of the lower school'.
3 Named for the Castalian spring, sacred to the Muses, an appropriate name for a university town (Leiden).
4 He could be satisfied with 'a moderate fortune', but could tolerate a high position (*summa*).

pulcherrima civitas et non magis foecundo glebarum cultu quam ingeniorum aestimanda, ad excelsa honorum fastigia viam monstrare videbatur audentibus.[1] Sed ego, posteaquam appuli in eam, nec innocuas literarum delicias sequi potui nec amare bonam mentem; ita me fucata virtus a rectae rationis tramite transversum egit.[2] Igitur primo die, circa medium, cum jam punicantibus phaleris[3] flagrantia solis arderet, coepi per jucunda Castalii loca obambulare et omnia lustrare emissitiis oculis,[4] quae suspensus saepe totius orbis consono ore celebrata audiveram. Verum, dum ignarus viarum, quocunque ieram eodem reverterer, tandem fatigatus ac sudore madeus ad amplissimam domum perveni.

This building is impressive, with four columns in front, statues of the Goddess Pallas[5] (the defender of the city), a lofty roof, and a line of trees in front, giving shade to passers-by. Hermophilus decides to enter.

3. Sed cum cuncta circumivissem, cruciabili desiderio motus intus me recepi, ut aventem[6] meum animum rerum novarum cognitione imbuerem, Illic senem vidi calvum, tuberosa fronte et tunica nigra non vulgari filo contexta vestitum, e sublimi cathedra nescio quos obscuros quaestionum nexūs explicantem capillatis[7] juvenibus.

---

1 'for those who dare'.
2 'pushed me off my course'.
3 'with rosy trappings' on her horses; *pun. phal.* from Apuleius, *Meta.* 3.1.
4 'with eyes sticking out everywhere'; i.e. he was looking at everything. *emissitiis* from Plautus *Aulularia* 41.
5 Pallas Athena/Minerva is pictured on the seal of the University of Leiden.
6 *aveo, avēre,* 'long for,' 'desire'.
7 'long-haired'; since workmen cut their hair short, this word often gives the sense of 'aristocratic,' sometimes 'idler'.

Apud quos postquam ego, prius flexu corporis fere ad adulationem conficto, consedissem, satagebam[1] me implere laudabili succo eruditionis. Verum cum pedestris stili elegantia atque subtilibus nodis mirifice delectarer, apparitor securi ac fascibus superbus ingreditur, ad cujus conspectum auditores incondito petulantique pedum strepitu finem disserendi imposuerunt.

4. At me novum Castalii civem, intermissa declamatione, velut ex officio blande salutans, ingens globus juvenum saepsit. Qui cum neque ex vultu meo neque ex verbis signa intellectae suae petitionis deprehenderent,[2] unus illorum jam antequam Castalium appellerem mihi notus, Damon nomine, ab aliorum consortio me paullulum seduxit ac quid factu opus foret edocuit.

5. "An ignoras," inquit, "Hermophile, statutam[3] majorum placitis consuetudinem postulare, ut sodalium, quibuscum vives, humanitati meritam gratiam referas? An nescis primam tibi in hac civitate curam incumbere ut proximos familiarium ejusdemque natalis urbis consortes spumanti calice aspergas, atque libes Apollini Lauripotenti nocturnis Orgiis inverecundi Lyaei?[4] O te miserum! nisi me invenisses, ut te amantes agnitum[5] amplecterer atque saevientis fortunae minas a tuo capite inhiberem. Ego nec auguria intelligo nec

---

1 *satis ago,* 'to satisfy' (e.g. a creditor); a Plautine word. Hermophilus bows low before he sits, as in church.
2 They realized that Hermophilus does not understand their intent (*intellectae petitionis*), i.e. that he entertain them.
3 'statute,' 'law'.
4 'with nightly revels to shameless Bacchus (*Lyaei*)'.
5 *te amantes agnitum,* 'so that I might embrace you, since you recognize your [real] friends . . .'

Mathematicorum coelum investigare novi, et tamen colligo divinatione infallibili, si non suavissima remissione animos ipsorum et linguas condias,[1] et seram vesperam teras bibendo, nec tu securae te unquam quieti dabis nec tuae habitationis fenestrae.[2] Ideo, si sapere constituisti, Hermophile, latam consuetudinem, quam pro lege habemus, sequi oportet; si desipere, sociorum ludibria exspectare et fortasse manus prurientes."

6. Horrui ad tam acrem Damonis increpationem, et Gallica nive factus frigidior oravi veniam, atque rogavi ut ignosceret lapso duceretque in semitam veteris moris, a qua non malevolentiā, sed insonti inscitiā consuetudinis desciveram.[3]

7. Subrisit Damon ad meam simplicitatem et, "Ego," inquit, "jam te poenae eripui, adeo ut exiguum tuum peccatum non sinat te amplius periclitari. Fac modo quod te decet, ac fere iratas humanissimorum sodalium mentes blanda oratione demulce, eosque ad pervigilium invita, quod venusto Semeles puero[4] consecrabis."

8. Vix continui in tanto meo casu lachrymas, atque mihi fui gratulatus, quod me meliorem suis exhortationibus callidissimus Damon fecisset. Ministrantem autem famulum[5] numeratā pecuniā ad macellum et oenopolium dimisi, ut ea compararet quibus cogentes convivas

---

1 *condio, -ire*, 'season' i.e. entertain.
2 Perhaps they will throw rocks at his windows or disturb him in some other way.
3 *descisco, desciscere, descivi*, 'to break away, diverge from'.
4 'to the charming son of Semele'; Bacchus.
5 Hermophilus is not poor: he has servants with him and paintings on his wall.

exciperem. Ipse suspenso gradu[1] ad hospites ire perrexi, singulosque eorum compellans, comem quidem in cunctis humanitatem[2] reperi, ceterum nemo se venturum negavit.

9. Iam diei senium in mare Solem praecipitabat, jamque geniales tenebrae sensim irrepentes voluptatem suadebant, cum properantes convivae ad me accesserunt. Ego singulis porrecta benigna manu salutem dixi, quibus (donec mensa instrueretur) videbatur consultum ambulare in priori aedium parte. Interim quidam picturas ad cultum Tanugriae nostrae receptum affixas parieti, tanquam in pinacotheca, contemplari occeperunt. Sed nihil ipsorum oculos magis detinuit quam Bacchi, cui nunc facere[3] decreverant, effigies, quae pingui corporis filamento, tuberosissimoque ventre dolio insidebat,[4] ebriis Thyrsigeris et Maenadibus cincta, atque pocula rorantia pleno haustu ingurgitabat. Erant quoque qui in hisce versibus, quos ad oram tabulae nescio quis poeta posuerat, haeserunt.

10. Sum Deus et summi soboles Jovis, ecce caterva
Quae mea pone legat[5] vestigia, quaeque superbos
Ante ferat gressus, en quisque hastilia circum
Vincta gerit foliis, redimitaque tempora myrto.
Silenus senior, vino bene potus, asello   5

---

1 This phrase usually means 'on tiptoe' (Ter. *Phormio* 867), but that meaning does not seem suitable here. Perhaps 'hurried'.

2 *comem . . . humanitatem*, 'courteous kindness'.

3 i.e. *sacra facere*.

4 'with a silk loincloth (*filamento*) around his fat body and with his bulging (*tuberosissimo*) belly he rested on a wine barrel'; a common image of Bacchus has him sitting on or beside a wine barrel. *Thyrsus* is the staff carried by his companions.

5 *lego, legere*, 'survey'; *vestigia* the dir. obj.; *pone*, 'behind me'; they also march proudly before me (*ante*).

Vix lentum gradiente sedet, vannumque scyphumque[1]
Impletum dextra vitis de nectare gestat.
Hinc duo dii cystam, quae sacris conscia nostris,
Supportant humeris, gemmataque pocula sorbet
Ebrius ore Maron,[2] Botrus, Staphilusque madentes   10
Vix bene procedunt; jacet et madefacta Lyaeo
Prona Methe, gravis ipsa gravi collapsa ruinā.

The poem continues in this vein for 27 more lines, extolling Bacchus, telling the extent of his rule over all nations, with particular attention to the Germans, among whom the Dutch Castalians are numbered.[3]

11. Bis coqui interpellaverant prolixum carmen, monentes intempestiva lectione corrumpi dapes, cum ego meos hospites ad triclinium perduxi, ubi modica fercula manebant eorum hilaritatem. Jamque paullulum saginati sumus epulis ac aliqua cenae quies intervenit, quando blandissimo vultu ad aurem meam Damon accessit et "Nolo," inquit, "tibi tam vehementer placeas, ut putes singulorum convivarum amicitiam mediocri haustu non esse sanciendam."[4]

12. Pudebat me officium meum distulisse donec a Damone increparer. Itaque me ipsum rogare coepi an possem tantum bibendi certamen inire; atque extemplo, quamvis animo reluctanti, plura pocula aut libavi aut effudi in pavimentum. Interim laxabatur hospitum

---

1 Silenus carries a winnowing-fan and a goblet full of the vines' nectar.
2 These are companions of Bacchus: Maron (H. *Ody*. 9.200), Botrus ('bunch of grapes'), Staphilus ('bunch of grapes,' a son of Silenus), Methe ('drunkeness').
3 At the time *Germania* meant the entire area from the North Sea to central Europe, from the Netherlands to Russia.
4 *sanciendam*, 'must be consecrated'; they don't want just a moderate amount of wine, but a drinking contest.

laetitia, cum omnia spississimo plausu personarent, et
mihi quodque necdum consummata[1] ebrietas tantum non
adimeret sobrios pedes.

The guests all become drunk. Some light up and begin to
smoke their pipes, a new experience for Hermophilus.

13. Circa convivii autem exitum quidam ebrio ructu
totam paropsidem[2] evomebant, alii vero gravi vestigio ne
quidem domum ire poterant, sed a crateribus revulsi
incumbebant meo lectulo. Erant etiam qui importunā
morā et nescio quo pestilenti fumorum flumine, me paene
ad ultimam cogebant indignationem. Etenim herbae
cujusdam, quae simul cum novo orbe nobis innotuit,
siccata folia, inque exiguas portiones cultello dilacerata,
terreae tibiae canali indebant[3] at attractā flammā
tartareum vaporem spirabant ex ore et naribus. Ego cum
aversa facie tantas delicias auderem aspernari, meorum
convivarum quendam incitavi ut magna animi
contentione[4] panaceae istius dotes enarraret. Plantam
decebat esse quae noxios humores innato calori
insidiantes consumat et spiritum diutius corpore
annectens falsitatis arguat Coum Senem,[5] quando
loquitur brevem vitam. Famem sedare ac mederi

---

1 'not quite total' drunkenness.
2 'dessert'.
3 *indo, indere*, 'put into' a clay pipe (*terreae tibiae canali*). Tobacco had
   come to Europe with Columbus' sailors and was unfamiliar only
   to Hermophilus – a sign of his naiveté.
4 'with much emphasis'.
5 the virtues of tobacco 'prove the error (*falsitas*) of the Coan old
   man (Hippocrates), when he speaks of . . .' i.e. tobacco leads to a
   long life. Many poems were composed about the virtues of this
   new herb; the best is Raphael Thorius' *Hymnus Tabaci*
   (http://www.philological.bham.ac.uk/thorius/), a short epic.

immoderatis corporis doloribus affirmabat, immo non minus laetitiae datorem esse quam Lenaeum:[1]

14. Qui mentem vitrei manante liquore racemi
Lenit, ut assumpto diffusus nectare flocci
Cuncta putet,[2] luctusque omnes seponat et ictus
Non timeat duros, nec fauces carceris altas,
Pectore nec mordent vulnus, nec mortis amictus.   5

15. At ego miratus foetentes rivos neque sapere amplius potui neque insaniam meam abnuere insanientibus. Igitur cum a tam olidis bellariis mei convivae surrexerunt, visum illis discurrere per plateas et, ut metum incuterent nocturnis grassatoribus, quisque gladio cinctus salutis suae praesidia secum gestabat. Verum quoniam tenebrae oculorum aciem[3] confundebant, horribilem clamorem sustulerunt, et (ne quid deesset tam dulci harmoniae) silices rubiginosa ensium cuspide adeo verberarunt,[4] ut ignem exspuerent, haud secus quam iratus Jupiter, quando Cyclopum manu fabricata fulmina torquet in noxios mortales.

His companions then lead him to what he belatedly realizes is a whorehouse.

16. Tandem autem procedentibus nequitiis ad diversorium aliquod pervenimus, quod ingressi, ego tarde, immo jam serio intellexi me in fornicem esse deductum. Nam posteaquam acquievimus recruduitque[5]

---

1 Tobacco is as valuable as wine.
2 *flocci . . . putet*, 'he will consider everything else as worthless'; he will lay aside all care; nothing will move him, not blows, prison, wounds, or death.
3 'the eye's vision'; it was dark.
4 They were beating the rusty ends of their swords on the cobblestones to make sparks.
5 *recrudesco, -ere*, 'break out afresh'.

inter socios potandi desiderium, applicuit se meo lateri puella omnibus simulacris emendatior.[1] Oculi morsicantes quamvis stellā clariores nitebant, frons lata erat, supercilia quasi acu picta,[2] nares retortae atque osculum quale Veneris quando blandiebatur Paridi aut e concha surgebat;[3] manuum, menti, cervicis tantus candor ut Phidiacum ebur superaret. Inordinatus vero et non operosus ornatus adhuc majorem addebat gratiam. Quippe uberes crines, leniter in genas ac faciem emissi, lineaque fasciola, sororiantes papillulas[4] de industria potius obumbrans quam verecundiā tegens, in cruciatum impatientis libidinis me pertraxerunt. Igitus arctius puellam complectens pressimque adhaerens, basium tuli, quod caelestem invidiam merebatur, atque omnem illius exploravi habitudinem, mentem ad Pygiaca sacra[5] intendens.

17. Ignoscite Catones censorii, habetis confitentem reum, qui et homo est, et adhuc juvenis, ac placebit vobis, si culpam emendare permiseritis.

The pimp who runs the house threatens them, so they beat him up and break all the lamps in the place. The night watch arrive.

18. Dum inter Sirenum blanditias oblector, vix tandem notavi sociorum abitum. Etenim postquam aliquas noctis horas male soporati consumpserant, lenone (qui vim intentabat) verberibus castigato, discesserunt, meque meos amores coegerunt relinquere. Neque stetit illic

1 'prettier than a picture'; *oculi morsicantes*, 'twinkling or bewitching eyes' (Apuleius *Meta.* 2.10).
2 'embroidered'.
3 As in Botticelli's painting, 'The Birth of Venus'.
4 'her swelling breasts'; i.e. like two sisters.
5 looking forward to the 'rites of the rump'; Gk πυγή 'rump'; a phrase from Petronius.

impetus, sed efferā jucunditate cuncta, quae in ista domo vitrea erant, luminis receptacula foede suis gladiis effregerunt.

19. Ad illud nocturnum murmur vigilum cohors accessit, et humanissime suasit ut cubitum iremus.[1] Verum socii mei calumniis debacchati pugnae se componebant. Itaque ut excubantes ad denegatum aliquandiu certamen compulsi sunt, teretibus suis hastis non perfunctorie nos dedolarunt. Ego me quantum poteram tuebar, sed auxiliatores ejusmodi grassationibus assueti, crebris molliti ictibus fugam capessunt,[2] atque me crudeliter tradunt vigilum ludibriis. Illi cum in solum[3] tutius saevirent, me custodiae mandandum censent, et sistendum tribunali.

Hermophilus is arrested and cast in gaol.

20. At ego in ignominioso carceris squalore nihil aliud tota nocte quam ubertim flebam, ingenti affectus tristitia, quod nuper Castalium venienti et lupanar et captivitas dedecus inurerent; jamque forum[4] ac mortis supplicium, jam ipsum carnificem mihi imaginabar. Nocte autem discussā sub rubentis Aurorae discessum, visitarunt me hesterni mei convivae, afferentes bonum animum jubentesque contemnere ridiculum fortunae lusum, qui Castalii incolas saepe solet lacessere.

21. "Aut te impunitus," inquiunt, "dimittent Iudices, aut nos audaci manu carceris fores laxabimus."

---

1 The watchmen are at first polite: 'Please go home to bed.'
 excubantes = vigiles.
2 His companions flee.
3 'against one person'.
4 His will be a public trial and execution. He pictures the
 executioner *(carnifex)* to himself.

22. Adhuc erant in minantium labris dirae,[1] cum intromissus est de jussu magistratuum nuntius prolixiori barba metuendus, qui me ad sanctissimum judicii sacramentum perduceret. Ego velut piacularis victima, dejectis in terram – immo in inferos – oculis, per curiae posticum ad togatos patres procedo. Quibus cum omnia simplici et vera narratione faterer, mea innocentia fautores habuit, tamque candide facinus ad aures ipsorum pervenit quam gestum erat.[2] Quippe confestim e carcere liberatus fui, ac a Senatūs principe dignis increpationibus verberatus, ut deinde in me impedirem quod in aliis nequibam corrigere.[3]

After this incident Hermophilus vows to concentrate on his studies, which enable him to participate in other, peculiar features of academic life, especially an impressive degree of ceremony for an honoree who gives a ridiculous oration: "quam neque referre possem, si vellem, neque vellem etiam si possem"; it is so bad. But he gets his degree nevertheless. Hermophilus helps stop a duel between two students, tries court tennis[4] in a sphaeristerium, and shoots dice with some others near the tennis court. He now needs a break and sets out to travel to Plutium ("Richtown") with Damon, but on the way, Damon takes him (yet again) to a whorehouse, where Hermophilus loses his virginity. They resume their trip to Plutium. The rest of the short novel is devoted to Hermophilus' courtship of Rosilla, a beautiful young woman whom he has met at the house of his host and relative in Plutium. The relative is opposed to this relationship because Hermophilus has not finished his studies and because Rosilla is

---

1 'threats,' 'portents' of trouble to come.
2 Ironic: the court knew the night had been as glorious (*candide*) as it really was.
3 Hermophilus may not be able to correct anyone else, but he can control (*impedirem*) himself.
4 An indoor game, the origin of our tennis, somewhat similar to racquetball.

not rich enough to get married. Hermophilus comes to the same realization and sets out on a long journey to Charichtonia to divert himself. Thus ends the story.

Kllim descending.

Ludvig Holberg, *Nicolai Klimii Iter subterraneum*

Ludvig Holberg (1684-1754), the founder of Danish-Norwegian[1] literature, wrote one of the last and perhaps the most entertaining of all the Latin novels. Holberg, a true cosmopolitan and a man of great wit and humanity, was born in Bergen, Norway, and studied at the University of Copenhagen, like his hero Nicolas Klim. He lived for several years in Holland, England, France, and Italy. His Latin autobiographical letters – really a diary – tell of his early life and travels and are well worth reading. Returning to Copenhagen, he became famous as a writer (in Danish) of poems and comic dramas with the strong satirical streak so characteristic of his Latin works. He also composed hundreds of Latin epigrams.

Holberg used his imaginary subterranean world to satirize the European attitudes embodied in his hero Klim, who (for example) is extremely proud of his university diploma, even using it to ward off a menacing griffin (§14). He proudly informs the Potuans (the chief inhabitants of this world) that his dissertation topic was "The Use of Slippers among the Greeks and Romans"; they laugh, thinking this is ridiculous, which offends Klim greatly. He considers his appointment as a speedy messenger to be a shameful waste of his talents, since he is quick-witted; this job indecorum ac turpe videtur Ministerii Candidato ac Baccalaureo, "for a Bachelor of Arts and a Candidate for the Ministry." He has greater success when he goes to the country of the Martinians, intelligent monkeys, but his chief success is with the human Quamites, to whom he introduces gunpowder, conquest, and tyranny. His rule is so bad that they chase him out, and in his flight he manages to return to our earth, to Bergen, where he cheerfully continues with his life.

The obvious parallel to this novel is Swift's Gulliver's Travels, written only a few years before Iter Subterraneum. But Holberg writes with far more wit and humour. In addition, his hero Klim is

---

1 The kingdoms of Norway and Denmark were united in Holberg's time, being separated only in 1814.

a cheerful and ambitious soul, likeable throughout the novel, and far from a bitter misanthrope like Gulliver, whose travels make him hate the human race. If it were not for its Latin language, the Iter would be a best-seller.

Holberg's Latin is clear, non-periodic, and easy to read. He is fond of classical allusions. You will find two slightly adapted quotes from Ovid in the selection below, which contains the beginning of the novel: Klim's return home from university, his ill-fated scientific expedition, and his fall into the subterranean world. The plot of the rest of the novel is summarized at the end of the Latin selection. You will see several words in post-classical usage: crusta as in our 'earth's crust'; automata for mechanical or self-moving objects; phaenomena in our modern sense, with the common exchange of -e- and -ae-; experimenta; and others. There are some academic terms, such as Baccalaureum and the legal term exemptio fori, "exemption from the [town's] law"; only the university had jurisdiction over students. All these should present no problems.

The most accessible Latin text of this novel is available on line: Ludovici Holbergii, Nicolai Klimii Iter Subterraneum, Recognovit, Notis Illustravit Carolus Guil. Elberling (Hauniae i.e Copenhagen, 1866). There is an anonymous English translation from 1749, also on-line.

Caput I: Autoris Descensus ad Inferos

1. Anno 1664, postquam in Academia Hafniensi[1] utroque examine defunctus eram et Characterem, qui dicitur Laudabilis, suffragiis Tribunalium tam Philosophorum quam Theologorum emerueram, reditui in patriam me accingo, navemque Bergas Norvegiae ituram conscendo, niveis utriusque Facultatis calculis

---

1 The University of Copenhagen. He had received his *Character Laudabilis*, roughly our degree *magna cum laude*; all the faculty had voted for him with white pebbles (white for yes, black for no). He now returns to Bergen.

monstrabilis – at aeris inops. Commune mihi fatum cum ceteris Norvegiae Studiosis erat, qui a bonarum artium mercatura deplumes[1] in patriam redire solent. Ferentibus ventis usi, post prosperam sextidui navigationem portum Bergensem intravimus.

2. Ita redditus patriae doctior quidem sed non ditior, sumptibus eorum, qui necessitudine mihi iuncti erant,[2] sublevatus aliquandiu precariam, licet non plane desidem atque inertem, vitam egi. Nam ut Physicum, cui initiatus eram, studium[3] experimentis illustrarem, indolemque terrae ac montium viscera explorarem, omnes provinciae angulos solicite perreptabam. Nulla tam ardua erat rupes, quam non scandere, nulla tam praeceps et immanis caverna, in quam non descendere conabar, visurus ecquod curiosum ac Physici[4] examine dignum forte reperirem. Permulta enim in patria nostra non oculis modo, sed ne auribus quidem novimus, quae si tulisset Gallia, Italia, Germania aliave quaelibet miraculorum ferax commendatrixque terra, audita, perlecta lustrataque haberemus.[5]

3. Inter ea, quae notatu maxime mihi visa sunt digna, erat spelunca magno praeceps hiatu in cacumine montis, quem indigenae vocant Flöien. Cumque os eiusdem speluncae levem ac haud ingratam per intervalla emittat auram,[6] sed ita, ut crebris quasi singultibus fauces modo laxare, modo includere videatur, literati Bergenses, in

---

1 'picked clean' by the expense.

2 i.e. his family.

3 *Physicum studium*, 'natural history,' the ancestor of our geology, chemistry, biology, etc.

4 'of a scientist'.

5 The wonders of Norway would have been world-famous, if the land had not been so remote.

primis celeberrimus Abelinus[1] et Conrector Scholae Mag.
Eduardus, Astronomiae ac Physices apprime gnarus, rem
credebant exercitationibus philosophicis dignissimam,
saepeque populares – cum ipsi prae senio nequirent –
stimulaverant ad indolem istius cavernae penitius
inspiciendam; maxime cum statis veluti vicibus, ad
exemplum respirantis hominis, retractam cum impetu
regereret animam.

4. Stimulatus ego qua sermonibus horum, qua proprio
ingenio, descensum in hanc cavernam meditabar,
mentemque meam quibusdam ex amicis indicabam. Sed
his consilium valde displicebat, dicentibus inceptionem
esse stulti ac desperati hominis. At impetum his monitis
non flectere, nedum frangere poterant, et quae
sufflaminare[2] ardorem deberent, aegro animo faces
subiiciebant. Ad quodvis enim discrimen subeundum
acerrimum istud,[3] quo in res naturales detegendas
ducebar, studium excitabat, et sponte currenti calcaria
addebant rerum domesticarum angustiae; nam exhaustae
erant facultates, et durum ac molestum mihi videbatur,
aliena diutius quadra vivere[4] in patria, ubi omni
emergendi spe incisā, ad perpetuam mendicitatem me
damnatum intuebar, omneque ad honores et emolumenta
obseptum iter, nisi audaci aliquo facinore nobilitarer.

---

6 The cavern emitted a waft of air at intervals, as if it had jaws
that opened and closed, like a person's.

1 Rasmus Abelin, a Bergen traveler and philosopher; and Edvard
Edvardson, superintendent of Bergen schools. Both were active in
the 1680s and 90s, appropriate to the date given in §6.

2 'restrain,' 'brake'.

3 *acerrimum istud . . . studium*, 'that most enthusiastic interest'.

4 'to live at another's table (*quadra*)'; a quote from Juvenal 5.1-2.
spe . . . incisa, 'with all hope . . . cut off'.

5. Obfirmato igitur animo et praeparatis huic expeditioni necessariis, die quodam Iovis, cum serenum atque impluvium esset coelum, egredior civitate paulo post diluculum, quo, rebus peractis, salvo adhuc die[1] redire in urbem liceret. Quippe rerum futurarum nescius praevidere non poteram, quod alter ego Phaëthon

Volverer in praeceps longoque per aëra tractu[2] in alium orbem detrusus, non nisi post decem annorum errores patriam et amicos revisurus essem.

6. Suscepta est haec expeditio Anno 1665 Consulibus Bergensibus Iohanne Munthe et Laurentio Severini, Senatoribus Christierno Bertholdi et Laurentio Sandio.[3] Euntem comitabantur quatuor mercenarii, qui funes et harpagones,[4] quibus descendenti erat opus, secum ducebant. Recta tendimus ad Sandvicum, per quem commodissime in montem ascenditur. Enixi in cacumen, postquam pervenimus in locum, ubi fatalis erat caverna, fessi molesto itinere paulisper ibi consedimus, ientaculum sumpturi. Tunc animus, quasi instantis mali praesagiens, compavescere mihi primum coepit. Igitur conversus ad comites: "Ecquis, rogo, aleam[5] hanc prior subire velit." Nemine vero respondente, impetus languescens ex integro recaluit; funem aptari iubeo itinerique ita paratus animam Deo commendo.

---

1 i .e. while there was still daylight.
2 Ovid. *M.* 2.320. referring to Phaethon hurled from his chariot by Jupiter's thunderbolt. Distinguish *aër, aëris,* 'air' and *aes, aeris,* 'bronze,' 'money'.
3 The names are accurate for the date.
4 'grappling-hooks'.
5 A game of dice, hence 'risk'.

7. Iam in cavernam demittendus comites docebam, quid porro faciendum: pergerent scilicet remittere funem, donec vociferantem me audirent, quo signo dato restem intenderent,[1] ac vociferari perseverantem ex antro subito retraherent. Ipse dextra tenebam harpagonem, quo mihi opus erat ut, si qua in descensu occurrerent obstacula, removerem et medium inter utrumque cavernae latus corpus suspensum servarem. At vix ad altitudinem decem vel duodecim cubitorum[2] descenderam, cum rumpitur restis. Malum hoc mihi innotuit e subsequenti mercenariorum clamore et ululatu, qui tamen mox evanuit. Nam mira celeritate in profundum rapior, et tanquam alter Pluto, nisi quod harpago mihi pro sceptro esset,

Labor, et icta viam tellus ad tartara fecit.[3]

8. Circiter horae quadrantem, quantum in ista animi perturbatione coniicere licuit, in spissa caligine et perpetua nocte versatus eram, cum tandem tenue quoddam lumen, crepusculi instar, emicuerit, et mox lucidum et serenum coelum apparuerit. Stulte igitur credebam aut a repercussione aëris subterranei aut vi contrarii venti me reiectum[4], cavernamque istam spiritus sui reciprocatione in terram me revomuisse. At neque sol, quem tunc conspicabar, nec coelum nec reliqua sidera nota mihi erant phaenomena, cum coeli nostri sideribus[5] ista, quae iam videbam, essent minora. Credebam igitur, aut totam novi istius coeli machinam in sola cerebri

---

1 'hold it tight'.
2 15'-18'.
3 Ovid. *M.* 5.423, referring to Pluto and the rape of Proserpina.
4 *reiectum* [*esse*].
5 'than the stars of our sky'; abl. of comparison w. *minora*.

imaginatione, e capitis vertigine excitata, consistere, aut fingebam me mortuum ad sedes beatorum ferri.

9. At ultimam hanc opinionem mox ridebam, cum me ipsum intuerer harpagone munitum et longum funis syrma[1] trahentem, satis gnarus, reste ac harpagone non opus esse in paradisum eunti, nec coelitibus placere posse ornatum, quo ad exemplum Titanum[2] Olympum vi expugnare et superos inde deturbare velle viderer. Tandem, re serio pensitata, iudicabam delatum me fuisse in coelum subterraneum, ac veras esse eorum coniecturas, qui concavam statuunt terram et intra crustas illius alium contineri orbem nostro minorem aliudque coelum sole, sideribus ac planetis minoribus interstinctum. Et docuit eventus acu me rem tetigisse.[3]

10. Impetus iste, quo praeceps ferebar, diu iam duraverat, cum tandem sentirem, paulatim languescere, prout propius accederem planetae seu coelesti cuidam corpori, quod primum in descensu obvium habui. Idem planeta in tantum sensim excrevit, ut tandem per densiorem quandam atmosphaeram, qua cinctus erat, montes, valles et maria internoscere haud difficulter possem:

Sicut avis, quae circum litora, circum
Piscosos scopulos humilis volat aequora iuxta,
Haud aliter terras inter coelumque volabam.[4]

11. Tunc animadvertebam, non modo suspensum me in aura coelesti natare, sed et cursum, qui adhuc

1 'train,' usually referring to the long train of a gown.
2 gen. case: Titanes, Titanum; 'following the example of the Titans
. . .' who tried to conquer Olympus.
3 Compare our 'hit the nail on the head'.
4 Vergil, *Aen.* 4.255ff, referring to Mercury's flight to Carthage.

perpendicularis fuerat, in circularem abire. Hinc stetere mihi comae;[1] nam verebar, ne in planetam vel satellitem proximi planetae transformarer, aeterna vertigine circumagendus. At cum reputarem dignitatem meam hac metamorphosi nil detrimenti capturam, corpusque coeleste seu satellitem coelestis corporis pari saltem passu ambulaturum cum famelico Philosophiae Studioso,[2] animum resumo, maxime cum beneficio aurae purioris et coelestis, in qua natabam, neque fame neque siti premi me sentirem.

12. Attamen cum ad animum revocarem, in loculis meis esse panem (Bergenses vocant Bolken,[3] qui figurae ovalis vel potius oblongae solet esse), statui e loculis eundem depromere et periculum facere, ecquid in isto rerum statu palato arrideret. Sed primo statim morsu nauseam mihi moturum omne terrestre alimentum deprehendens, tanquam rem plane inutilem abieci. At excussus panis non modo suspensus in aethere stetit, sed, mirabile dictu, circulum minorem circa me describere coepit. Et innotuerunt mihi exinde verae motūs leges, quae efficiunt ut omnia corpora in aequilibrio posita motum circularem sortiantur.[4] Hinc qui[5] tanquam fortunae ludibrium me nuper deploraveram, fastu tumescere coepi, intuens me ipsum non solum tanquam simplicem planetam, sed et talem, qui perpetuo stipatus foret satellite, adeo ut inter

---

1 Cp. Vergil, *Aen.* 2.774.

2 A celestial satellite would be of equal status and move no less than a starving scientist-philosopher.

3 English 'block'.

4 An Aristotelian hypothesis that explains the circular motion of the stars and planets.

5 i.e. 'I who just now had bewailed myself as a plaything of fortune, now began to swell with pride' –that he's become a planet with its own satellite.

sidera maiora aut primi ordinis planetas quodammodo referri possem. Et ut impotentiam meam fatear, tantus tunc animum fastus incessit, ut, si obvios habuissem omnes simul Consules ac Senatores Bergenses, cum supercilio eosdem excepissem, tanquam atomos adspexissem, indignosque iudicassem, quos salutarem, aut quibus harpagonem meum subiicerem.[1]

13. Integrum fere triduum in isto statu permanebam. Nam cum circa planetam mihi proximum absque intermissione volutarer, noctes ac dies discriminare poteram, solem subterraneum iam orientem, iam rursus descendentem et e conspectu meo abeuntem cernens, quamvis nullam (qualis apud nos) noctem sentirem. Cadente enim sole, lucidum apparuit ac purpureum undique firmamentum, splendori lunae haud dissimile; id quod iudicabam esse intimam terrae subterraneae superficiem aut hemisphaerium, quod lumen istud a sole subterraneo in centro huius orbis posito mutuabatur. Hypothesin hanc mihi fingebam studii Physicae coelestis non plane hospes.[2]

14. At cum ista felicitate Diis me proximum crederem, meque ut novum coeli sidus intuerer, una cum satellite meo, quo cingebar, a proximi planetae Astronomis in catalogum stellarum inferendum[3] – ecce! immane apparuit monstrum alatum, quod iam dextro, iam sinistro lateri meo, iam capiti et cervici imminebar. Credebam primo intuitu esse unum e duodecim signis coelestibus subterraneis, ac proinde optabam, si vera esset

---

1 ' . . . or whom I could touch with my grappling-iron,' as if it were a king's sceptre.

2 'stranger'.

3 *me . . . in catalogum inferendum [esse]*.

coniectura, Virginem fore, cum e toto duodecim signorum systemate solum istud signum (scilicet Virgo) in ista solitudine auxilii quid ac solatii afferre valeret.[1] At cum corpus istud mihi propius accederet, videbam torvum et immanem esse gryphum. Tanto tunc corripiebar terrore, ut oblitus mei ipsius et sidereae meae,[2] ad quam nuper evectus eram, dignitatis, in isto animi aestu deprompserim testimonium meum Academicum,[3] quod in loculis meis forte habebam, occurrenti ostensurus adversario, examina mea Academica me sustinuisse, Studiosumque me esse et quidem Baccalaureum, qui quemvis aggressorem extraneum exceptione fori[4] repellere possem.

15. At defervescente primo aestu, cum ad me paulatim redirem, stoliditatem meam deridebam. Dubium adhuc erat, in quem finem gryphus iste me comitaretur, utrum hostis esset an amicus, aut quod verisimilius erat, an sola rei novitate delectatus, propius accedendo oculos saltem pascere vellet. Nam adspectus corporis humani, in aëre circumacti, harpagonem dextra tenentis et longum post se funem caudae instar trahentis, phaenomenon erat, quod quodvis brutum animal in spectaculum sui allicere posset.

---

1 i.e. a girl, *Virgo*, could bring him some comfort. A *gryphus*, griffin, is a mythical combination of eagle and lion.

2 *sidereae meae . . . dignitatis*, 'of my celestial status' i.e. as a planet with its own satellite.

3 his diploma.

4 A legal term meaning 'Privilege of the University'; students were not subject to the town's law, but to the university's. So the griffin would have no jurisdiction over Klim, a student. *extraneum*, 'outside the university.'

16. Insolita ista figura, quam tunc expressi, variis (ut postea audivi) sermonibus et coniecturis ansam dederat[1] incolis globi, circa quem volvebar. Nam Philosophi ac Mathematici cometam me putarunt, funem pro cauda cometae capientes. Et erant qui ex eodem insolito meteoro imminens aliquod malum, pestem, famem aut insignem aliquam catastrophen portendi iudicarunt. Nonnulli etiam ulterius progressi corpus meum, quale e longinquo illis visum fuerat, accuratis penicillis[2] delineaverant, adeo ut descriptus, definitus, depictus et aeri incisus essem, antequam globum istum attigerim. Haec omnia non sine risu ac voluptate quadam audivi, cum in orbem hunc delatus linguam subterraneam didicissem.

17. Notandum est, dari quoque repentina quaedam sidera, quae subterranei dicunt Sciscisi (i. e. crinita[3]), quaeque describunt horrentia crine sanguineo et comarum modo in vertice hispida, adeo ut in speciem barbae longae promineat iuba. Hinc non secus ac in orbe nostro inter prodigia coelestia referuntur.

18. Sed ut ad telam revertar, gryphus iste eo viciniae iam pervenerat, ut alarum quassatione me infestaret et tandem crus meum serrato vexare morsu non dubitaret, adeo ut manifeste patuerit, qua mente novum hospitem venaretur.[4] Hinc coepi pugnacissimum animal armata elidere manu, et harpagonem utraque manu complexus, hostis audaciam compescui, fugae locum saepe circumspicere cogens, tandemque, cum pergeret me vellicare, post unum vel alterum inanem ictum

---

1 *ansam dare,* 'give occasion to,' 'give rise to'.
2 'with accurate pencil [drawings]'.
3 'with long hair'; *stella crinita,* 'comet'.
4 *venor, venari,* 'hunt'.

harpagonem tanto impetu tergo alitis inter utramque
alam impegi, ut telum revellere nequirem. Vulneratus ales
horrendo edito stridore in globum praeceps corruit. Ego
vero status iam siderei[1] ac novae dignitatis, quam variis
casibus et periculis, ut vulgo fieri solet, expositam
videbam, pertaesus

Arbitrio volucris rapior, quaque impetus egit,
Huc sine lege ruo, longoque per aëra tractu
In terram feror, ut de coelo stella sereno,
Etsi non cecidit, potuit cecidisse videri.[2]

Et ita motus circularis, quem nuper descripseram, in
perpendicularem denuo mutatur.

19. Sic ingenti cum impetu per adversa crassioris aëris
verbera, cuius stridor aures percutiebat, diu tractus,
tandem levi innoxioque casu in globum delabor una cum
alite, qui paulo post e vulnere obiit. Nox erat, quando in
planetam istum delatus fui, id quod e sola absentia solis
colligere poteram, non vero e tenebris; nam tantum
luminis restabat, ut testimonium meum Academicum
distincte legere possem. Oritur nocturnum istud lumen e
firmamento sive crusta terrae inversa, cuius
hemisphaerium splendorem, qualem apud nos luna,
reddit. Hinc si solius luminis ratio habeatur, parum hic
differunt noctes a diebus, nisi quod absit sol, et absentia
eiusdem noctes reddat paulo frigidiores.

Caput II: Descensus in Planetam Nazar

20. Defunctus ita aëria hac navigatione, cum globum
salvus et illaesus attigissem (nam impetus, quo initio

---

1 *status siderei ac novae dignitatis . . . pertaesus* [*sum*].
2 Ovid, *M.* 2.203, 320ff, again Phaethon.

ferebatur gryphus, cum virium diminutione[1] languerat), iacebam diu immobilis, exspectans, quid novi illucescente die mihi contingeret. Animadvertebam tunc pristinas infirmitates redire, opusque mihi esse tam somno quam cibo, adeo ut poenitudo me ceperit abiecti temere panis. Variis solicitudinibus fesso animo tandem altus sopor obrepsit.

21. Stertueram, quantum coniicere mihi licuit, duas horas, cum horrendus boatus, diu quietem turbans, tandem somnum penitus excussit. Dormientis animo[2] variae ac mirae oberraverant imagines. Videor in Norvegiam rediisse, ibique popularibus, quae usu venerant,[3] narrasse. Imaginor denique in Templo Fanoensi haud procul ab urbe cantantem Diaconum Nicolaum Andreae audire, stridoremque vocis illius aures meas misere et more solito ferire. Igitur experrectus credebam, latratum istius viri somnum turbasse. Sed cum haud procul stantem viderem taurum, ex eiusdem boatu quietem abruptam conieci. Mox timidos oculos undique circumferens, cum oriente sole, virides passim campos et fecundos videbam agros. Arbores quoque apparuere, sed (mirabile visu) mobiles erant, licet tanta esset aëris tranquillitas, ut ne levissima quidem pluma moveri loco posset.

22. Cum mugiens taurus recta ad me tenderet, trepidus fugam circumspiciebam, ac in ista trepidatione arborem haud procul stantem conspicatus, eandem scandere

---

1 'the lessening [of the griffin's] strength'.
2 i.e. *mihi dormienti*; these are his dreams.
3 'what happened,' 'what had taken place'; this is his first dream. His second, listening to a sermon, must be a satire on the preaching (*latratus!*)of Dean Nicolas Andreas from Fanø (a village near Bergen), but the details are lost to us.

conabar. Sed cum in eo essem, vocem illa[1] edidit teneram, sed acutam et talem, qualis solet esse iracundae mulieris, moxque quasi palmā excussissimā colaphus mihi tanta vi inflictus est, ut vertigine correptus pronus in terram caderem. Ictu hoc iam quasi fulmine percussus, ac terrore animam propediem[2] agens, murmura undique audiebam et strepitus, qualibus resonare solent macella aut mercatorum basilicae,[3] quando maxime sunt frequentes.

23. Postquam oculos aperiebam, conspicabar totam circa me silvam animatam campumque arboribus arbusculisque obsitum, cum nuper vix sex vel septem apparuissent. Vix dici potest, quantas haec omnia in cerebro meo turbas excitaverint, et quantum his praestigiis[4] animus commotus fuerit. Iam vigilem me somniare, iam spectris me vexari et malis spiritibus obsideri, iam alia absurdiora mihi fingebam.

24. Sed tempus mihi non datum est, automata[5] haec eorundemque causas excutiendi; nam advolans mox alia arbor ramum demittit, cuius extremitas sex gemmis,[6] tanquam totidem digitis, munita erat. His iacentem me sustulit ac vociferantem abstraxit, comitantibus innumeris diversi generis diversaeque magnitudinis arboribus, quae sonos ac murmura edebant, articulata quidem, sed auribus meis peregrina, adeo ut nihil praeter

---

1 *illa arbor.*
2 *propediem,* 'very soon'; Holberg probably means *propemodum,* 'very nearly' out of my mind.
3 'as in open markets or the shops of merchants'.
4 'delusions'; as he then thought.
5 Machines that move themselves. Many clockwork automata and mechanical toys were made in the 17th century. Klim thinks he is in a world of automata.
6 'buds,' 'shoots'.

verba haec *Pikel Emi*, cum saepius eadem iterata fuerint, retinere memoria potuerim. Audivi mox per verba haec intelligi "Simiam insolitae figurae." Quippe e corporis mei forma et cultu coniiciebant, me simiam esse, quamvis specie nonnihil distinctam a cercopithecis,[1] quos haec terra alit. Alii pro incola firmamenti me ceperunt, quem alitem per aërem huc apportasse credebant; id quod olim usu venisse[2] annales huius globi testantur.

25. Sed haec non nisi post aliquot mensium intercapedinem, et postquam linguam subterraneam edoctus fueram, didici. Nam in praesenti rerum statu prae metu et mentis perturbatione mei ipsius oblitus eram, nec capere poteram, quid de vivis et loquacibus arboribus statuendum, nec quorsum evaderet processio haec, quae lente et compositis gradibus fiebat.[3]

26. Voces tamen et murmura, quibus undique personabant campi, iram et indignationem quandam indicabant – et sane non sine gravi causa iram in me conceperant. Arbor enim ista, quam taurum fugiens scandere volebam, uxor erat Praetoris,[4] qui in proxima civitate ius dicebat, qualitasque personae laesae crimen aggravaverat; nam non modo simplicem et plebeiae sortis mulierem, sed matronam primi ordinis visus sum voluisse palam subagitare: insolitum ac horrendum genti adeo modestae ac verecundae spectaculum.

27. Tandem ad civitatem, quo captivus ducebar, ventum est. Erat illa non minus superbis aedificiis quam

---

1 'monkeys'.
2 'has happened once before'; indirect statement.
3 Compare Tolkien's Ents.
4 She was the Mayor's wife, which aggravated his offence.

regionum, vicorum ac platearum concinno ordine et symmetria monstrabilis. Altae adeo conspicuaeque erant aedes, ut speciem turrium praeberent. Plateae ambulantibus plenae erant arboribus, quae demittendo ramos se invicem in occursu consalutabant, quoque plures[1] deprimerent ramos, eo maius erat reverentiae ac submissionis argumentum. Ita cum e conspicua quadam domo forte eodem tempore egrederetur quercus, ad visum illius demissis ramis plerisque retro cedebant caeterae arbores, unde coniicere licuit eandem supra sortem vulgarem esse. Et innotuit mox mihi urbis esse Praetorem, et quidem eundem, cuius a me laesa dicebatur uxor.

28. Rapior mox sublimis in eiusdem Praetoris aedes, ubi confestim a tergo meo obditur[2] ianua, et fores oppessulantur, quocirca me tanquam pistrini candidatum intuebar. Metum hunc insigniter adaugebant positi extra fores, tanquam in excubiis, tres custodes. Singuli sex securibus pro numero ramorum erant armati; nam quot rami erant, tot brachia, et quot gemmae, tot digiti. Notabam in summitate truncorum posita esse capita, humanis haud absimilia, et loco radicum binos conspicabar pedes, eosdemque admodum curtos, unde fit ut testudineo gradu[3] incedant planetae huius incolae. Hinc, si solutus fuissem, facile mihi foret manus illarum

---

1 *quo plures rami . . . eo maius . . . argumentum*, "the more branches . . . the greater evidence'.

2 *obdare*, 'to close'; *oppessulare*, 'to bar a door,' a rare word which Holberg found in Apuleius' *Metamorphoses*. He thought he was destined for work at the grain mill, a punishment commonly referred to in Roman comedy.

3 'at a turtle's pace'; this fact later allowed Klim to gain employment as a speedy messenger.

effugere, cum pernicitate pedum praestantior prae illis volare viderer.

29. Ut brevi me expediam, perspicue iam videbam, arbores has incolas esse huius globi et ratione easdem esse praeditas, mirabarque varietatem istam, qua natura in animantium formatione delectatur. Arbores hae nostras proceritate non exaequant, quippe iustam hominis staturam vix excedunt pleraeque; quaedam minores erant – flores diceres aut plantas – et has coniiciebam esse infantes.

30. Mirum est, in quosnam cogitationum labyrinthos phaenomena ista me deduxerint, quot suspiria mihi expresserint, quantumque carissimae tunc patriae desiderium subierit. Nam, quamvis istae arbores visae mihi sint sociabiles, linguae beneficio utentes ac specie quadam rationis praeditae, adeo ut ad animantia rationalia[1] quodammodo referri possent, dubitabam tamen, comparari posse cum hominibus: negabam iustitiam clementiam aliasque virtutes morales inter easdem locum habere. His cogitationum turbis collisus,[2] viscera mea moveri sentiebam, et e fontibus oculorum torrentes lacrimarum defluentes faciem inundabant.

31. Sed cum dolori ita indulserim et in fletus me muliebres coniecerim, intrant cubiculum custodes corporis mei, quos respectu securium[3] tanquam lictores intuebar. His praeeuntibus ducor per urbem ad

---

1 In Klim's preliminary scientific classification, these trees are *animantia rationalia,* 'rational creatures,' but not *animantia moralia,* 'moral creatures'.

2 *collido, collidere,* 'to strike together,' 'clash'; 'beaten down with this mob of thoughts'.

3 'in view of their axes'.

perspicuam quandam domum, in umbilico fori positam. Visus mihi tunc sum Dictatoriam dignitatem adeptus et Consule Romano maior; nam non nisi duodecim secures in comitatu consulum erant, cum ego octodecim stipatus procederem.[1] Valvis aedium, ad quas ferebar, caelata stabat Iustitia, in formam arboris efficta, bilancem[2] ramo tenens. Imago eadem erat filo virginali,[3] adspectu vehementi, luminibus oculorum acribus, neque humilis neque atrocis, sed reverendae cuiusdam tristitiae dignitate spectabilis.

32. Hinc senaculum[4] esse mihi liquido patuit. Introductus in curiam, cuius strata tessellati operis marmore interstincta nitebant, aureo ibi sedili tanquam tribunali sublimem vidi arborem cum bis senis assessoribus, qui a dextra et sinistra Praesidis ordine concinno ac totidem subselliis assidebant. Praeses palma erat mediocris staturae, sed inter caeteros iudices ob foliorum varietatem, quae diversis coloribus erant tincta, notabilis. Utrumque latus cingebant apparitores numero viginti quatuor, quorum singuli sex securibus armati stabant. Horrendum oculis meis spectaculum! cum ex ista armatura sanguinariam hanc gentem ominarer.

33. Ad introitum meum consurgentes senatores excelsos ad aethera extendebant ramos, quo religionis exercitio defuncti, denuo consederunt. Sedentibus cunctis, ante

---

1 His 3 guards had 6 axes each (§28). Klim never hesitates to pride himself on his position, whatever it may be.
2 The Justice engraved there holds a scale.
3 'of a maidenly quality'; *filum* in the extended sense 'style,' 'type,' 'quality'.
4 The Senate's meeting hall; *strata tesselati operis,* 'mosaic'; *bis senis,* a poetic way of saying 'twelve'.

cancellos[1] ego sistor inter duas medius arbores, quarum trunci pelle ovina erant obducti. Credebam esse advocatos, et re vera tales erant. Antequam causas dicere coeperunt, centonibus[2] quibusdam atrati coloris obvolvitur caput Praesidis. Mox actor brevem habuit orationem, quam ter repetivit; responditque pari brevitate rei defensor. Actiones eorum subsecutum est semihorae silentium. Tunc adempto, quo tectus erat, velamine, exsurgit Praeses, sublatisque denuo ad sidera ramis, verba quaedam decenter enuntiavit, quibus sententiam meam contineri iudicabam. Nam finito sermone, dimissus ad vetus ergastulum reducor, unde tanquam e cella promptuaria ad flagrum[3] me mox depromendum ominabar.

But his fears are not realized; the Potuans treat him well, teach him their language, and give him a job as a speedy messenger, calling him *Scabba*, "Hasty." This name is not a compliment: they prize slow reflection and even slower action, and they consider Klim to be flighty and light-minded. This job gives him the opportunity of traveling throughout the subterranean world, and the tale of these adventures constitutes the bulk of the novel. In an attempt to gain a higher rank among the Potuans, he proposes a new law making women second-class citizens, as they are in Europe. For this he is exiled to the *firmamentum*, the underside of the earth's crust, where he is welcomed by the Martinians, who look like monkeys. There Klim is viewed, not as hasty, but as slow-witted. Seeing that the Martinians are avid for innovation, Klim makes his fortune by introducing wigs, which are

---

1 A railing, i.e the 'bar' of the court. The *pellis ovina* ('sheepskin') which covered the guards' bodies corresponds to the wigs of English advocates.

2 In Late Latin *cento* is a cap worn under the helmet; here it represents the black cloth worn for death sentences, which is what Klim fears (see the last sentence).

3 'the lash'.

enthusiastically adopted. Soon he falls out with the Martinians and he is exiled to Quama, whose inhabitants are human beings, but ignorant savages. Klim "civilizes" them, introduces gunpowder, and conquers the entire *firmamentum*. His subjects eventually rebel, he flees for his life, and by chance falls through the same hole by which he had entered Potu 12 years previously. He meets an old friend and tells him his strange story. Since he now has to make a living, his friend arranges for him to become an *aedituus*, a custodian in a Bergen church. From emperor to custodian in a few days! But ever adaptable, he marries, has three sons, and lives happily ever after. Thus ends the novel.

THE LETTERS OF TYCHO BRAHE

The 15th and 16th century equivalent of our scientific newsletter (*Science Daily, Planetary Exploration Newsletter*, and the like) was the letter sent by individual researchers to colleagues around Europe. The astronomer Tycho Brahe sent and received hundreds of letters, which he published in several volumes of *Epistolarum Astronomicarum Libri* (1596). Two examples are printed below.

Tycho Brahe was the greatest naked-eye astronomer of all times and an enthusiast for precise observations and their comprehensive recording. He attained unprecedented accuracy and his observations allowed his associate and successor, Johannes Kepler, to determine planetary orbits and to formulate his laws of motion. Tycho Brahe was born a wealthy Danish nobleman and became known as an astronomer even in his youth. In the 1570s, using the knowledge he had gained at the observatory of Landgrave Wilhelm IV of Hesse-Kassel, he established his own observatory on the island of Hven (between Denmark and Sweden; he called it Uraniborg 'Heaven's Town') and began the series of exact stellar observations for which he is famous. He observed the supernova of November 1572, which became one of the turning points in the history of astronomy.

For centuries men had followed the doctrines of Aristotle, the greatest scientist of antiquity, in dividing the universe into two parts: the sublunary (under the moon) was the area of coming-to-be (γένεσις) and passing-away (φθορά) in Aristotelian terminology, i.e. change, increase, decay. The supralunary (above the moon), the zone of the planets and fixed stars, was immutable and unchanging, moving in its regular, circular course around the earth. Comets and the like were not considered celestial, but exhalations from the earth which were ignited by their contact with the sphere of fire or aether. Alternatively they were thought to be haloes or vapours from these earthly exhalations. In any

271

case, they were what we would call atmospheric, not celestial or astronomical.

Opinion began to change with observations of the 1572 supernova and the comets of 1577 and 1680-1. Tycho observed that the "new star" (*stella nova*), like the fixed stars, showed no parallax; since the moon does exhibit parallax, the new star must be supralunary and close to the stars.[1] In regard to the comet of 1577, other observers noted that this comet also showed no parallax and must be located in the area of the superior planets (Mars, Jupiter, Saturn) or of the fixed stars. If so, the supernova and the comet demonstrated that the heavens were not immutable or unchanging. Tycho makes the same point about the comet of 1585 in §6 below. Later observation of a comet from 1680-1 is thought to have finally disproved the Aristotelian view of the heavens and created Newtonian physics. Be aware that these exact, scientific observations did not prevent these astronomers from attributing astrological effects to the comets, as you will see in the letter below. The brilliant astronomer Johannes Kepler was also a practicing astrologer.

The first letter below, from Landgrave Wilhelm IV of Hesse-Kassel, is an example of this nobleman's devotion to astronomy and his desire to inform the scientific world of his observations.

Wilhelm IV of Hesse-Kassel (1532-1592), Protestant ruler of the area around Kassel (central Germany) and defender of the Lutheran Reformation, was a notable patron of astronomy and an active astronomical observer himself. The enlargement of his castle in Kassel in 1560 allowed Wilhelm to establish the first modern astronomical observatory in Europe, some 15 years

---

1 Parallax refers to the difference in the placement of an object relative to its background when the object is observed from different positions. For example, if you look at a post 200' away, then move 20' to the side and observe the same post, it will seem to have moved relative to what was behind it. The moon "moves" relative to the fixed stars when it is observed from China and at the same time from France. Of course Tycho was not able to observe from China and France simultaneously, but he had methods that attained a similar result.

before Tycho Brahe established his on Hven. In subsequent years his duties as Landgrave interfered with his studies, but in 1594 the arrival of the noted astronomer Christoph Rothman (mentioned in the letter below) allowed him to resume work on his magnum opus, a catalog of the fixed stars. Here he is communicating with Heinrich Rantzau (1526-1598), governor of the Duchy of Holstein, also an astronomer, and a wealthy patron of the arts. Wilhelm clearly wants Rantzau to pass his observations on to Tycho Brahe. The original of this letter was in German, but Tycho translated it into Latin for publication in his *Epistolarum Astronomicarum Libri*, bk. 1, p. 14 (available on-line). For books on this topic, see C. Doris Hellman, *The Comet of 1577: Its Place in the History of Astronomy*, (New York, Columbia University Press 1944) and M. Granada, A. Mosley, N. Jardine, Cristoph Rothmann's *Discourse on the Comet of 1585* (Leiden: Brill 2014).

Note the number conventions of the time: p. 23./.15 [Pisces] means 23° 15′ of Pisces (the original publication uses the astronomical symbol for Pisces, which is not available on our keyboards); Latitud. Merid. part. 14 min. 0 means a southern latitude of 14° 0′; Latitud. Mer. p. 13. /. 6 means a southern latitude of 13° 6′. We have kept Tycho's capitalization, which in many cases seems somewhat random and may be due to the printer.

1. Exemplar Literarum Illustrissimi Principis Wilhelmi Hassiae Landtgravii ad Nobilissimum Dominum Henricum Rantzovium, de Cometa Anni 85, quae ex parte occasionem praebuerunt aliquot subsequentibus.[1]

2. Wilhelmus Dei Gratia Landtgravius Hassiae, Comes de Catzenellebogen, Dietz, Ziegenhain et Nidda.[2]

---

1 This is Tycho's heading to the letter. *aliquot subsequentibus* i.e. *epistulis*; this one prompted the next letters.
2 Towns included in the Landgraviate of Hesse-Kassel.

3. Gratia et favore nostro praemissis. Nobilissime et singulariter dilecte. Accipimus quas ad nos Segeberga[1] 22 Septembris elapsi dedisti literas, unaque transmissum Librum, clementerque pro eo agimus gratias, eum suo tempore cum voluptate perlecturi. Ignorare te autem nolumus, nos ex instructione Pauli Wittichii[2] Instrumenta nostra Mathematica in melius restituisse, adeo ut cum prius vix 2 min. exacte, iam unius dimidium, immo quartam partem animadvertere liceat.[3] Curavimus itaque tali forma Quadrantem Horizontalem, simulque Sextantem ad observandas distantias Stellarum ex puro Orichalco bicubitalem confici. Sustentamus quoque tres Studiosos Astronomiae et Observationum peritos ad iustificanda loca Stellarum fixarum,[4] licet priores nostrae observationes, quas ipsi in otio ante Regiminis initium nostris oculis accepimus, quarum etiam (si recte meminimus) Exemplar habuisti, ne 4 aut 5 minutis ab his discrepent. Speramus etiam brevi nos haec ad finem deducturos, modo aër nobis serenior affulserit circa novilunium, quod toto hoc Anno desideravimus.[5]

---

1 'from Segeberg,' Rantzau's administrative seat in Holstein.

2 Paul Wittich (1546-1586), a mathematician and astronomer, was an associate of Tycho and later an employee of Wilhelm.

3 His instruments have gone from a 2' precision to ½' or even ¼', an improvement of 4x or 8x. These are a horizontal quadrant and a sextant of brass 3' (*bicubitalem*) long (a bigger instrument is more accurate). The telescope had not been invented. Illustrations of all Brahe's instruments can be seen in his *Astronomiae Instauratae Mechanica* of 1602, available on-line. Wilhelm's were similar.

4 'to correct the positions of the fixed stars'; more precise observations to correct any earlier errors. Wilhelm's observations 'before the beginning of our reign' (when he had more time) were close, but not exactly the same.

5 'have lacked'; northern Europe is not the best location for astronomy.

4. Scripsit autem nuper ad nos Mathematicus noster Christophorus Rothmannus,[1] se Mensis huius die 8 hora 9 vespertina Cometam in p. 23./.15 [Pisces] cum Latitud. Merid. part. 14 min. 0 et Die 9 eiusdem in 25 grad. 50 min. [Pisces], cum Latitud. Mer. p. 13. /. 6 observasse.[2] Eundem nos ipsi heri Die 19, vesperi, nullo quidem Instrumento, sed solummodo per Lineas Rectas in Globo nostro observatum denotavimus, eumque in p. 21 [Aries] cum Deviatione Latitud. 4 part. Merid.[3] depraehedimus.

5. Exiguus est et undiquaque crinitus, ut eum existimemus esse ex genere Cometarum, quos *Circaeos*[4] nominant, quique tempore Maximarum coniunctionum apparere solent. Quid autem portendat, praesertim cum Saturninus sit et Saturno coniunctus, Dies docebit.[5] Quin et nos libenter scire averemus, an idem apud vos sit conspectus, cuperemusque magnopere Tichoni Brahe, praemissa clementi nostra salutatione, apparitionem et Observationem huius significare velis, petitione addita, ut nobis indicet qua ratione eum observarit.[6] Quia enim tam exiguus est, alias a paucis eum observatum iri aestimamus. Haec ut fiant, clementer erga te affecti, confidimus. Datae Rotenburgi, Die 20 Octob. Anno 85

---

1 Christoph Rothmann (ca.1550-ca.1600), Wilhelm IV's associate and one of the best known astronomers of his time.

2 In one day the comet had moved $2°$ in longitude and $1°$ in latitude.

3 By the 19th it was at $21°$ of Aries and a change of $4°$ south latitude. Note the emphasis on precise observation.

4 *Circaeos*, 'Circean' makes no sense. This is probably an error for *Ceratias*, 'horned,' 'with horns' referring to the appearance of the tail. *coniunctiones* are the conjunctions of various planets. Wilhelm IV is commenting on the astrological significance of the comet.

5 'Time will tell'.

6 Tycho's response is in the next letter. The comet was so small that most observers will not have seen it.

Here is part of the long letter in which Tycho responded to Wilhelm's request.

1. Observationes Cometae Anni 1585 Uraniburgi in Dania, Habitae, et Illustrissimo Principi Wilhelmo Hassiae Landtgravio Communicatae a Tychone Brahe.

2. Praecedente Anno, qui fuit a nato Christo 1585, Die 18 Octobris, cum post diuturnas inde fere ab initio eiusdem Mensis obscuritates et pluviosum tempestuosumque Aëris statum, exoptata serenitas restituta esset, volens[1] consueto more, una cum meis Astronomiae Studiosis, Stellarum apparentiis per Instrumenta demetiendis invigilare, animadverti ex improviso Stellam quandam Asciticiam,[2] obscuro, raro et nebuloso lumine praeditam, prope linum Australioris Piscis,[3] (quae tota sua forma nebuloso gyro, quem praesepe [Cancer][4] vocant, quam similima erat), nisi quod ab initio circa hunc et aliquot sequentes dies, hoc ipso gyro aliquanto maior videbatur, Adeo ut si ipsas extremitates accuratius quis intueretur, Iovis stellam[5] apparenti magnitudine quamproxime adaequaret, licet ob luminis obtusi tenebricosum aspectum nequaquam adeo perspicue, ut Planetae vel Fixa Sidera Mundo coaeva oculis sese ingereret.[6] Fuit autem in media sui Corporis

1 *volens* with *invigilare*; *apparentiis . . . demetiendis*, 'for measuring the [first] appearances of the stars'.

2 'unusual'.

3 The more southern of the two fish which form the constellation Pisces.

4 *Praesepe*, 'manger', part of the constellation Cancer, now called the Beehive or M44 star cluster. The comet was very similar (*quam similima*) in appearance to this star cluster.

5 Jupiter; it was approx. of Jupiter's magnitude.

6 It was not as clear (*perspicue*) as Jupiter and did not present itself to the eye as 'of equal age' (*coaeva*; i.e. it was of recent origin) as the planets and fixed stars. So far it did not have a tail (*cauda* or

parte compactiori lumine praedita, circa extremitates vero rarior et disparentior. Circumquaque etiam plane rotunda extitit, nec ullam caudam aut barbam in unam magis quam aliam partem protendebat, nisi quod Die 20 et 22 exile quoddam vestigium cuiusdam tenelli radioli vix spithamae[1] longitudine, quo ad visum versus Occasum extendere acutissime diuque intuentibus putaretur. Neque quicquam eiuscemodi in ea alias per totam durationem contueri licuit. Successive autem imminuebatur, ita ut circa 4 Novembris aliquantulum minor praedicto[2] nebuloso gyro [Cancer] fuerit, cui adhuc colore et forma apprime congruebat. Deinde paulatim adhuc minor facta, circa medium Novembris prorsus disparuit.[3]

3. Prima Nocte qua eam observavimus, a Saturno, qui tunc iuxta Stellulas in Lino [Pisces] retrocedebat,[4] non longe removebatur, quem iam erat aliquanto plus quinis gradibus versus Ortum praetergressa. Transivit deinde totam Arietis constellationem, Taurique dorsum versus Septentrionem superavit, ubi non longe a Pleiadibus (quas licet Latitudine Boreā excederet, Longitudine tamen non est assecuta[5]) conspici desiit. Quae vero in huius peregrinae Stellae situ et promotione,[6] singulis Noctibus,

---

barba).

1 'a span' of a hand, a unit of measure taken from part of the body, like 'cubit' = hand to elbow.

2 'the previously mentioned' star cluster in Cancer.

3 §2 contained the general description. Now come the details.

4 'which was then retrograde among the group of small stars [the Circlet] in the Line of Pisces'; Tycho uses other stars as reference points. *versus Ortum*, 'towards the East'.

5 'did not reach'.

6 'in the position and motion of . . .'; *quae . . . depraehendi . . . in subiecta Tabella . . . subiiciam*,'What I observed/gathered . . . in the table below . . .I have appended'. The table makes the motions

quibus per serenitatis opportunitatem aspectabilis erat, toto durationis tempore depraehendi, quia nimis longum foret omnia hic recensere e multiplicibus, quas habui Observationibus, praecipuas quasdam ad certas Horas selegi, quas in subiecta Tabella, Ut uno intuitu commodius oculis pareant, subiiciam.

4. Ubi animadvertendum est, Diebus qui desiderantur Coelum fuisse hic nubibus obductum, quae Siderum aspectum intercludebant, velut (ut de caeteris taceam) inter noctem quae sequebatur 22 Diem Octobris usque in quartam Novembris, per integros 13 Dies, nulla constans Serenitas offerebatur, et si quae momentanea inter recurrentes nubes interdum extitit, a Lunaribus Radiis nihilominus adeo obfuscabatur haec Crinita Stella – per se alias admodum tenuiter apparens – ut nullis Instrumentis toto hoc tempore Observationi patuerit[1] utut absque intermissione diligenter Coelum, tum ob aliarum Stellarum dispositionem accurate denotandam, tum praesertim ob hoc ipsum Ascititium Phaenomenon, quod non ita diu duraturum praesciebam, plenius et sufficienter contemplandum aspexerim. Licet vero non continua affulserit serenitas, tamen ex his ipsis, quibus apparuit defaecatis[2] Noctibus, intermedii motus qui desiderantur facile resarciri atque compleri poterint.[3]

---

easy to follow.

1 *utut absque intermissione diligenter Coelum . . . plenius et sufficienter contemplandum aspexerim,* [because of the clouds] 'it was not open to any observation such that I could carefully view and examine the sky without interruption'; he wanted to observe 1. to fix the position of the other stars, 2. to observe this transitory phenomenon.

2 'clear'.

3 The reader can interpolate the values between those listed in the table, which were made on clear nights.

Nunc Observationum summatim compraehensos numeros ob oculos ponam.

Here Tycho prints two tables headed: *Selectae quaedam Observationes ad diversa tempora, interea dum nobis appareret his Cometa, caelitus diligenter acceptae*. The 1st table, for October, lists the day, hour, and minute of the observation on the left, with the right ascension, the declination, the longitude, and the latitude in succeeding columns. A day may have more than one observation time. Observations for 3 days are listed. The table for November (printed here) is the same, but 6 days are listed. He now goes on to explain how he made the tables.

5. Has Ascensiones Rectas et Declinationes perquisivi, partim magno quodam et solide elaborato Armillarum Aequatoriarum Instrumento, quod senos cubitos in diametro[1] conplectitur, partim beneficio Sextantis quadricubitalis, per exactas distantias una diligenter comprobavi. Stellarum autem Fixarum loca, quibus in hac Pragmatia[2] usus sum et iamdudum antea et hoc eodem etiam tempore exacte verificata adhibui, ut in his Observationibus ne minimus, qui in sensus incurrere possit, error lateat. Longitudines vero et Latitudines hae per Ascensiones Rectas et Declinationes e Triangulorum Sphaericorum fontibus derivatae sunt. Ipsa insuper temporum assignata momenta,[3] non saltem per bina Horologia, Horarum minimas portiunculas correcte indicantia, sed simul etiam Aequatoriis quarundam

---

1 About 9' in diameter, a fine precision instrument. The instrument is illustrated and its use explained in Tycho's *Astronomiae Instauratae Mechanica* (1602). The sextant was about 6' in radius.

2 'exercise'; he used previously established (and now verified) fixed star positions as reference points for rt. ascension and declination.

3 i.e. the hours and minutes were not only from two clocks but also from star positions verified by the equatorial armilla. *portiunculas*, 'minimal parts' (probably minutes).

Stellarum a Meridiano distantiis examinata sunt. Si autem hic Cometae motus Geometrice per Triangulos expendatur,[1] apparebit eum suo proprio ductu descripsisse Arcum Circuli revera maximi, qui tamen ad Aequatorem et Eclipticam aliquanto variabilem inclinationem successive admiserit, quique Aequatorem in p. 14. /. 55 ab Intersectione verna, Eclipticam vero in p. 27. /. 38 [Aries] pertransiverit.

Tycho continues with his explanation of the tables and calculates the position of the comet in relation to the stars. The comet's own motion *longe maiori si prope Lunam Sphaeram extitisset hic Cometa*. Therefore it cannot be a sublunary phenomenon. He also shows that the comet's parallax puts it beyond the lunary sphere. He summarizes:

6. Patet itaque ex his Observationibus diligenter in hunc modum examinatis Cometam hunc paene insensibilem admississe Parallaxin, quod reliquae Observationes supra notatae, si pari trutina[2] expendantur, ita se habere astipulabuntur. . . . Quapropter non saltem in Elementari Regione infra Lunam (cum adhuc longe maiorem illic aspectus diversitatem admisisset) hunc Cometam nullatenus extitisse,[3] sed in Altissimo Aethere, aut supra ipsum Solem, aut certe non longe infra hunc generatum fuisse, Parallaxeos exilitas, quae paene insensibilis erat, liquidissime demonstravit. In ipso autem Aethere novas generationes aliquando procreari, non saltem ea, quae ad Cassiopeam ante 13 Annos in Octava Sphaera immota

---

1 'is measured with the triangle' (another instrument like a sextant). The comet's course (a circle) inclined to the ecliptic, cut the celestial equator at 14° 55' from the vernal equinox, and the ecliptic at 27° 38' of Aries.

2 'in an equal balance'; *astipulabuntur,* 'will agree with'.

3 *extitisse . . . fuisse* both depend on *Paralaxeos exilitas . . . demonstravit*: 'this tiny parallax shows that . . .'

plus integro Anno constitit,[1] recens nata Stella, sed etiam tres alii Cometae interea nobis conspecti, qui longe supra Lunam in ipso Aethere cursum suum absolvebant, sufficienter comprobarunt. Veluti nos (Deo conatus promovente) peculiari Opere de his omnibus elaborato, evidentissime per certas Observationes et his fundatas[2] Demonstrationes brevi fidem faciemus.

EPISTOLARVM ASTRONOMICARVM 15

NOVEMBER.

Dies	Hor.	Min.	Ascens. R. G.	Ascens. R. M.	Declinat. G.	Declinat. M.	Longit. G. ♌	Longit. M.	Latitud. G. ♉	Latitud. M.	Dies
4	7	5	38	42	21	51	13	$12\frac{2}{3}$	6	$18\frac{1}{4}$	4
	10	35	38	45	21	$53\frac{1}{2}$	13	$16\frac{1}{3}$	6	$19\frac{1}{2}$	
5	7	50	39	28	22	24	14	$3\frac{5}{6}$	6	$36\frac{1}{6}$	5
	11	31	39	34	22	28	14	$10\frac{1}{2}$	6	38	
	13	30	39	$38\frac{2}{3}$	22	$29\frac{1}{2}$	14	$14\frac{1}{2}$	6	$38\frac{1}{3}$	
6	6	5	40	9	22	52	14	49	6	51	6
	11	42	40	17	22	58	14	58	6	$54\frac{1}{2}$	
	14	55	40	$21\frac{1}{4}$	23	4	15	$3\frac{1}{4}$	6	59	
7	7	19	40	51	23	19	15	$34\frac{1}{2}$	7	$4\frac{2}{3}$	7
	8	16	40	$52\frac{1}{2}$	23	21	15	$36\frac{1}{3}$	7	$6\frac{1}{2}$	
9	8	11	42	7	24	9	16	$56\frac{1}{3}$	7	$31\frac{1}{2}$	9
	9	30	42	$10\frac{1}{2}$	24	$10\frac{1}{2}$	17	0	7	32	
12	8	48	43	$4\frac{1}{4}$	25	$14\frac{1}{2}$	18	$44\frac{1}{3}$	8	7	12
	9	20	43	$50\frac{1}{3}$	25	15	18	$46\frac{1}{2}$	8	7	

1 The nova of 1572.
2 'based on these observations'.

Alchemist's workshop.

LEEUWENHOEK: LETTER ABOUT MICROSCOPY

Antonie or Anthony van Leeuwenhoek (1632-1723) was the first to study microorganisms in detail. His researches and his reports to the Royal Society in London brought these creatures (which he called *animalcula*) to scientific attention. Born in Delft, Holland, Leeuwenhoek attended a local elementary school, his only formal education. In 1648, at age 16, he was apprenticed to a linen draper in Amsterdam, returning to Delft in 1654 to open his own shop. He remained active in the cloth trade, while at the same time serving in various municipal posts as surveyor, alderman, and other posts which gave him enough time to devote to his primary interest, microscopy.

Leeuwenhoek was familiar with the magnifying glass (now called a pick glass) which textile merchants used to determine the thread count of a given fabric. These were of 3x or 4x power. It has been suggested that he was also familiar with Robert Hooke's book on his newly invented microscope, *Micrographia* (1665).[1] In any case L. started making his own microscopes, which were nothing like the modern instrument. His microscopes were essentially magnifying glasses consisting of a single convex lens mounted between two copper, brass, or silver plates about 1x3 inches in size. The object to be examined was mounted on a threaded screw attached to the plates. The researcher held the plates with the lens very close to his eye – like a monocle – and looked through the lens towards the sun or another strong light source. Leeuwenhoek made several hundred of these devices, which had a shallow depth of field. A few survive, and it requires practice and good eyesight to use them. (The same can be said of many early optical instruments, such as Galileo's first telescope.)

---

1 Robert Hooke (1635-1703) was an English philosopher and polymath. He was a member of the Royal Society, and surveyor for the City of London after the fire of 1666. He built telescopes and microscopes.

Leeuwenhoek communicated his discoveries in long letters to the Royal Society, which was at first skeptical about the existence of these *animalcula*. In 1673 the Society sent a delegation to Delft to see for themselves; they were suitably impressed and Leeuwenhoek's fame was assured. He continued writing to the Royal Society for years. All of his more than 500 letters were in Dutch, since he had no other language. His letters were translated into Latin for a European audience by Henry Oldenburg, a German who was the Secretary of the Royal Society in charge of the Society's extensive foreign correspondence. Leeuwenhoek lived to his 90th year, still sending letters to London. In 1981 some of his original specimens, which he had sent 300 years earlier, were found in the collections of the Royal Society, still in good condition, very well preserved.

The following letter is preserved in Antonius van Leeuwnehoek, *Arcana Naturae Detecta* (Delft: Henricus a Krooneveld, 1695) p. 41ff. In it Leeuwenhoek records his discovery of bacteria in dental tartar. Note that he does not speculate on the nature of these *animalcula*; he simply records in great detail his observations and specifies the places and conditions where the observed material was collected. For additional selections from Leeuwenhoek's letters with notes, see Robert Smutny, Latin *Readings in the History of Medicine* (Lanham MD: Univ. Press of America, 1995). This volume contains many other fascinating passages from medical history.

Domino Francisco Aston Antonius a Leeuwenhoek S. P. D.[1]

Leeuwenhoek begins by mentioning his earlier observations of saliva to determine if it contained any *animalcula*. He did not find any, and decided to investigate teeth.

1. Soleo mane dentes meos sale fricare ac postea os aqua colluere; ac ubi comedi, saepius dentes meos molares

---

1 *Salutem plurimum dicit*; Francis Aston (1645-1715) was Secretary of The Royal Society in the 1680's.

dentiscalpio[1] purificare, ut et[2] aliquando eos linteo vehementer fricare, quo fit ut dentes mei adeo puri maneant et candidi, ut paucos mihi coaetaneos[3] hoc pacto raro videas, nec gingivae meae (quantumvis duro eas fricuero sale) umquam sanguinem emittant. Nec tamen ideo[4] dentes mei adeo sunt puri, quin, ubi eos per speculum objecta augens[5] intueor, viderim manentem vel crescentem inter dentes quosdam materiam quandam albam, ac ob crassitiem,[6] farinae aqua subactae similem. Hoc observans (licet motum in ea dignoscere non possem) tamen judicavi ei viva animalcula inesse. Saepius ergo eam materiam aquae pluviatili purae,[7] cui nulla animalcula inerant, ac etiam salivae immiscui, quam ex ore meo petieram, postquam aëris bullulas ab ea separassem, ne illae in saliva motum excitarent. Ac fere semper magna cum admiratione vidi dictae illi materiae inesse multa exigua admodum animalcula, jucundissimo modo se moventia. Maximum genus simile erat Fig. A[8] haec maximum et celerrimum habebant motum, ac per aquam aut salivam ferebantur instar lupi piscis[9] per aquam; haec etiam passim exiguo erant numero.

---

1 'toothpick'; *linteo*, 'with a linen cloth,' his equivalent of dental floss.

2 'as well as'.

3 'my contemporaries'; *gingivae*, 'gums'.

4 *ideo*, 'for that reason'; *adeo*, 'so'.

5 *speculum objecta augens*, 'a mirror which enlarges the image'.

6 'thick consistency'; the material looked like bread dough (presumably tartar).

7 i.e. rainwater; *bullulae*, 'bubbles'.

8 *Figurae*, dat.; note pass. forms of *fero, ferre*, (*ferebantur, ferrentur*) in the sense 'move'.

9 'like a pike' (a fast-moving fish).

2. Secundum genus simile erat Fig. B. Haec saepe turbinis in modum[1] circumagebantur ac aliquando instituebant cursum[2] ut in C et D ostenditur; haec multo majori erant numero.

3. Tertii generis figuram dinoscere non potui, nam aliquando videbantur esse figurae oblongae, aliquando perfecte rotundae; haec adeo erant exigua ut majora non apparerent quam Fig. E ac praeterea tam celeriter progrediebantur ut per se hinc et inde ferrentur, aeque ac si magnum culicum aut muscarum sine ordine volitantium numerum[3] videremus. Haec ultima mihi quidem ita apparuerunt ut putarem me videre aliquot millia in aliqua aquae[4] parte, vel salivae cum supra dicta materia permixtae, quae aliquo arenae grano non erat major; licet ibi quidem partes novem essent aquae vel salivae, et una saltem materiae, quam ex dentibus incisoriis sive molaribus detraxeram.

4. Porro constabat maxima pars materiae ex immensa striarum[5] multitudine; quarum quidem una ab alia longitudine plurimum differebat, unius tamen ejusdemque erant crassitiei, aliae incurvatae, aliae rectae, ut in hac Fig. F quae inordinate[6] jacebant atque inter semet ipsas implicatae, et quia antehac animalcula eandem habentia figuram vidi in aqua viventia, idcirco omni molimine contendi ut observarem, utrum in illis

---

1 'like a top'.
2 'took a course/direction like. . .'
3 'a large number of gnats (*culex*) and flies (*musca*).' He could not keep track of this species.
4 *aquae . . . salivae . . . permixtae.*
5 'streaks' or 'fluting'.
6 'without any regular order'.

esset vita; sed nullum motum, quam minimum alicui vitae consentaneum,[1] potui animadvertere.

5. Cepi quoque salivam ex binarum feminarum ore, quas cotidie os suum colluere mihi constat; hanc autem quantum pote accurate[2] observavi, sed nec in ea animalcula dignoscere potui; sed postea eam immiscui materiae, etiam acu ex dentium earum interstitiis exemptae, atque tum in ea etiam tot animalcula viva una cum particulis seu striis oblongis, de quibus supra, detexi. Observavi quoque salivam pueri annos circiter octo nati, nec in ea quoque animalcula viva detegere potui; postea etiam eam immiscui materiae, ex dentibus pueri a me exemptae, ac tum tantam animalculorum aliarumque particularum copiam in ea agnovi, quantam ante jam memoravi. Deinde os meum (de industria[3]) per tres dies non ablui, ac tum materiam, quae parva copia dentibus meis et gingivae adhaerebat, cepi, eamque aeque salivae ac aquae purae pluviatili immiscui, atque in ea etiam pauca quaedam viva animalcula repperi.

Leeuwenhoek then reports what he found first in the mouth of an old man who did not drink spirits or smoke tobacco. He found very many *animalcula*. Next L. approached another old man who drank regularly and never cleaned his teeth except by soaking them in wine and spirits (*perfundendo cyathum vini ac vini adusti*). L. found little in his saliva, but many *animalcula* between the teeth.

6. Porro ori meo infudi acetum acidissimum, ac dentes ad se invicem compressi atque ita acetum bis terve per

---

1 'characteristic of'; any living thing should move to some extent (*minimum*).

2 *quantum pote accurate*, 'as accurately as possible'.

3 'intentionally'; not by accident.

eorum intervalla transegi;[1] hoc facto, ter os meum aqua pura collui; ac postea iterum dictam hanc materiam ex utriusque generis dentibus[2] exemi, ac varie eam iterum miscui tam salivae quam aquae purae pluviatili, ac fere semper incredibilem vivorum animalculorum numerum detexi, sed plurimum quidem in materia quam ex dentibus molaribus exemeram, sed pauca vidi quae similia erant Fig. A.

7. Parum quoque aceti vini tam salivae mixtae quam aquae indidi, unde animalcula statim moriebantur. Hinc concludebam acetum quod in ore habueram non per omnem materiam, quae arctissime inter dentes erat disposita, penetrasse, ac solummodo ea animalcula occidisse, quae in exteriore materiae albae parte[3] erant.

8. In quibusdam supra dictarum observationum, mihi bis terve apparuerunt particulae quaedam admodum pellucidae, quarum aliae erant perfecte rotundae, aliae imperfecte, hae variae erant molis,[4] ac maximam ex iis judicabam viginti et quinque circiter vicibus superare globulum sanguinis nostri, ac, nisi ob gravitatem suam versus fundum descendissent, pro adipis[5] particulis eas habuissem.

9. Variae domi meae fuere matronae, cupidae videndi in aceto anguillas, quarum quaedam adeo illud fastidiebant, ut sibi certum dicerent se nunquam post hac velle uti aceto. Sed quid nunc fiet, ubi in posterum ejusmodi

---

1 He forced the acid vinegar between his teeth several times.
2 i.e. incisors and molars.
3 *exteriore materiae albae parte*, 'the outer surface of . . .'
4 *molis*, 'mass,' 'size'; *viginti et quinque circiter vicibus*, '25 times the size of a blood corpuscle'.
5 *adeps, adipis*, 'fat'; they looked like fat globules, but were too heavy.

hominibus dixerimus, plura esse animalcula in sordibus dentibus, in ore hominum, adhaerentibus, ac[1] sunt homines in tot regno; ac praesertim in eorum ore, qui id nunquam eluunt. (Unde[2] tantus ex quorundam ore prodit faetor, ut molestum sit cum illis colloqui; quod multi halitum vocat putrem, cum tamen fere sit os putridum.)

10. Quod ad me, de me ipso censeo (licet os meum dicto modo quotidie eluam) non tot in his Unitis Provinciis[3] vivere homines, quot viva animalcula in ore meo gesto; nam quondam videns, gingivae unius ex posterioribus dentibus meis molaribus, adhaerere crassitiem circiter pili equini[4] supra dictae materiae; quam partem, ut opinor, per aliquot dies sale non fricueram, materiam illa inde exemi ac in ea tantum conspexi vivorum animalculorum numerum, ut mille quidem mihi viderentur contineri spatio non majori centesima arenulae parte.[5]

In the rest of this letter, L. discusses some small worms (*vermes*) which he had extracted from a man's face, then the nature of skin cells (*squamae rotundae*) which he had examined through his microscope.

Dabam Delphis Batavorum Pridie Iduum Septembris 1683.[6]

---

1 *plura . . . ac,* 'more than'.
2 A side comment on bad breath; *faetor,* 'stench'; *halitus* 'breath'; *putris,* 'rotten,' 'stinking'.
3 The United Provinces of the Netherlands.
4 'the thickness of about a horse hair'.
5 '1/100 part of a grain of sand'.
6 Delft, Holland, Sept. 12, 1683.

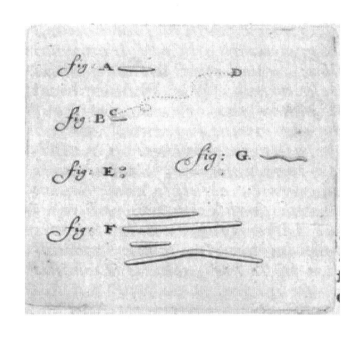

OERSTED: *EFFECTUS ELECTRICI IN ACUM MAGNETICUM*

(Experimenta Circa Effectum Conflictūs Electrici in Acum
Magneticam)

Hans Christian Oersted (Danish Ørsted, German Örsted), born
August 14, 1777, was one of the most prominent physicists of the
early 19th century. From a talented family – his father was a
pharmacist, his brother, a jurist, became Danish Prime Minister
in 1853 – Oersted began to study electricity while making his
living as a pharmacist in Copenhagen. In 1801 he was appointed
lecturer at the University of Copenhagen, drawing large
audiences to his demonstrations. After a travel scholarship to
Germany and France, he returned to the Physics Department at
the University in 1806 and was appointed Professor Ordinarius in
1817, a high honour. He was also secretary of the Royal Danish
Society for the Sciences, and in that capacity corresponded with
many of the prominent scientists of the time, such Alexander von
Humboldt, Gauss, Fresnel, Ampère, Herschel, and Faraday. At
the university he established the first chemical laboratory for the
use of students (unusual for the time), and in 1829 he helped
found the Technical University of Denmark and was named its
first director. He was also concerned with education below the
university level. In 1814 Denmark had introduced compulsory
education for all children under fourteen, and Oersted urged the
inclusion of the natural sciences in the curriculum. He continued
his experimentation, and in 1825 was the first to produce
aluminium, which he named *argilium*, corresponding to the
popular name "silver from clay" (Latin *argilla*, "clay"). Other
activities kept him from continuing his researches on aluminium,
and further advances in the production of the metal were made in
Germany. After a lifetime of scientific work, Oersted died in 1851.

The treatise presented here, on his discovery of electro-
magnetism, was published in 1820 and is considered the last
major scientific work in Latin. Translations into French, Italian,

German, English, and Danish were done in that same year. In 1827 for the *Edinburgh Encyclopedia* Oersted himself wrote an account (in English) entitled "Thermo-electricity," reviewing research into electricity from 1600 to 1827, including his own experiments. The essence of his discovery was that electricity and magnetism are versions of the same force. His was the first step leading to the yet-undiscovered unified field theory still under investigation in the 21st century.

Oersted used the odd term *conflictus electricus* for our "electric current" because he considered the transmission of electricity through a conductor not as a uniform stream, but as a series of interruptions and re-establishments of equilibrium; the electrical forces are in a state of continual conflict, which causes the heat and light produced by the electricity. In addition, the electrical force is not confined to the wire, as shown by its influence on the magnetic needle (§14). (He explained his hypothesis in his article in the *Edinburgh Encyclopedia*.) Like electricity, the magnetic effects radiated out from the conductor. You will see here many Latin words which are now used in the same sense in English: apparatus, electricus, positiva, negativa, magnetismus, magnetica, and so on. Some Latin words used here in a modern sense include *acus, acus*, (f.) needle; *baculum*, rod or heavy-duty wire; *filum*, wire; *conjungo*, connect (Oersted's -j- is retained in this passage); *polus*, positive or negative pole; *pollex, pollicis* (m.), an inch.

Oersted's treatise with the original 1820 English translation and a biography by Ole Immanuel Franksen was published in 1981 under the sponsorship of the Danish electronics company Bang & Olufsen: *H. C. Ørsted – A Man of the Two Cultures*, [no author] (Strandbergs Forlag: Birkerød, Denmark 1981).

EXPERIMENTA CIRCA EFFECTUM
CONFLICTUS ELECTRICI IN ACUM MAGNETICAM.

1. Prima experimenta circa rem, quam illustrare aggredior, in scholis de Electricitate, Galvanismo[1] et Magnetismo proxime-superiori hieme[2] a me habitis instituta sunt. His experimentis monstrari videbatur, acum magneticam ope apparatūs galvanici e situ moveri; idque circulo galvanico cluso, non aperto, ut frustra tentaverunt[3] aliquot abhinc annis physici quidam celeberrimi. Cum autem haec experimenta apparatu minus efficaci instituta essent, ideoque phænomena edita pro rei gravitate non satis luculenta viderentur, socium adscivi amicum Esmarch,[4] regi a consiliis justitiæ, ut experimenta cum magno apparatu galvanico, a nobis conjunctim instructo, repeterentur et augerentur.

Oersted also mentions several other experimenters who worked with him and can verify his results.

2. Sæpius equidem solus experimenta circa materiam propositam institui, quæ autem ita mihi contigit detegere phænomena, in conventu horum virorum doctissimorum repetivi.[5]

3. In experimentis recensendis omnia præteribo, quæ ad rationem rei inveniendam quidem conduxerunt, hac

---

1 The effects of electricity on body tissue, as in Galvani's 18th century experiments with dead frogs.

2 'last winter' i.e. 1819.

3 i.e. 'tried *to do*'; the wire must be connected at both ends to a terminal.

4 Lauritz Esmarch (1765-1842). He and Oersted had just returned from an expedition to Bornholm Island to investigate mineral deposits there.

5 His experiments could be replicated, an important scientific principle. He is not going to recount all the preliminary steps, only the decisive experiments (§3).

autem inventa rem amplius illustrare nequeunt; in eis igitur, quæ rei rationem perspicue demonstrant, acquiescamus.

4. Apparatus galvanicus, quo usus sumus, constat viginti receptaculis cupreis rectangularibus, quorum et longitudo et altitudo duodecim æqualiter est pollicum,[1] latitudo autem duos pollices et dimidium vix excedit. Quodvis receptaculum duabus laminis[2] cupreis instructum est ita inclinatis, ut baculum cupreum, qui laminam zinceam in aqua receptaculi proximi sustentat, portare possint. Aqua receptaculorum 1/60 sui ponderis acidi sulphurici et pariter 1/60 acidi nitrici continet. Pars cujusque laminæ Zinceæ in aqua submersa Quadratum est, cujus latus circiter longitudinem 10 pollicum habet. Etiam apparatus minores adhiberi possunt, si modo filum metallicum candefacere[3] valeant.

5. Conjungantur termini oppositi apparatus galvanici per filum metallicum, quod brevitatis causa in posterum "conductorem conjungentem" vel etiam "filum conjungens" appellabimus. Effectui autem, qui in hoc conductore et in spatio circumjacente locum habet, "conflictus[4] electrici" nomen tribuemus.

Ponatur pars rectilinea hujus fili in situ horizontali super acum magneticam rite suspensam, eique parallela. Si opus fuerit, filum conjungens ita flecti potest, ut pars ejus idonea situm ad experimentum necessarium

---

1 Oersted uses *pollex, pollicis* (m.) for 'inch'; many authors use *uncia*.
2 'plate'; each trough had 2 copper plates and 1 zinc plate (the plates are not entirely submerged in the acid solution).
3 'make hot'; there must be enough current to make the wire hot (our amperage).
4 'current'; see the introduction for an explanation of this word.

obtineat. His ita comparatis, acus magnetica movebitur, et quidem sub ea fili conjungentis parte, quae electricitatem proxime a termino negativo apparatūs galvanici accipit, occidentem versus declinabit.

6. Si distancia fili conjungentis ab acu magnetica 3/4 pollices non excedit, declinatio acūs angulum circiter 45° efficit. Si distantia augetur, anguli decrescunt ut crescunt distantiæ. Cæterum declinatio pro efficacia apparatūs varia est.

7. Filum conjungens locum mutare potest vel orientem vel occidentem versus, dummodo situm acui parallelum teneat, sine alia effectūs mutatione, quam respectu rnagnitudinis;[1] itaque effectus attractioni minime tribui potest, nam idem acūs magneticæ polus, qui ad filum conjungens accedit, dum ei ad latus orientale positum est, ab eadem recedere deberet, quando locum ad latus occidentale occupat, si hæ declinationes ab attractionibus vel repulsionibus penderent. Conductor conjungens e pluribus filis aut tæniis metallicis connexis constare potest. Natura metalli effectus non mutat, nisi forte quoad quantitatem. Fila ex platino,[2] auro, argento, orichalco, ferro, tænias e plumbo et stanno, massam hydrargyri æquali cum successu adhibuimus. Conductor aqua interrupta non omni effectu caret, nisi interruptio spatium plurium pollicum longitudinis complectatur.

---

1 The essence of the argument: if attraction were the cause, the needle would jump when the charged wire moved to the other side (with the positive/negative orientation of the charge remaining the same); but it does not.

2 'platinum'; *orichalcum*, 'brass'; *stannum*, 'tin'; *hydrargyrum*, 'mercury" (hence a 'mass' or 'container-full').

8. Effectus fili conjungentis in acum magneticam per vitrum, per metalla, per lignum, per aquam, per resinam, per vasa figlina, per lapides transeunt; nam interjectā tabulā vitreā metallicā vel ligneā minime tolluntur, nec tabulis ex vitro, metallo et ligno simul interjectis evanescunt, immo vix decrescere videntur. Idem est eventus, si interjicitur discus electrophori,[1] tabula ex porphyrita, vas figlinum, si vel aqua repletum sit. Experimenta nostra etiam docuerunt, effectus jam memoratos non mutari, si acus magnetica pyxide ex orichalco aqua repleta includitur. Effectuum transitum per omnes has materias in electricitate et galvanismo antea nunquam observatum fuisse, monere haud opus est. Effectus igitur, qui locum habent in conflictu electrico, ab effectibus unius vel alterius vis electricæ[2] quam maxime sunt diversi.

9. Si filum conjungens in plano horizontali sub acu magnetica ponitur, omnes effectus idem sunt ac in plano super acum, tantummodo iu directione inversa. Acūs enim magneticæ polus, sub quo ea est fili conjungentis pars,[3] quæ electricitatem proxime a termino negativo apparatus galvanici accipit, orientem versus declinabit.

---

1 An electrophorus is an old-style electrostatic generator consisting of two plates, one wax or a similar material, the other metal. The wax plate is charged by rubbing with a cloth, then put on the metal plate to transfer the charge. The metal plate can then be used for experiments. The device was popularized by Alessandro Volta in the 1770's. *porphyrita*, a type of stone.

2 'different from the effects of either one of these electric forces' (*vis*, gen. sing.); the 2 forces are 'electricity' (in the old sense, our 'static electricity') and galvanism (electric effects on tissue).

3 i.e. the negative terminal of the battery.

10. Ut facilius hæc memoriā retineantur, hac formula utamur: Polus super quem[1] intrat electricitas negativa ad occidentem, infra quem ad orientem vertitur.

Oersted then reports further experiments: 1. in which the wire is placed over or under or in the same horizontal plane as the needle, in which case the needle is depressed or elevated or turned, according to the position of the wire; 2. in which the wire is placed perpendicularly to the needle, in which case the needle moves east or west depending on the direction of the current; 3. if the wire is bent and placed in various positions relative to the needle, then the needle is moved in particular ways.

11. Acus ex orichalco, ad instar acūs magneticæ suspensa,[2] effectu fili conjungentis non movetur. Etiam acus ex vitro, vel ex sic dicto gummi lacca,[3] simili experimento subjectae in quiete manent.

12. Ex his omnibus momenta quædam ad rationem horum phænomenorum reddendam afferre liceat.

13. Conflictus electricus non nisi in particulas magneticas materiæ agere valet. Videntur omnia corpora non-magnetica per conflictum electricum penetrabilia esse; magnetica vero, aut potius particulæ eorum, magneticæ transitui hujus conflictus resistere, quo fit, ut impetu virium certantium rnoveri possint.

14. Conflictum electricum in conductore non includi,[4] sed, ut jam diximus, simul in spatio circumjacente idque satis late dispergi, ex observationibus jam propositis satis patet.

---

1 *supra quem . . . infra quem,* 'above which . . . below which'.
2 'suspended like the magnetic [i.e ferrous] needle'.
3 i.e. a needle made of lac resin (an insect secretion imported from India, a precursor to plastics).
4 'confined to'.

15. Similiter ex observatis colligere licet, hunc conflictum gyros peragere, nam hæc esse videtur conditio, sine qua fieri nequeat, ut eadem pars fili conjungentis, quæ infra polum magneticum posita eum orientem versus ferat, supra posita eundem occidentem versus agat; hæc enim gyri est natura, ut motus in partibus oppositis oppositam habeant directionem. Præterea motus per gyros cum motu progressivo,[1] juxta longitudinem conductoris, conjunctus, cochleam vel lineam spiralem formare debere videtur, quod tamen, nisi fallor, ad phænomena hucusque observata explicanda nihil confert.

16. Omnes in polum septentrionalem effectūs, hic expositi, facile intelliguntur, ponendo,[2] vim vel materiam negative electricam lineam spiralem dextrorsum flexam percurrere, et polum septentrionalem propellere, in meridionalem autem minime agere.[3] Effectus in polum meridionalem similiter explicantur, si vi vel materiæ positive electricæ motum contrarium et facultatem in polum meridionalem non autem in septentrionalem agendi tribuimus. Hujus legis cum natura congruentia melius repetitione experimentorum quam longa explicatione perspicietur. Dijudicatio autem experimentorum multo fiet facilior, si cursus virium electricaram in filo conjungente signis pictis vel incisis indicatus fuerit.[4]

---

1 'with a forward motion along the length of the conductor'.
2 'by supposing that . . .' plus ind. statement.
3 'has little effect'.
4 This statement anticipates our universal + and – symbols on batteries.

17. Dictis hoc tantum adjiciam: Demonstrasse me in libro septem abhinc annis edito,[1] calorem et lucem esse conflictum electricum. Ex observationibus nuper adlatis iam concludere licet, motus per gyros etiam in his effectibus occurrere; quod ad phænomena, quæ "polaritatem lucis" appellant, illustranda perquam facere puto.

Dabam Hafniæ d. 21 de Julii 1820.

Johannis Christianus Örsted.

Eques auratus Ordinis Dannebrogici, in Universitate Hafniensi Prof. Physices Ord.,[2] Secretarius Societatis Regiæ Scientiarum Hafniensis.

---

1 A reference to his book published in France, *Recherches sur l'identité des forces chimiques et électriques* (Paris 1813), in which he notes that heat and an electric current are produced by chemical reactions, and that heat can cause a wire to glow and electricity can produce sparks (i. e. *calorem et lucem*).

2 *Ordinarius,* Full Professor, holder of the Chair in Physics.

LATIN IN THE NEW WORLD

In 1492 most Europeans were pessimistic about the future. Nation was arrayed against nation, and the Turks, enemies of all, were advancing rapidly through the Balkans. Capturing Constantinople in 1453, they then took most of Serbia, seized Belgrade in 1521, and were already besieging Vienna (for the first time) in 1529. Each pope had proclaimed a new crusade against the heathen, with no effect. Instead of fighting the Turks, the French had decided to invade Italy. In 1494 the French king Charles VIII with 25,000 men moved virtually unopposed through Italy to Naples, which his army sacked in February 1495. Charles' successor, Louis XII, decided to repeat the adventure in 1499, in 1508, and in 1521, until in 1527 Rome itself was sacked by the troops of the Holy Roman Emperor Charles V. The Empire in turn was involved in a war on the eastern front with Hungary. Emperor Frederick III and King Matthias Corvinus of Hungary, a famous patron of the arts, fought continuously until King Matthias' sudden death in 1490, when Frederick's successor Maximilian regained the imperial lands. Then the Turks took most of Hungary at the Battle of Mohács in 1526.

In the West, England and France had been at war continuously during the first half of the 15th century. After the French finally drove out the English forces in 1453, the English began to fight among themselves in what is known as the War of the Roses, which ended in 1485 when Henry Tudor became king as Henry VII. Few people were confident that Henry would long survive, and foreign powers encouraged several revolts during the 1480s and 1490s. In Spain the united forces of Castile and Aragon drove the last Moorish forces from the country in 1492, only then to commit economic suicide by expelling all Jews, the artisan and merchant class, from Spanish territory. Sailing from Palos, Columbus may well have passed the transport ships taking the Spanish Jews into exile. During the same year in Italy, which was riven by quarrels among its independent cities and subject to the mercies of various condottieri (and the French), Rodrigo Borgia was elected as Pope Alexander VI, eliminating any claim to moral authority that the papacy may still have had, as he promoted the interests of his nine children in all possible ways. In Florence, Savonarola was denouncing the vices of the modern world and prophesying resultant floods and disasters – so effectively that he was burned at the stake in 1498.

The news from the New World changed the direction of European history. Within 25 years, Luther was nailing his 95 Theses to the church door in Wittenberg, starting the Protestant Reformation. In reaction the Catholic Church began the process of internal reform called the Counter-Reformation. The massive influx of gold and silver into Spain from the New World first enriched that nation – perhaps undermining its native economy – and then spread into the rest of Europe. As a result of these new resources, strong kings were able to exert control over their territory and form the nations which we see today. Particularly affected were England and France. Germany, although nominally ruled by the Holy Roman Emperor, was in effect divided into smaller kingdoms and principalities. The Italian States went into decline from their loss of trade with the East, and Eastern Europe remained under the control of the Turks. Intellectually this new royal control inspired arguments over the rights of kings vs. the rights of the people.[1] Likewise there was much theorizing about the tribes and nations of the New World and their place in God's plan. Moreover, thousands of unemployed men-at-arms sailed to the New World for adventure and plunder, only a foretaste of the millions of emigrants to make the same trip in future centuries. The Old World and New each affected the other in countless ways. The extracts in this section of the *Reader* mention several, from treasure (Columbus' hope), tobacco, and the wonders of Mexico (*Rusticatio*) to disease (*Syphilis*).

One import from the Old World was the Latin language. Columbus knew Latin fairly well and annotated his copies of the

---

1 See the section *Buchanan on Macbeth* in this *Reader*.

Latin geographical works which supported his hypothesis that the earth's circumference was not as great as usually supposed. On his second voyage in 1493 he brought some priests with him who celebrated on Hispaniola the first mass heard in America. As soon as Cortés had gained control in Tenochtitlan, friars and other churchmen were sent from Spain to convert the native population, bringing with them the Latin that would be the language of intellectual discourse in the New World as in the Old. Franciscans arrived in 1524, Dominicans in 1526, and others later (*Historia* 8).[1]

They debated how to treat the native population. It seems clear that the Spanish rulers wanted the population to be christianised while respecting their basic rights. The conquistadors, however, were often brutal and those settlers who came later to enrich themselves were no better. The opposing positions can be seen in the contrasting arguments of Juan Ginés de Sepúlveda[2] and Bartholomé de las Casas on the need to christianise the natives, by subjugating them with force (Sepúlveda) or by persuasion (de las Casas):

1. Sepúlveda: Bellum enim numquam per se expetendum est, non magis quam fames, paupertas aut dolor, et cetera id genus mala. Sed ut hae calamitates, quae incommodum afferunt non turpitudinem,[3] magni cujuspiam boni gratiā recte pieque interdum ab optimis et religiosis subeuntur; sic bellum optimi principes, magnorum commodorum gratiā et quandoque necessario, suscipere coguntur (*Democrates alter*, Rome

---

1 The story of Latin in Mexico and the short Latin quotes are taken from Tarsicio Herrera Zapién, *Historia del Humanismo Mexicano* (México: Editorial Porrúa, 2000), cited as *Historia*.

2 Sepúlveda (Johannes Genesius Sepulveda; 1490-1573) wrote *De Orbe Novo*, on the discovery. Bartolomé de las Casas (1484-1566), Bishop of Chiapas, is well known for his defence of the Indians.

3 War (like famine and poverty) brings trouble (*incommodum*) but is not dishonourable (*turpis*).

1550, quoted *Historia* 57). The *magna commoda* would be the conversion of the natives, not to mention profit for the state.

2. de las Casas: Ergo Sapientia divina creaturas rationales, id est, homines, movet ad actus sive operationes suas blande, dulciter atque suaviter. Sed per doctrinam fidei solummodo de lege communi moventur et ducuntur homines ad veram religionem juxta ullud Matthaei ultimo: "Euntes docete omnes gentes, baptizantes eos in nomine Patris et Filii et Spiritus Sancti, docentes eos servare omnia quaecumque mandavi vobis" . . . Ergo modus docendi homines veram religonem esse debet blandus, dulcis et suavis. Et hic est intellectus persuassivus et voluntatis allectivus[1]. . . (de las Casas, *De unico vocationis modo omnium gentium ad veram religionem*, Mexico 1942, quoted in *Historia* 59).

By way of encouraging conversion, the friars first had the native population memorize Latin prayers by rote, and later began to teach the language itself. Several colleges (*colegios*) were founded in Mexico City. In 1526 instruction in Latin and music began at the Colegio de San José and other institutions in Mexico. The first full-scale university in Mexico was chartered by royal decree in 1551 and opened in 1553.

After the shock of the conquest, the people of Mexico were willing to adopt the faith and language of the conquerors. In doing so they expressed a sense of humility which is painful to read. Here is part of the prologue of *Libellus de medicinalibus Indorum herbis* (1552) written in Nahuatl by Martin de la Cruz (the original does not survive) and translated into Latin by Juan Badiano, an Indian born in Xochimilco of noble descent and

---

1 'persuasive and attractive to the will'.

educated at the Colegio de Santa Cruz Tlatelolco. It is dedicated to the Viceroy Francisco de Mendoza.

3. Clarissimo domino Francisco de Mendoza, illustrissimo superioris huius Indiae Proregis, domini Antonii de Mendoza filio optimo, Martinus de la Cruz, indignus servus, salutem precatur plurimam et prosperitatem. . . Utinam librum regis conspectu dignum Indi faceremus,[1] hic enim prorsus indignissimus est, qui veniat ante conspectum tantae majestatis.

4. Sed memineris nos misellos pauperculos Indos omnibus mortalibus inferiores esse, et ideo veniam nostra a naturā nobis insita parvitas et tenuitas meretur. Nunc igitur hunc libellum, quem tuo nomini, vir magnificentissime, omni jure debeo nuncupare, precor ut eo animo de manu servuli tui suscipias quo offertur, aut – quod non mirabor – ejicias quo meretur.[2] Vale.

Tlatilulci [Tlatelolco], anno Domini Servatoris 1552.

We see contradictory viewpoints in this colonial literature. Authors like Badiano were proud of their talent in Latin and wanted to share with Europe the knowledge and skills of the natives, while at the same time they viewed themselves as inferior to other mortals. We may wonder, however, what information a European reader might have gained from a passage like the following, a treatment for ear infection:

5. Putrescentibus auribus radix macayelli, herbae xoxouhquipahtli, aliquot tlaquilin folia cum salis mica in aqua calfacta instillata commodant plurimum.[3] Et sub

---

1 'I hope we Indians have made a book worthy of . . .'
2 The writer or translator would not be surprised if it is rejected (*Historia* 35).
3 'help a lot'.

auriculis duarum arbuscularum frondes tritae illinantur.[1]
Arbusculae vocantur toloua et tlapahtl. Lapides pretiosi
cetlahuitl, tlahcalhuatzin, eztetl, xoxouhqui chalchihuitl
cum arboris tlatlanquaye frondibus tritis in calfacta aqua
attriti instillatique conclusas aures adaperiunt (*Historia*
35).[2]

Later writing from the New World, like the *Dialogues* of
Francisco Cervantes de Salazar, is much less opaque. As
mentioned, the first university in North America opened in
Mexico in 1553. The first university textbook written and printed
in the Americas was by Franciscus Cervantes Salazarus Toletanus
("from Toledo"), a large book containing a commentary on the
dialogues of Luis Vives (similar to Erasmus' *Colloquia* and widely
used in schools) and seven dialogues by Cervantes de Salazar
himself which were set in contemporary Mexico City.

Cervantes de Salazar had been professor of rhetoric in Spain.
Seeking his fortune, he came to Mexico in 1550 or 1551 and
offered private lessons. He became professor of rhetoric at the
new university and later became its rector. He died in 1675. Only
one complete copy of his *Dialogues* survives, perhaps because of
heavy use by students.[3] *Civitas Mexicus Interior*, the most
interesting of these, describes Mexico City as it was in 1554, thirty
years after the conquest. Two natives of the city Cuacus and
Camora (rendered as Zuazo and Zamora in Spanish) guide a
visitor, Alfarus (Alfaro), around the city. The two ride horses,
Alfarus is on a mule. Cuacus asks:

---

1 *illino, - ere*, 'smear on,' 'spread on'.
2 Modern botanists with the help of Nahuatl speakers have
identified most of these plants, but a 16th century European must
have been puzzled.
3 A facsimile edition of the *Dialogues* was published by the Univ. of
Texas in 1953: F. Cervantes de Salazar, *Life in the Imperial and Loyal
City of Mexico in New Spain*, trans. Minnie Lee Barrett Shepard
(Univ. of Texas Press: Austin, 1953), reprint Garland 1970. I have
corrected some misprints and clarified obscurities in the original
1554 text.

6. CU. Cui insistemus[1] viae? CA. Tacubensi,[2] quae et celebrior est et recta nos in forum perducet.

7. AL. Quam exhilarat animum et visum reficit viae huius conspectus. Quam et extensa et ampla, quam recta, quanta eius planities, et ne hiberno tempore lutescat[3] et obscena sit, tota lapidibus strata; per cuius medium, quod etiam facit ad eius ornatum et civium utilitatem, intra suum canalem, aperta ut magis delectet, aqua decurrit.

8. CA. De domibus, quas habet utrimque tanto ordine et a perpendiculum positas ut nulla ab alia vel latum unguem deviet[4] – quid iudicas? AL. Superbae sunt omnes et operosissimae et quales opulentissimis et nobilissimis civibus conveniant; singulas non aedes – ita sunt bene materiatae – sed arces dixeris. CU. Tales oportuit principio fieri, in tanta hostium multitudine, cum cingi muris et turribus muniri civitas[5] non posset. AL. Praesens consilium, neque se, ut nihil desideraretur, plus iusto efferunt;[6] idque ni fallor, tum ut in terrae motibus, cuiusmodi audio esse aliquot in hisce regionibus, concussae altitudine sua non corruant. Tum ex aequo omnes solem admittant, alias aliis nequaquam obumbrantibus.

---

1 *insisto, -ere, institi* + dat., 'set foot on,' i.e. 'In what street shall we start'.

2 i.e. *viae*, Tacuba Street, the main E-W street or causeway which connected the centre of Mexico to Tacuba, NW of the city.

3 'become muddy'; *hiberno* is not accurate. It does not rain in the winter in Mexico City. He means 'in the rainy season,' i.e. summer. The street has an open canal down the middle. Flooding was a constant problem.

4 They don't vary 'by the width of a fingernail'.

5 They could not circle Mexico with a wall, since it was virtually an island. Note noxious airs from the *palus* in §9.

6 'raise themselves up,' i.e. 'be unsuitably elevated'.

9. CU. Decuit etiam et ea ratione, non solum (ut vides) amplisissimis et spatiosas esse vias, sed domos (uti optime iudicasti) non multum surgere, salubrior ut esset civitas, non impedientibus editissimis aedificiis, flantibus et reflantibus ventis, qui una cum sole pestiferos, quos palus qui in proximo est, vapores emittit, discutiunt longeque arcent.

10. AL. Aedium antepagmenta[1] non ex lateribus aut vili alia materia, sed ex magnis saxis artificiose positis constructa sunt, in quorum super liminaribus insignia sunt dominorum. Culmina item plana sunt; per minentibus in viam ex subgrundiis canalibus ligneis et fictilibus pluviam veluti evomentibus.

The companions then compare roof styles. Soon they come to the old palace of Cortés on the Zócalo.

11. AL. Sed quaeso, quae est haec domus,[2] quae ad dexteram transversā item amplissimā et maximā viā lapidibus stratā, in tam longum altior et munitior ceteris, tot inferne[3] tabernas habens protenditur et dilatatur? CA. Regiae membrum est,[4] et eius alterum est hoc, quod respicit in alteram hanc viam, utrumque quae est in latere copulat turris. AL. Urbem alteram, non palacium, mihi narras. CU. Ab hac via, quae (uti vides) in latum Tacubensem dividit,[5] omnis generis mechanicarum et

---

1 *antepagmenta*, 'lintels and door-frames'; *culmina*, 'roofs'; *minentia* (< *prominentia*), 'rain gutters'; *subgrundia* or *suggrundia*, 'eves of the roof'.

2 *domus, quae . . . protenditur et dilatatur*, 'house (= building) which stretches so far and is so large'

3 'on the ground floor'.

4 'part (*membrum*) of the palace'; *alterum* [*membrum*]; they are standing on a corner and seeing two sides of the palace with a tower at the near corner connecting (*copulat*) the two sides. It had a tower at each corner.

5 i.e. crosses.

illiberalium artium operarii et artifices, quales sunt
fabrilignarii,[1] ferrarii, claviles, sutores, textores, tonsores,
pistores, pictores, caelatores, sartores, caligari,
armamentari, candelari, arcuari, spathari, pistores
dulciari, caupones, tornari, et reliqui ab utraque parte ad
forum usque nullo alio alterius conditionis aut artis
homine admisso habitant. AL. Quantus strepitus, et
quantus obequitantium et deambulantium concursus et
rumor; dixeris plane non viam publicam, sed emporium
esse. Superiora huius membri tam magnis fenestris
decorata, qui habent? CU. Regii consiliarii;[2] et membrum
aliud interius, quod magnificentius est, Prorex. AL.
Dignum certe tantis viris domicilium! Sed quid illa
significant pondera, ex demissis funibus pendentia? Vah,
non animadverteram; gubernacula sunt horologii. C.
Recte ais; eo est collocatum ut cum sonuerit, undequaque
ab incolis audiatur. AL. Prudenter factum!

12. CU. Iam adest forum;[3] attentius quaeso intuere, num
aliud amplitudine et maiestate par huic aliquando
videris? AL. Equidem, quod meminerim, nullum, nec
censeo in utroque orbe aequale inveniri posse. Bone
Deus, quam et planum et capax est, quam hilare, quam
undique ambientibus superbis et magnificis aedificiis
illustratum! Quae descriptio, quae facies, qui positus et
situs! Revera si porticūs illae, quae nunc contra nos sunt,

---

1 In order: carpenters, blacksmiths, locksmiths, tailors, weavers,
  barbers, bakers, painters, stone-cutters, tailors, boot-makers,
  armorers, candle makers, bow makers, cutlers, cake makers,
  merchants, lathe men. These words for common (*illiberales*)
  tradesmen are given in Cervantes' original spelling.
2 The Royal *Audiencia*, the Supreme Court; *Prorex*, Viceroy.
3 The Zócalo, which had been the main ceremonial centre for
  Aztec Tenochtitlan and remained so for the Spanish. It is in fact
  one of the largest plazas in the world.

e medio tollerentur, integrum exercitum capere potuisset. CU. Tanta fori amplitudo in causa est quo minus in aliis res venales afferatur.[1]

The companions circle the Zócalo and comment on each of the buildings and their elegance: the galleries around each one, the large number of shops, the Palace and the Royal Tribunal, the Treasury. Cuacus mentions that all these things were brought by boat into the city.

13. CU. Quaecunque sunt incolis necessaria, cavatis trabibus, contis quibusdam (remorum vice)[2] ab Indis actis, a longe importentur. AL. Venetias ipsas videre videor! CA. Hoc quidquid est soli, in quo posita est civitas, olim totum aqua fuit; inexpugnabiles et reliquis omnibus Indis superiores idcirco Mexicani fuere, nam paludem inhabitantes, cavatis magnis lignis, quibus pro cumbis[3] utebantur, in finitimos tuto excursiones faciebant, nihil ab eisdem cladis accipientes, in domos[4] veluti in munitissima Asyla, circumdante aquā, naturā munitas se recipientes.

14. AL. Qui[5] fieri ergo potuit ut Cortesius tantam hominum multitudinem, loco palustri nec equitibus nec peditibus opportuno, debellare potuerit? CU. Arte illusit artem, constructis operā Martini Lupi navigiolis eiusmodi, explorata prius aquae altitudine, ut uno[6] trabes multas Indorum et adoriri et superare potuisset.[7] AL. O virum industrium et praeter ceteros animo excelso et non

---

1 The reason is 'so that things for sale not be offered in other (marketplaces)'.
2 They use poles (*contis*) instead of (*vice*) oars.
3 'boats'.
4 *in domos . . . munitas.*
5 abl. 'how'.
6 viz. *navigiolo.*

nisi ad maxima natum! CA. Eius aedes sunt contra regiam positae; quamque non obscure auctoris sui invictum et praestantem animum testentur perpende.[1] AL. Quanta et quam munita facies, ex calce lapide lignisque cedrinis[2] totae sunt structae, ab altero latere in fossam desinentes, in atria tria,[3] singula magnis quattuor membris decorata divisae, antepagmentum[4] e t vestibulum reliquo aedificio respondent. Verum, a quo habitantur? Nam ipsarum dominus agit in Hispania.[5] CU. Ab eiusdem gubernatore Petro Ahumada, viro et prudentia et fidelitate claro, dignissimo certe cui res tanta demandetur.

They continue the tour, viewing the original cathedral of Mexico (which was replaced by the present structure in the 1570s), monasteries, colleges, before they come to the market building of Lorenzo de Tejada, *Tabernae Teiadae* (Sp. *Portales de Tejada*) one of the largest marketplaces in Mexico. This two-story building was surrounded on two sides by covered porticos and on the third side by a canal. Alfarus is amazed.

---

7 After the Spanish defeat on the *noche triste*, Cortés had his shipbuilder Martín López build shallow-draft sloops (*navigiola*) at Texcoco on the other side of the lake from Tenochtitlan. With these he overwhelmed the Aztec boats.

1 'Consider (*perpende*) how much it testifies to . . .'

2 'limestone and cedar'.

3 It was divided into 3 courtyards (*atria*) each with 4 wings (*membra*). This was on the present site of the National Place which stretches along the E side of the Zócalo. Most of the original was destroyed in a fire in 1692 and the remains have been extensively remodelled.

4 'facade'.

5 The *dominus* was Martín Cortés, the conqueror's son. He was in Spain when Cervantes de Salazar wrote the *Dialogues*, returning in 1562, when the Spanish crown bought the palace. Pedro de Ahumada was governor in 1554.

15. AL. Quanta est ibi lintrium[1] copia, quam multae onerariae trabes, importandis quae mercibus optimae, Venetias ut non sit cur desideres. In proximo contra tertium latus Indorum est amplissimum emporium. Quam multi omnis generis et omnis aetatis huc in die empturi et vendituri confluunt! Quantus est vendentium ordo, et quam multa venduntur quae ipse alibi venalia nunquam repperi! Quae sunt ista quae sedentes Indi Indaeque venditant, nam specie apparent vilia et infima pleraque? C. Quae terra suggerit:[2] agi, frisoles, aguacates, guaiavae, mamei, çapotes, camotes, gicamae, cacomitae, mizquites, tunae, gilotes, xocotes, et alii id genus fructūs.

They discuss the exotic foods for sale, atole, chia seeds, worms, with special attention to the maguey or agave, all parts of which were used. What did the natives use for money?

16. AL. Quae pecunia, quae Aristotle auctore venalium rerum pretium est, ante Hispanorum adventum, utebantur Indi? CU. Permutatione rerum[3] et quibusdam glandibus, quas ipse cacaguatl vocant fueruntque tunc in pretio magno, quod et numisma et potus cibusque forent; nunc etiam eodem sunt in honore locoque minutae pecuniae,[4] assis scilicet et dupondii, habentur, argenteisque nummis comparantur. Visque ingens

---

1 *lintres*, 'skiffs'; *trabes*, 'dugout canoes'.
2 Another unavoidable list of native names. Note how many have come into American English. In order: ají/chiles, beans, avocados, guavas, mamey, zapotes (the -ç- is in the original printed text), sweet potatoes, jicama, cacomite (root of an iris flower), mesquite pods, tunas (cactus fruit), jilotes, jocotes (small red fruit).
3 i.e. barter; the *glandes* are *cacahuatl*, Nahuatl for cacao, chocolate.
4 'small change'; Cervantes uses Roman words for the Spanish coins.

ipsorum quotannis in potu et cibo absumitur, incorrupti non diu durant.[1] AL. Mira est in rerum natura varietas!

They finish with a tour of the Church of St. Augustine (later the site of the National Library of Mexico).

---

1 i.e. they soon rot; they are not a permanent store of value like coins.

COLUMBUS: *LETTER ANNOUNCING HIS DISCOVERIES*

On January 16, 1493 Columbus set sail from the Caribbean island of Hispaniola, hoping to arrive in Spain as rapidly as possible to bring the news of his discoveries. He had to assert Spanish claims to the New World so that the Portuguese, already exploring Africa, would not think that he had been trespassing on their territory. On the journey he wrote his dispatches, his Journal, which was in Spanish, for the King and Queen of Spain. By mischance a storm drove him into the Azores where he fell into the hands of the Portuguese and thus landed in Lisbon. Nevertheless he was allowed to send this letter (in Spanish) to the Spanish Court and to Gabriel Sanchez, Treasurer of the Kingdom of Aragon. Sanchez was to introduce Columbus at court. The news created a sensation in Spain. His Spanish letter was rapidly translated into Latin by Leander de Cosco and printed that same year, 1493, in Rome, whence the news spread to all Europe. In this letter Columbus outlines the advantages to a rapid exploitation of his discoveries: the metals of all kinds except iron, the timber, the luxury products. He mentions the docility of the inhabitants, which will allow them to be easily subdued and Christianised. His interests are entirely mercantile and imperialist.

The text printed here is that of the 1st edition by Stephen Plannck (Rome 1493) with modern punctuation, paragraphing, and a few changes in orthography for clarity. Several facsimiles of the original publication can be found on line. Columbus felt that he was fulfilling a destiny, and he took as his motto these lines of the Roman writer Seneca, who predicted that, in time:

Indus gelidum potat Araxen.
Albin Persae Rhenumque bibunt.
Venient annis saecula seris,
Quibus Oceanus vincula rerum
Laxet et ingens pateat tellus

313

Tethysque novos detegat urbes
Nec sit terris ultima Thule.[1]

The best introduction to Columbus and his voyage is still the
work of the great historian Samuel Eliot Morison, *Admiral of the
Ocean Sea* (Boston: Little, Brown and Company, 1942).

In its printed form the letter has the following heading, which
was added by the translator. Colom is the Catalan form of
Columbus' name, retained here in Latin. (Leander de Cosco was
a Catalan.)

Episola Christofori Colom, cui aetas nostra multum
debet, missa ad Magnificum Dominum Gabrielem
Sanchis, serenissimorum regum Tesaurarium, de insulis
Indiae super Gangem[2] nuper inventis; ad quas
perquirendas octavo antea mense[3] auspiciis et aere
invictissimorum Fernandi et Helisabet, Hispaniarum
Regum, missus fuerat; Quam nobilis ac litteratus vir,
Leander de Cosco, ab Hispano idiomate in Latinum
convertit tertio Kalendas Maii MCCCCXCIII, Pontificatus
Alexandri Sexti anno primo.

1. Quoniam gratum tibi fore scio susceptae provinciae[4]
rem perfectam me consecutum fuisse, has constitui
exarare, quae te uniuscuiusque rei in hoc nostro itinere
gestae inventaeque admoneant. Tricesimo tertio die
postquam Gadibus[5] discessi, in Mare Indicum perveni,
ubi plurimas insulas habitatas innumeris hominibus

---

1 Seneca, *Medea* 373-9.
2 The Ganges River; everyone believed that Columbus had
  discovered the East Indies.
3 August 3, 1492; the date of the translation given below is April
  29, 1493.
4 '. . . that I have reached the completion of the task (*provinciae*)
  which I undertook'.
5 A mistake in the Latin; he left from Palos in SW Spain, near the
  Portuguese border.

repperi. Quarum omnium possessionem accepi pro felicissimo rege nostro, praeconio celebrato et vexillis extensis, contradicente nemine; primaeque earum "Divi Salvatoris"[1] nomen imposui; cuius auxilio fretus, tam ad hanc quam ad ceteras alias pervenimus. Eam vero Indi "Guanahanin" vocant. Aliarum etiam unamquamque novo nomine nuncupavi: quippe aliam insulam "Sanctae Mariae Conceptionis", aliam "Fernandinam", aliam "Hysabellam" aliam "Ioanam",[2] et sic de reliquis appellari iussi.

2. Cum primum in eam insulam (quam dudum "Ioanam" vocari dixi) appulimus, iuxta eius litus occidentem versus aliquantulum processi, tamque eam magnam inveni, nullo reperto fine, ut crediderim non insulam sed continentem Chatai[3] provinciam esse. Nulla tamen videns oppida municipiave in maritimis sita confinibus praeter aliquos vicos et praedia rustica, cum incolis loqui nequibam. Quare simulac nos videbant, surripiebant fugam. Progrediebar ultra, existimans me aliquam urbem villasve inventurum.

3. Denique videns quod,[4] longe admodum progressis, nihil novi emergebat et huius modi via nos ad Septentrionem deferebat (quod ipse fugere exoptabam,

---

1 Thought to be San Salvador in the Bahamas. *cuius auxilio fretus*, 'relying on His [Christ's] aid'.

2 Cuba; *Ioanam* is Spanish Juana. Columbus named the island for the Infanta Juana, daughter of Ferdinand and Isabella and heir to the throne.

3 'Cathay,' one of the names for China (perhaps from a Turkic language); another name is Sina.

4 *quod* introducing indirect statement, a common medieval usage found in this letter. *huius modi* (indeclinable, often one word) is equivalent to *haec*, 'this way'.

terris etenim regnabat bruma[1] ad Austrumque erat in votō contendere nec minus venti flagitantibus[2] succedebant), constitui non operiri alios successus. Sic retrocedens ad portum quendam, quem signaveram, sum reversus; unde duos homines ex nostris in terram misi, qui investigarent essentne rex in ea provincia urbesve aliquae. Hi per tres dies ambularunt inveneruntque innumeros populos et habitationes, parvas tamen et absque ullo regimine. Quapropter redierunt.

4. Interea ego iam intellexeram a quibusdam Indis, quos ibidem susceperam, quod huius modi provincia quidem erat insula, et sic perrexi orientem versus, eius litora semper stringens usque ad miliaria CCCXXII, ubi ipsius insulae extrema sunt. Hinc prospexi aliam insulam ad Orientem, distantem ab hac Ioana miliaribus LIIII, quam protinus "Hispaniolam"[3] dixi. In eam concessi et direxi iter quasi per Septentrionem (quemadmodum[4] in Ioana) ad orientem miliaria DLXIIII.

5. Dicta Ioana et aliae insulae ibidem quam fertilissimae existunt.[5] Haec multis atque tutissimis et latis nec aliis, quos unquam viderim, comparandis portibus est circumdata. Multi maximi et salubres hanc interfluunt fluvii; multi quoque et eminentissimi in ea sunt montes. Omnes hae insulae sunt pulcherrimae et variis distinctae figuris et perviae et maxima arborum varietate sidera

---

1 'winter'.
2 i.e. *nobis*, 'winds would be favourable to our wishes' to go South.
3 Hispaniola or Santo Domingo; in this letter Columbus always calls it *Hispana*, changed here for clarity.
4 'just as I had done in Cuba'.
5 = *sunt*.

lambentium[1] plenae; quas nunquam foliis privari credo. Quippe vidi eas ita virentes atque decoras ceu mense Maio in Hispania solent esse; quarum aliae florentes, aliae fructuosae, aliae in alio statu secundum[2] uniuscuiusque qualitatem vigebat.

6. Garriebat philomela et alii passeres, varii ac innumeri, mense Novembris, quo ipse per eas deambulabam. Sunt praeterea in dicta insula Ioana septem vel octo palmarum genera, quae proceritate et puchritudine (quemadmodum ceterae omnes arbores, herbae, fructusque) nostras facile exsuperant. Sunt et mirabiles pinus, agri, et prata vastissima, variae aves, varia mella, variaque metalla, ferro excepto.

7. In ea autem, quam "Hispaniolam" supra diximus nuncupari, maximi sunt montes ac pulchri et vasta rura et nemora et campi, feracissimi seri pascique[3] et condendis aedificiis aptissimi. Portuum in hac insula commoditas et praestantia fluminum copia et salubritate hominum admixta; quod, nisi quis viderit, credulitatem superat. Huius arbores, pascua, et fructus multum ab illis Ioanae differunt. Haec praeterea Hispaniola diverso aromatis genere, auro, metallisque abundat.

8. Incolae utriusque sexus eius et omnium aliarum insularum, quas ego vidi et quarum cognitionem habeo, nudi semper incedunt quemadmodum eduntur in lucem praeter aliquas feminas, quae folio frondeve aliqua aut

---

1 'touching the stars,' a bit of hyperbole. They were evergreen, as far as he could see.

2 'according to' the character of each one.

3 'for sowing (*sero, serere*) and pasturage (*pasco, pascere*)'; classical Latin would have gerunds, not infinitives, here.

bombicino velo[1] pudenda operiunt; quod ipsae sibi ad id negotii parant.

9. Carent ii omnes (ut supra dixi) quocumque genere ferri. Carent et armis, ut sibi ignotis; nec ad ea sunt apti non propter corporis deformitatem (cum sint bene formati) sed quia sunt timidi ac pleni formidine. Gestant tamen pro armis arundines, sole perustas; in quarum radicibus hastile quoddam ligneum, siccum et in mucronem attenuatum,[2] figunt – neque iis audent iugiter uti.

10. Nam saepe evenit, cum miserim duos vel tris homines ex meis ad aliquas villas ut cum earum incolis loquerentur, exiisse agmen glomeratum ex Indis et, ubi nostros appropinquare videbant, fugam celeriter arripuisse, despretis[3] a patre liberis et econtra. Hoc non fecerunt, quod cuipiam eorum damnum aliquod vel iniuria illata fuerit; immo ad quoscumque appuli et quibuscum verbum facere potui quicquid habebam sum elargitus: pannum aliaque permulta, nullā mihi factā versurā;[4] sed sunt natura pavidi ac timidi.

11. Ceterum ubi se cernunt tutos, omni metu repulso, sunt admodum simplices ac bonae fidei et in omnibus quae habent liberalissimi. Roganti quod possidet inficiatur nemo; quin ipsi nos ad id poscendum invitant. Maximum amorem erga omnes prae se ferunt. Dant magna pro parvis, minima re nihilove contenti. Ego

---

1 'a cotton apron'.
2 'dried and made into a point,' the spear was two-pieced; *iugiter*, 'continually'.
3 i.e. *desperatis*, ' the fathers lost hope for their children and vice-versa'; *cuipiam* 'to anyone'.
4 'taking anything in exchange'.

attamen prohibui ne tam minima et nullius pretii his darentur: lancis, parapsidum, vitrique fragmenta;[1] item clavi et ligulae. Quanquam si hoc poterant adipisci, videbatur eis pulcherrima mundi iocalia[2] possidere.

12. Accidit enim quendam navitam tantum[3] auri pondus habuisse pro una ligula quanti sunt tres aurei solidi et sic alios pro aliis minoris pretii - praesertim pro blanquis novis[4] et quibusdam nummis aureis. Pro quibus habendis dabant quicquid petebat venditor: unciam cum dimidia[5] et duas auri vel triginta et quadraginta bombicis pondo, quam ipsi iam noverant. Item arcuum, amphorae, hydriae, doliique fragmenta bombice et auro (tanquam bestiae[6]) comparant.

13. Quod, quia iniquum sane erat, vetui dedique eis multa pulchra et grata, quae mecum tuleram, nullo interveniente praemio, ut eos mihi facilius conciliarem fierentque Christicolae et ut sint proni in amorem erga Regem, Reginam, Principem nostrum, et universas gentes Hispaniae ac studeant perquirere et coacervare tradereque nobis ea, quibus ipsi affluunt et nos magnopere indigemus.

14. Nullam ii norunt idolatriam; immo firmissime credunt omnem vim, omnem potentiam, omniaque denique bona esse in caelo et me inde cum his navibus et nautis descendisse; atque hoc animo ubique fui susceptus

---

1 'dishes, plates, bits of glass'; *clavi, liguli,* 'keys,' 'leather straps'.
2 'trinkets'.
3 *navita,* 'sailor'; *tantus auri pondus . . .quanti solidi,* 'as much weight in gold as in three gold Spanish coins'.
4 'new pennies'; bright and shiny.
5 1 ½ oz.
6 i.e. 'idiots'.

postquam metum repulerant. Nec sunt segnes aut rudes, quin summi ac perspicacis ingenii; et homines, qui transfretant mare illud, non sine admiratione uniuscuiusque rei rationem reddunt; sed nunquam viderunt gentes vestitas neque naves huius modi.

15. Ego, statim atque ad mare illud perveni, e prima insula quosdam Indos violenter arripui, qui ediscerent a nobis et nos pariter docerent ea, quorum ipsi in iis partibus cognitionem habebant, et ex voto[1] successit. Nam brevi nos ipsos et ii nos tum gestu ac signis et tum verbis intellexerunt, magnoque emolumento nobis fuere. Veniunt modo mecum qui semper putant me desiluisse e caelo, quamvis nobiscum diu versati fuerint hodieque versentur. Ii erant primi, qui nuntiabant id, quocunque appellebamus,[2] alii deinceps aliis elata voce dicentes, "Venite, venite, et videbitis gentes aethereas!" Quamobrem tam feminae quam viri, tam impuberes quam adulti, tam iuvenes quam senes, depositā formidine paulo ante conceptā[3], nos certatim visebant, magna iter stupante caterva, aliis cibum aliis potum afferentibus maximo cum amore ac benevolentia incredibili.

16. Habet unaquaque insula multas scaphas[4] solidi ligni, etsi angustas, longitudine tamen ac forma nostris biremibus similes, cursu autem velociores. Reguntur remis tantummodo. Harum quaedam sunt magnae,

---

1 'as we wished'; the early English colonists (e.g. at Jamestown) took young boys with them who could easily learn the native languages.
2 'wherever we landed'.
3 'which they had first entertained'.
4 i.e. canoes; below he calls them *biremi*.

quaedam parvae; quaedam in medio consistunt. Plures tamen biremi remigent duodeviginti transtris maiores, quibuscum in omnes illas insulas (quae innumerae sunt) traiicitur.[1] Cum iis suam mercaturam exercent et inter eos commercia fiunt. Ego aliquas harum biremium seu scapharum vidi, quae vehebant septuaginta et octaginta remiges.

17. In omnibus iis insula nulla est diversitas inter gentis effigies, nulla in moribus atque loquela. Quin omnes se intelligunt adinvicem;[2] quae res perutilis est ad id, quod serenissimos Reges nostros exoptare praecipue reor: scilicet eorum conversionem ad sanctam Christi fidem, cui quidem (quantum intelligere potui) facillimi sunt et proni.

18. Dixi quemadmodum sum progressus antea insulam Ioanam per rectum tramitem[3] occasus in orientem miliaria CCCXXII. Secundum quam viam et intervallum itineris possum dicere hanc Ioanam esse maiorem Anglia et Scotia simul.[4] Namque ultra dicta CCCXXII passuum milia in ea parte, quae ad occidentem prospectat, duae provinciae, quas non petii, supersunt; quarum alteram Indi "Anan" vocant, cuius accolae caudati nascuntur. Tenduntur in longitudinem ad miliaria CLXXX, ut ab his Indis, quos veho mecum, percepi; qui omnis has insulas callent.

---

1 impersonal, 'they cross'.
2 'mutually'.
3 'in a direct line'; i.e. along the coast of Cuba.
4 Cuba is actually smaller.

19. Hispaniolae vero ambitus maior est tota Hispania a Colonia usque ad Fontem Rabidum.[1] Hincque facile arguitur quod quartum eius latus, quod ipse per rectam lineam occidentis in orientem traieci, continet miliaria DXL. Haec insula est affectanda[2] et, affectata, non spernenda. In qua, etsi aliarum omnium possessionem (ut dixi) pro invictissimo Rege nostro solemniter accepi earumque imperium dicto Regi penitus committitur, in opportuniori tamen loco, omni lucro et commercio condecenti,[3] cuiusdam magnae villae, cui "Nativitatis Domini"[4] nomen dedimus, possessionem peculiariter accepi.

20. Ibi arcem quandam erigere extemplo iussi, quae modo iam debet esse peracta, in qua homines, qui necesarii sunt visi, cum omni armorum genere et ultra annum victu opportuno reliqui; item quandam caravellam et pro aliis construendis peritos tam in hac arte quam in ceteris ac benevolentiam et familiaritatem regis eiusdem insulae erga eos. Sunt enim gentes illae amabiles admodum et benignae, eo quod rex praedictus me fratrem suum dici gloriabatur. Etsi animum revocarent[5] et iis, qui in arce manserunt, nocere velint, nequeunt quia armis carent: nudi incedunt et nimium timidi. Ideo dictam arcem tenentes, dumtaxat possunt

---

1 'from Catalonia to Fuenterrabia' near the French border on the Bay of Biscay.

2 *affecto, -are,* 'seize'.

3 with *loco,* 'in a place suited to all commerce'.

4 'Christmas-town' La Navidad, on the N. coast of Haiti. The Santa Maria ran aground there, and Columbus left 39 men, but the fort was destroyed; when he returned later that year (Nov. 1493); he found only corpses.

5 'change his mind'.

populari totam insulam, nullo sibi imminente discrimine, dummodo leges quas dedimus ac regimen non excedant.[1]

21. In omnibus iis insulis (ut intellexi) quisque tantum uni coniugi acquiescit praeter principes aut reges, quibus viginti habere licet. Feminae magis quam viri laborare videntur nec bene potui intelligere an habeant bona propria.[2] Vidi enim quod unus habebat aliis impartiri - praesertim dapes, obsonia, et huius modi. Nullum apud eos monstrum[3] reperi, ut plerique existimabant, sed homines magnae reverentiae atque benignos. Nec sunt nigri velut Ethiopes. Habent crines planos et demissos. Non degunt ubi radiorum solaris calor emicat.[4] Permagna nanque hic est solis vehementia, propterea quod ab equinoctiali linea distat (ut videntur) gradus sex et viginti. [5] Ex montium cacuminibus maximum frigus quoque viget, sed id quidem moderantur Indi quibus frequenter et luxuriose vescuntur.

22. Itaque monstra aliqua non vidi neque eorum cognitionem alicubi habui, excepta quadam insula "Charis"[6] nuncupata; quae secunda ex Hispaniola in Indiam transfretantibus[7] existit. Quam gens quaedam, a finitimis habita ferocior, incolit. Hi carne humana vescuntur. Praedicti habent biremium genera plurima, quibus in omnis Indicas Insulas traiiciunt, depraedant

---

1 'violate'.
2 'private property'.
3 i.e. the strange creatures mentioned in travellers' tales: two-headed men, cannibals, and the like.
4 'where the heat of the sun's rays glare'.
5 Actually 20° N.
6 Perhaps the Caribs, who were more warlike than the Taino natives of Cuba and Hispaniola.
7 'for those crossing to India,' i.e sailing west.

surripiuntque quaecumque possunt. Nihil ab aliis differunt, nisi quod gerunt more femineo crines. Utuntur arcubus et spiculis arundineis, fixis (ut diximus) in grossiori parte attenuatis hastilibus. Ideoque habentur feroces; quare ceteri Indi inexhausto metu plectuntur, sed hos ego nihili facio plus quam alios.[1]

23. Hi sunt qui coeunt cum quibusdam feminis, quae solae insulam "Mateunin",[2] primam ex Hispaniola in Indiam traiicientibus, habitant. Hae autem feminae nullum sui sexus opus exercent; utuntur enim arcubus et spiculis, sicut de earum coniugibus dixi. Muniunt sese laminis aeneis, quarum maxima copia apud eas existit. Aliam insulam mihi affirmant, supradictā Hispaniolā maiorem. Eius incolae carent pilis, auroque inter alias potissimum exuberat.[3] Homines huius insulae et aliarum, quas vidi, mecum porto, qui testimonium horum quae dixi perhibent.

24. Denique ut nostri discessus et celeris reversionis compendium ac emolumentum brevibus astringam, hoc polliceor: me, parvo auxilio eorum fultum,[4] nostris regibus invictissimis tantum auri daturum quantum eis fuerit opus, tantum vero aromatum, bombicis, masticisque[5] (quae apud Chium duntaxat invenitur) tantumque ligni aloes et tantum servorum hydolatrarum[6]

---

1 'I hold them in no higher estimation than the rest'; Columbus is careful to minimize the difficulties of colonization.

2 Perhaps one of the Virgin Islands. These women are the (expected) Amazons of the new world.

3 '[this island] abounds in gold'; perhaps referring to Mexico.

4 'if supported by a bit of their [Majesties'] help'.

5 'cotton and mastic,' the latter a gum found only in the Greek island of Chios; Columbus misidentified a native tree as mastic.

6 'men for naval service'; rhubarb was then a rare medicinal plant.

quantum eorum maiestas voluerit exigere; item reubarbarum et alia aromatum genera, quae eos, quos in dicta arce reliqui, iam invenisse atque inventuros existimo. Quandoquidem ego nullibi magis sum moratus (nisi quantum me coegerunt venti) praeterquam in villa Nativitatis, dum arcem condere et tuta omnia esse providi. Quae etsi maxima et inaudita sunt, multo tamen maiora forent, si naves mihi (ut ratio exigit) subvenissent.[1]

25. Verum multum ac mirabile hoc, nec nostris meritis correspondens[2] sed sanctae Christianae fidei nostrorumque Regum pietati ac religioni, quia id, quod humanus intellectus consequi non poterat, humanis concessit divinus. Solet enim Deus servos suos quique sua praecepta diligunt[3] in impossibilibus exaudire, ut nobis in praesentia contigit, qui ea consecuti sumus quae hactenus mortalium vires minime attigerant. Nam si harum insularum aliquid quipiam scripserunt aut locuti sunt, omnes[4] per ambages et coniecturas. Nemo se eas vidisse asserit; unde prope videbatur fabula.

26. Igitur Rex et Regina[5] principesque ac eorum regna felicissima cunctaeque aliae Christianorum provinciae, Salvatori Domino nostro, Jesu Christo, agamus gratias, qui nos tanta victoria munereque donavit! Celebrentur processiones, peragantur solemnia sacra, festaque fronde velentur delubra! Exultet Christus in terris

---

1 Referring to the past voyage: I would have found more, if enough ships had been supplied.

2 All these great things were done 'not according to my merits, but . . .'

3 'His servants and those (*quique*) who love his commandments'.

4 i.e. *scripserunt aut locuti sunt.*

5 This entire phrase is vocative.

quemadmodum in caelis exultat, cum tot populorum perditas antehac animas salvatum iri praevidet. Laetemur nos cum propter exaltationem nostrae fidei tum propter rerum temporalium incrementa! Quorum non solum Hispania sed universa Christianitas est futura particeps. Haec, ut gesta sunt, sic breviter enarrata. Vale!

Ulisbonae, pridie Idus Martii[1]

Christoforus Colom,

Oceanae classis praefectus

GIROLAMO FRACASTORO: *SYPHILIS*

One unfortunate import from the New World was the disease syphilis. Brought back by Columbus' sailors to Spain, it soon spread to the French King Charles VIII's army, which in turn ravaged Italy in the years 1494-8, and from there it spread throughout Europe.[1] In its first appearances the disease was truly loathsome. Its sufferers had pustules all over their body and they died within a few weeks or months. But within 50 years, by the middle of the 16th century, the disease had become less obvious, mutating into the chronic condition known today. Naturally everyone wanted a cure. One was the application of mercury, which often had nasty side-effects. Another was ingestion of the juice or resin from the Guaiacum tree.[2] Neither was particularly effective, but as the disease became less acute, these remedies were considered sufficient.

The disease was often pictured in woodcuts and other prints and carefully described in the medical literature of the time. Its most famous portrayal is in the *Syphilis* of the physician Girolamo Fracastoro (1478-1553), a poem which has been anthologized many times and which gave its name to the disease. Born in

---

1 The origin of syphilis has been disputed, but recent studies have proven that it came from the New World. The first records of an epidemic of syphilis come from Naples 1494-5 during the French invasion. It was called *morbus gallicus*, which remained its common name until Fracastoro's poem. In 1539 the Lisbon surgeon Ruiz Díaz de Isla published an account of the disease, an important early testimony (*Tractado contra el mal serpentino que vulgarment en España es llamado bubas que fue ordenado en el ospital de Todos los Santos de Lisboa*. Seville 1539, also 1542). He states that as early as 1504 he had heard of Indian cures, including Guaiacum. He also states that he had personally treated people from Columbus' first voyage. (The disease is caused by a bacterium, treponema pallidum, related to bacteria which cause a few other diseases).

2 Guaiacum officinale, the Lignum-vitae, a relatively small, slow-growing tree which produces very hard wood formerly used for cricket balls, bearings, and other specialized uses. It is now considered an endangered species. It is not the towering, magnificent tree of Fracastoro's poem.

Verona, Fracastoro was a member of the local College of Physicians and practiced medicine all his life; his literary work is entirely concerned with medical matters. In the history of medicine he is known for his *De Contagione et Contagiosis Morbis* (1546), in which he developed theories about the spread of disease. (See the note on l. 163 below.) His most famous work is this poem about the disease known at the time as *morbus gallicus*, *morbus italicus*, as well as other names reflecting national animosities. In three books dedicated to the scholar Petrus Bembus (Pietro Bembo) and Pope Leo X, the great patron of the arts, Fracastoro elevates a somewhat unpromising theme: Book I introduces the horror of the disease, which eats its victims alive, much like the plague and other contagions; Book II discusses cures, including mercury, laxatives, and other methods to cause the ejection of the disease from the body; Book III (excerpts printed here) describes the real cure, the Guaiacum tree, its glories and its origin. In this Book the poet composes two myths, the first describing Columbus' voyage to the paradise of America and its exotic natives, and the second retelling the myth of the shepherd Syphilus and the divine origin of the disease. Similar themes occur in both myths: in the first, Columbus' sailors use their dreadful firearms to kill the birds of the Sun and incur the dire retribution which is prophesied by one of the surviving birds (III. 155ff). In the second the shepherd Syphilus is so prideful about his accomplishments that he blasphemes against the god Apollo (much like Niobe). Retribution follows, but the necessary expiatory sacrifices are also revealed (III. 288ff). This myth includes the story of Atlantis and oblique references to Aztec human sacrifice.

Fracastoro modelled his verse on Vergil's *Aeneid* and *Georgics*; some parallels are mentioned in the notes, but far more could be cited. Poetic usages occur: metonomy (*puppis, carina*, etc. for *navis, marmor* for *mare*), apostrophe (*teque*, III.145, *Vulcane*, III. 158), hyperbaton of *inter* (*quas inter*, III 137), sound effects such as the repeated qu- and c- representing gunfire (III. 160-5). The name of the poem *Syphilis* from the shepherd Syphilus follows the usual Greco-Roman naming pattern: *Aeneis*, a poem about Aeneas, *Alexandreis*, a poem about Alexander, *Ecerinis*,[1] a poem about Ecerinus. *Syphilis* was first printed in Verona in 1530. The best modern edition with excellent notes and translation is Geoffrey Eatough, *Fracastoro's Syphilis* (Liverpool: Francis Cairns, 1984).

Book III begins anew, with an invocation to Urania, the Muse of astronomy.

SYPHILIS, LIBER III

Sed iam me nemora alterius felicia mundi,[2]
Externique vocant saltus; longe assonat aequor
Herculeas ultra metas,[3] et littora longe
Applaudunt semota. Mihi nunc magna Deorum
Munera, et ignoto devecta ex orbe canenda,   5
Sancta arbos, quae sola modum requiemque dolori,
Et finem dedit aerumnis. Age diva beatum
Uranie[4] venerare nemus, crinesque revinctam
Fronde novā, iuvet in medica procedere palla
Per Latium, et sanctos populis ostendere ramos;   10
Et iuvet haud unquam nostrorum aetate parentum
Visa prius, nullive unquam memorata referre.[5]

The poet now says that another poet may prefer to sing of unknown lands, new monsters; another may prefer to sing of wars

---

1 The first Neo-Latin tragedy by Albertinus Mussatus (1261-1329), about the condottiero Ezzolino (Lat. *Ecerinus*) da Romano.

2 *alterius mundi*, also called *orbis novus*.

3 The columns marking the turning point in the Circus Maximus are compared to the Pillars of Hercules or Gibraltar. *Applaudunt*, the waves 'beat on' the shore, and also 'applaud' the poet.

4 Gk. nom. w. *diva*; Urania/Uranie is the muse of astronomy, because this tree and its curative powers are heaven-sent. *venerare*, imperative. [*te*] *revinctam . . . iuvat . . . procedere . . . ostendere*, 'may it please you to . . .'

5 *visa . . . memorata*, 'things never seen before...told to no one before'.

and military affairs; but he wants to praise the powers of a single tree.

Oceano in magno, ardenti sub sydere Cancri,   30
Sol ubi se nobis media iam nocte recondit,
Hac ignota tenus,[1] tractu iacet insula longo:
Hispanam gens inventrix cognomine dixit:
Auri terra ferax, sed longe ditior unā
Arbore, voce vocant patrii sermonis Hyacum.   35
Ipsa teres, ingensque ingentem vertice ab alto
Diffundit semper viridem, semperque comantem
Arbuteis sylvam foliis; nux parva, sed acris,
Dependet ramis, et plurima frondibus haeret.

The poet continues with his description of the wondrous tree: how the natives reduce the wood to powder and cook it in water; how they apply the resulting foam as a poultice to ulcers; and how they combine this medicine with fasting and a careful diet. Now he relates the voyage of Columbus.

Quis Deus hos illis populis monstraverit usus;[2]   90
Qui demum et nobis casus aut fata tulere
Hos ipsos; unde et sacrae data copia sylvae,
Nunc referam. Missae quaesitum abscondita Nerei
Aequora, in occasum Solisque cubilia, pinūs,[3]
Littoribus longe patriis, Calpeque[4] relictis,   95
Ibant Oceano in magno, pontumque secabant,
Ignaraeque viae et longis erroribus actae.
Quas circum innumerae properantes gurgite ab omni

---

1 *hāc . . . tenus,* 'up to now'; *Hispanam,* Columbus called the island Hispaniola *Hispana.*

2 A new narrative begins; these are ind. questions dependent on *nunc referam.*

3 metonymy for 'ship,' like *carina* (l. 114), *puppis* (l. 100), *arbor,* or *caerula* for 'sea' (l. 105).

4 *Calpe,* Gibraltar; most narratives wrongly assume Columbus started from Seville.

Ignoti nova monstra maris Nereides udae[5]
Adnabant, celsas miratae currere puppes,   100
Salsa super pictis volitantes aequora velis.[2]
   Nox erat et puro fulgebat ab aethere Luna,
Lumina diffundens tremuli per marmora ponti,
Magnanimus cum tanta heros ad munera Fatis
Delectus,[3] dux errantis per caerula classis;   105
"Luna," ait, "O pelagi cui regna haec humida parent,
Quae bis ab auratā curvasti cornua fronte,
Curva bis explesti,[4] nobis errantibus ex quo
Non ulla apparet tellus, da littora tandem
Aspicere, et dudum speratos tangere portus,   110
Noctis honos, coelique decus Latonia virgo."
Audiit orantem Phoebe, delapsaque ab alto
Aethere, se in faciem mutat, Nereia quali
Cymothöe Clothoque[5] natant, iuxtaque carinam
Astitit, et summo pariter nans aequore fatur: 115
"Ne nostrae dubitate rates,[6] lux crastina terras
Ostendet, fidoque dabit succedere portu.
Sed vos littoribus primis ne insistite:[7] dudum
Ultra fata vocant. Medio magna insula ponto
Est Ophyre,[8] huc iter est vobis, hic debita sedes   120
Imperiique caput." Simul haec effata, carinam
Impulit; illa levi cita dissecat aequora cursu.

---

5 The *nova monstra* are the *Nereides udae*, 'mermaids'.
2 The white sails were painted with crosses and other symbols.
3 *Magnanimus . . . heros . . . Delectus*, 'the great-souled hero, chosen...';
  Columbus.
4 *explevisti;* it's been 2 months; C. left Spain Aug. 3 and arrived at
  San Salvador Oct. 11.
5 Clotho, with Lachesis and Atropos were Fates, not Nereids.
6 *nostrae rates,* vocative, 'ships of mine' (i.e. Luna's).
7 *insisto, -ere,* 'stop at'.
8 The biblical Ophir (I Kings 9:26-8), where Solomon's mines
  were located. Columbus believed he had found these mines (a
  claim sure to attract support for further voyages).

Aspirant faciles aurae, et iam clarus ab undis
Surgebat Titan, humiles cum surgere colles
Umbrosi procul, et propior iam terra videri   125
Incipit.[1] Acclamant nautae terramque salutant,
Terram exoptatam. Tum portu et littore amico
Excepti, diis vota piis in littore solvunt.
Quassatasque rates, defessaque corpora curant.
Inde, ubi quarta dies pelago crepitansque vocavit[2]   130
Vela Notus, remis insurgitur, altaque rursum
Corripiunt maria, et laeti freta caerula sulcant.
Linquitur incerto fluitans Anthylia[3] ponto,
Atque Hagia, atque alta Ammerie, execrataque tellus
Cannibalum, et ripā Gyane nemorosa virenti.   135
Protinus innumerae panduntur turribus altis[4]
Insulae Oceano in vasto, quas inter opacis
Undantem sylvis unam,[5] cursuque sonantem
Fluminis aspiciunt, magno qui spumeus alveo
In mare fulgentes auro[6] subvectat arenas.   140
Huius in ora placet pronas appellere puppes.
Invitant nemora, et dulces e flumine lymphae.
   Iamque solo viridante alacres, ripāque potiti
In primis terram ignotam, Nymphasque salutant

---

1 Perhaps San Salvador in the Bahamas. The native name was
Guanahani.

2 *quarta dies crepitansque* (subj.) *Notus* (S. wind) *vocavit vela* (d. obj.).
Note the *remis*, 'oars'; ancient models are always present in the
poet's mind, even when not appropriate (although Columbus'
ships did have sweeps).

3 *Antillia* was one of the imaginary islands which sailors and early
map-makers placed in the mid-Atlantic beyond the Azores;
Hagia,'Saintly Islands'; *Ammerie*, 'America' (Amerigo Vespucci's
account was known to Fracastoro); *tellus Cannibalum*, the Caribs;
Gyane, Guyana. Fracastoro had only a vague notion about the
places visited by Columbus.

4 i.e. *montibus altis.*

5 *insulam.*

6 sand 'gleaming with gold'; the 'golden sands' of the covetous!

Indigenas, Geniumque loci, teque, aurifer amnis,   145
Quisquis in ora maris nitidā perlaberis undā.
Tum duram Cererem,[1] et patrii carchesia Bacchi
Aggere in herboso expediunt; dein quaerere si qui
Mortales habitent. Pars fulvam fluminis undam
Mirari, mixtamque auro disquirere[2] arenam.   150
Forte per umbrosos sylvarum plurima ramos
Assidue volitabat avis, quae picta nitentes
Caeruleo pennas, rostro variata rubenti,
Ibat nativo secura per avia luco.[3]
Has iuvenum manus ut sylvas videre per altas,   155
Continuo cava terrificis horrentia bombis
Aera,[4] et flammiferum tormenta imitantia fulmen
Corripiunt, Vulcane, tuum, dum Theutonas armas,[5]
Inventum, dum tela Iovis mortalibus affers.
Nec mora, signantes[6] certam sibi quisque volucrem,   160
Inclusam,[7] salicum cineres sulphurque nitrumque,
Materiam accendunt servatā in reste favillā.
Fomite correpto diffusa[8] repente furit vis

---

1 Hard ships biscuit; *carchesia,* a type of jug; compare this scene to
  Aeneas' landing in Italy, *Aen.* 7.107ff.

2 *disquiro, -ere,* 'investigate'.

3 *avis . . . picta . . . variata* is subject; here follows the disruption of
  paradise, as in V. *Aen.* 3.219ff., the cattle of the Sun.

4 *cava . . . aera,* 'hollow bronzes'; i.e. hollow tubes of bronze, their
  firearms. *tormenta,* 'firearms'.

5 *Vulcane, . . . dum armas . . . dum tela . . . affers,* An apostrophe (direct
  address) to Vulcan: the god arms the Germans (Fracastoro
  attributes the invention of firearms to German artisans) and gives
  Jupiter's weapons to men.

6 'marking out for himself'.

7 *inclusam* [viz. *in aere*] . . . *materiam*; the substances are willow-ash,
  sulfur, and saltpeter (*nitrum*), ignited with a cord (*reste*). These were
  matchlocks.

8 *Fomite correpto,* 'the tinder catches fire'; here the word is literal, but
  fomes or *fomites* (pl.) is also Fracastoro's word for such things as
  clothing which in itself is not disease-causing, but which can
  encourage the seeds of contagion. *diffusa . . . vis ignea circumsepta,*
  the fiery force (*vis*) had been closed in (*circumsepta*), but now rages

Ignea circumsepta, simulque cita obice rupto
Intrusam impellit glandem;[1] volat illa per auras   165
Stridula, et exanimes passim per prata iacebant
Deiectae volucres; magno micat ignibus aer
Cum tonitru, quo sylva omnis ripaeque recurvae,
Et percussa imo sonuerunt aequora fundo.
Pars avium nemus in densum conterrita et altos   170
Se recipit scopulos; quorum de vertice summo
Horrendum una[2] canit (dictu mirabile) et aures
Terrificis implet dictis, ac talibus infit.
"Qui Solis violatis aves, sacrasque volantes,
Hesperii, nunc vos, quae magnus cantat Apollo,   175
Accipite, et nostro vobis quae nunciat ore.

The oracle foretells great sufferings to be endured before the
Spanish can subjugate the new lands. Included in this suffering is
a new disease.

    . . . Nec sera manet vos
Illa dies, foedi ignoto cum corpora morbo   190
Auxilium sylva miseri poscetis ab ista,[3]
Donec poeniteat scelerum."

The sailors shudder in horror at this forecast. At this point a
strange throng of men come from the forest. Everyone exchanges
gifts and the two groups make a treaty of friendship. The day ends
in feasting and revelry. Some time passes.

Forte loco lux festa aderat, Solique parabant
Ultori[4] facere umbroso sacra annua luco.
Hesperiaeque Ophyraeque manus convenerat omnis.

---

out (*furit*) and spreads out (*diffusa*). The *vis* can be applied to the
guns and to the disease, which is now waiting to spread.

1 *glans, glandis*, 'catapult balls' in Roman texts; here 'bullet'.

2 i.e. *avis*.

3 'from this very forest'.

4 Sacred rites to *Sol Ultor*, the Avenging Sun. *Ultor* is a classical
epithet of Mars. For *Ophyrae* see l. 120.

Hic convalle cavā, ripae viridantis in herba,   235
Selectorum ingens numerus, matresque virique
Confusi, plebs atque patres, puerique senesque,
Astabant, animis tristes et corpora foedi,
Squallentes crustis omnes, taboque fluentes.[1]
Quos circumfusos albenti in veste sacerdos   240
Purā lustrat aquā, et ramo frondentis Hyaci.
Tum niveum ante aras caedit de more iuvencum,[2]
Et iuxta positum pastorem sanguine caesi
Respergit, paterāque rigat,[3] Solique potenti
Ad numeros paeana canit; nec caetera turba   245
Non sequitur, mactantque sues, mactantque bidentes,
Visceribusque veru tostis epulantur in herba.
Obstupuit gens Europae ritusque sacrorum,
Contagemque alio non usquam tempore visam.[4]
At dux multa animo tacitus secum ipse volutans,[5]   250
"Hic erat ille," inquit, "morbus, (Dii avertite casum)
Ignotum interpres Phoebi quem dira canebat."
Tum regem indigenam, (ut sermo fandique facultas
iam communis erat) cui sint solemnia Divum,
Scitatur:[6] quid tanta astet convalle sub alta   255
Languentum miseranda manus: quid pastor ad aras
Sacra inter, caesi respersus sanguine tauri.
Quem contra: "Hesperiae O heros fortissime pubis,"
Rex ait, "Hi gentis ritūs, haec sacra quotannis
Ultori de more Deo celebramus; origo   260

---

1 'with ulcerated, scabbed skin (*squallentes crustis*) and flowing with pus (*tabo*)'; symptoms of syphilis.
2 Cp. the sacrifices in Vergil, *Aen.* 4.57ff, 5.96ff.
3 The priest spatters (*respergit*) and wets (*rigat*) the shepherd with blood from the sacrifice.
4 The Europeans had seen neither these rites nor this disease before.
5 Columbus; cp. Vergil, *Ecl.* 9.37.
6 *scitor, -ari*, 'ask,' 'inquire'. Three questions: to whom are these rites; why (*quid*) this crowd; and why this shepherd.

Antiqua est, veteresque patrum fecere parentes.
Quod si externorum mores, hominumque labores[1]
Audivisse iuvat, primaeva[2] ab origine causam
Sacrorum, et pestis miserae primordia pandam.
Forsitan Atlantis[3] vestras pervenit ad aures   265
Nomen, et ex illo generis longo ordine ducti.
Hac et nos, longa serie,[4] de stirpe profecti
Dicimur, heu quondam felix et cara Deum gens,
Dum coelum colere, et superis accepta referre[5]
Maiores suevere boni. Sed, numina postquam   270
Contemni coeptum est luxu fastuque nepotum,
Ex illo[6] quae sint miseros, quantaeque secutae
Aerumnae, vix fando unquam comprendere possem.
Insula tum prisci regis de nomine dicta
Ingenti terrae concussa Atlantia[7] motu   275
Corruit, absorpta Oceano, quem mille carinis
Sulcavit toties, terrae regina marisque.
Ex illo et pecudes et grandia quadrupedantum
Corpora, non ullis unquam reparata diebus,
Aeternum periere;[8] externaque victima sacris   280

---

1 Both 'deeds' and 'sufferings'.
2 'primordial,' 'original'.
3 Atlas was the first king of Atlantis (Plato, *Critias* 114b.). *ex illo,* 'from him'.
4 'in a long series of links'; the metaphor is from a chain.
5 Either 'to attribute to the gods (*superis*) what they had received (*accepta*)' or 'to return thanks (*gratias referre*) to the gods for what they had received'. *suevere,* from *suesco, -ere,* be accustomed to.
6 *ex illo* [*tempore*] (also l. 278); 'how miserable they are, what suffering followed . . .' from the time when they were overcome by luxury and pride.
7 Atlantis; cp. Plato *Timaeus* 25d, the source of the Atlantis legend.
8 Cattle and large animals (*quadrupedantum*) disappeared forever and never came back (*reparata*). An explanation of the fact that New World did not have cattle, horses, and other large domestic animals. The *taurus* sacrificed here is a foreign (*externa*) victim. (Where it might have come from is not clear; same difficulty in the myth of Syphilus: if all the cattle were destroyed in the

Caeditur, externus nostras cruor imbuit aras.
Tum quoque et haec infanda lues, quam nostra videtis
Corpora depasci, quam nulli – aut denique pauci –
Vitamus, Divum offensis et Apollinis irā
De coelo demissa,[1] omnes grassatur in urbes.   285
Unde haec sacra novo primum solemnia ritu
Instituere patres, quorum haec perhibetur origo.[2]
Syphilus (ut fama est) ipsa haec ad flumina pastor
Mille boves, niveas mille haec per pabula regi
Alcithoo pascebat oves. Et forte sub ipsum   290
Solstitium, urebat sitientes Sirius agros;
Urebat nemora; et nullas pastoribus umbras
Praebebant sylvae; nullum dabat aura levamen.[3]
Ille gregem miseratus, et acri concitus aestu,
Sublimem in Solem vultus et lumina tollens,   295
"Nam quid,[4] Sol, te," inquit, "rerum patremque Deumque
Dicimus, et sacras vulgus rude ponimus aras,
Mactatoque bove et pingui veneramur acerrā,[5]
Si nostri nec cura tibi est, nec regia tangunt
Armenta? An potius superos vos arbitrer uri   300
Invidiā? Mihi mille nivīs candore iuvencae,
Mille mihi pascuntur oves. Vix est tibi Taurus[6]
Unus, vix Aries coelo (si vera feruntur)
Unus, et armenti custos Canis arida tanti.[7]

---

collapse of Atlantis, where did this shepherd's cattle come from?
This is a not uncommon conflict between facts on the ground and
the conventions of Greco-Roman poetry).

1 with *lues*, 'plague'; it came because of offences against the gods
(*Divum offensis*) and the wrath of Apollo (the sun).
2 The priest now recounts the myth of Syphilis.
3 'relief' from the heat.
4 'why' as often.
5 'with a box-full of incense'.
6 The constellations Taurus, Aries, and Canis, whose chief star is
Sirius, the Dog-star.
7 'of my herd, which is so great (*tanti*)'; he is excessively boastful.

Demens quin potius Regi[1] divina facesso   305
Cui tot agri, tot sunt populi, cui lata ministrant
Aequora, et est superis ac Sole[2] potentia maior?
Ille dabit facilesque auras, frigusque virentum
Dulce feret nemorum armentis, aestumque levabit."
Sic fatus, mora nulla, sacras in montibus aras   310
Instituit regi Alcithoo, et divina facessit.
Hoc manus agrestum, hoc pastorum caetera turba
Exsequitur: dant thura focis incensa, litantque
Sanguine taurorum, et fumantia viscera torrent.
Quae postquam rex, in solio dum forte sederet   315
Subiectos inter populos turbamque frequentem,[3]
Agnovit, Divum exhibito gavisus honore,
Non ullum tellure coli, se vindice,[4] numen
Imperat, esse nihil terrā se maius in ipsā;   319
Coelo habitare Deos, nec eorum hoc esse, quod infra est.[5]
Viderat haec, qui cuncta videt, qui singula lustrat,
Sol pater, atque animo secum indignatus, iniquos
Intorsit radios, et lumine fulsit acerbo.
Aspectu quo[6] Terra parens correptaque ponti
Aequora, quo tactus viro subcanduit aer.   325
Protinus illuvies[7] terris ignota profanis
Exoritur. Primus, regi qui sanguine fuso
Instituit divina sacrasque in montibus aras,

---

1 To Alcithous; *divina* [*sacra*], 'religious rites'; *quin . . . facesso*, 'why
don't I instead perform . . .'; *quin* with indicative (usu. future) is
equivalent to a command.

2 ablatives of comparison: 'than the gods or the sun'.

3 The king is seated surrounded by subject people and a great
crowd. This makes his boastfulness worse.

4 He would punish any violation of this decree: no other divinity
shall be worshipped.

5 'The gods live in the heavens; this here below is not theirs.'

6 *Quo aspectu . . . quo viro (virus,* 'poison'), 'at this glance . . . by this
poison . . .

7 i.e. *lues, labes, pestis,* 'filth,' 'plague'; *Primus* with *Syphilus.*

Syphilus, ostendit turpes per corpus achores.[1]
Insomnes primus noctes, convulsaque membra   330
Sensit, et a primo[2] traxit cognomina morbus,
Syphilidemque ab eo labem dixere coloni.
Et mala iam vulgo cunctas diffusa per urbes
Pestis erat, regi nec saeva pepercerat ipsi.
Itur ad Ammericen sylvā in Cartheside Nympham, [3] 335
Cultricem nemorum Ammericen, quae maxima luco
Interpres Divum responsa canebat ab alto.
Scitantur,[4] quae causa mali, quae cura supersit.
Illa refert: "Spreti vos, O, vos numina[5] Solis
Exercent; nulli fas est se aequare Deorum   340
Mortalem. Date thura Deo, et sua ducite sacra,
Et numen placate; iras non proferet ultra.
Quam tulit,[6] aeterna est, nec iam revocabilis unquam
Pestis erit; quincunque solo nascetur in isto,
Sentiet, ille lacus Stygios, fatumque severum   345
Iuravit.[7] Sed enim, si iam medicamina certa
Expetitis, niveam magnae mactate iuvencam
Iunoni, magnae nigrantem occidite vaccam
Telluri: illa[8] dabit foelicia semina ab alto:
Haec viridem educet foelici e semine sylvam,   350
Unde salus." Simul obticuit, specus intus et omne

---

1 'pustules'.
2 i.e. *viro*, *Syphilo*; l. 332 is the first use of the name Syphilis for the
   disease.
3 Ammerice is a nymph who lives in the forest Carthesis; she used
   to give (*canebat*) oracles. (The forest's name perhaps from
   Carthage? Etymology is unknown).
4 See l. 255.
5 subject; 'the *numen* of the spurned sun is troubling you'.
6 i.e. the *pestis*, *lues*.
7 Oaths by the Styx were binding on the gods; Vergil *Aen.* 9.104,
   10.113, 12, 816.
8 *illa*, Juno; *haec*, Tellus, Mother Earth.

Excussum nemus, et circumstetit horror[1] ubique.
Illi obeunt mandata; sua ipsi altaria Soli
Instituunt; niveam Iuno, tibi magna[2] iuvencam,
Nigrantem, Tellus, mactant tibi maxima vaccam.   355
Mira edam.[3] (At divos iuro et monumenta parentum)
Haec sacra, quam nemore hoc toto vos cernitis, arbor,[4]
Ante solo nunquam fuerat quae cognita in isto,
Protinus e terra virides emittere frondes
Incipit, et magna campis pubescere[5] sylva.   360
Annua confestim Soli facienda sacerdos
Ultori nova sacra canit. Deducitur ipse
Sorte datā, qui pro cunctis cadat unus ad aram,[6]
Syphilus; et iam farre sacro, vittisque paratis
Purpureo stabat tincturus sanguine cultros.   365
Tutatrix vetuit Iuno, et iam mitis Apollo,
Qui meliorem animam miseri[7] pro morte iuvencum
Supposuere, feroque solum[8] lavere cruore.
Ergo eius facti aeternum ut monumenta manerent,
Hunc morem antiqui primum statuere quotannis   370
Sacrorum, ille[9] tuum testatur, Syphile, crimen,
Victima vana, sacras deductus pastor ad aras.
Illa omnis, quam cernis, inops miserandaque turba
Tacta Deo est, veterumque luit commissa[10] parentum.

---

1 'violent shaking'.
2 *Iuno magna . . . Tellus maxima.*
3 *edo, edere, edidi,* 'put forth'.
4 *Haec sacra arbor, quae nunquam fuerat cognita . . . emittere incipit . . .*
5 'began to grow'.
6 A reminder both of Christ's sacrifice and of the Aztec human sacrifices, with a touch of Abraham and Isaac.
7 i.e. *viri, Syphili.*
8 *solum, -i,* soil; 'they bathed the ground with a wild animal's blood' instead of the shepherd's.
9 *ille . . . victima vana . . . deductus pastor.*
10 This is inherited guilt and inherited punishment.

Cui votis precibusque piis numerisque[11] sacerdos   375
Conciliat vates Divos et Apollinis iras.
Lustrati[2] ingentes ramos et robora sanctae
Arboris advectant tectis, libamine cuius[3]
Vi mirā infandae labis contagia pellunt."
   Talibus atque aliis[4] tempus per multa trahebant   380
Diversis populi commixti e partibus orbis.
Interea, Europae fuerant quae ad cara remissae
Littora, iam rursus puppes freta lata remensae[5]
Mira ferunt: late (proh fata occulta Deorum!)
Contagem Europae coelo crebrescere eandem,   385
Attonitasque urbes nullis agitare medelis[6].
Quin[7] etiam gravior naves it rumor in omnes:
Illo eodem classem morbo, iuvenumque teneri
Haud numerum exiguum, et totis tabescere membris.
Ergo haud immemores, diras cecinisse volucres,   390
Affore,[8] cum sylvā auxilium poscatur ab illā,
Continuo faciles Nymphas Solemque precati,
Intacti nemoris ramos, et robora ab alto
Convectare[9] parant luco, medicataque sumunt
Pocula, pro ritu gentis;[10] quo munere tandem   395
Contagem pepulere feram. Quin dona Deorum,

---

11 *numeri*, 'songs,' 'chants' in verse.
2 The purified people, *turba*.
3 'By libations of this [tree] . . .; guaiacum juice was considered a cure.
4 *Talibus* [*verbis, sermonibus*].
5 *remetior, -iri*, 'come back over,' 'traverse'; these are ships returning from Europe on Columbus' 2nd voyage. They bring astounding (*mira*) news. *crebrescere* 'is spreading' (ind. statement).
6 *nullis...medelis*, 'with no remedies available'.
7 'Indeed,' 'moreover'; same meaning in l. 396. Cp. l. 305, where *quin* means 'why not'.
8 *affore* = *adfuturum*; 'they had not forgotten that the birds had sung (*cecinisse*) that a time would come (*affore*) when . . .'
9 'collect'.
10 They drink the juice of the tree in the native manner.

Haud patriae obliti, et foelicem ad littora sylvam
Nostra iubent ferri, coelo si forsitan isto[1]
Assimilem pellant labem. Nec Fata secundos
Ipsa negant Zephyros, facilisque aspirat Apollo.   400

You, Spaniards, were the first to receive this favour from the Gods, but now it is known to all the nations of Europe. It will be glorified in the poet's song as well.

---

1 *coelo . . . isto*, 'under that sky,' 'in that hemisphere'; *Zephyrus*, the west wind, blows them from the New World to Europe.

RAPHAEL LANDÍVAR: *RUSTICATIO MEXICANA*

Raphael Landívar, the greatest of the Neo-Latin poets of the Americas, was born to a prosperous family in Santiago de los Caballeros, Guatemala, on October 27, 1731.[1] Educated by the Jesuits, he received his Bachelor's degree in 1746. In 1749 Landívar went to Mexico City and in 1750 entered the Jesuit novitiate at the seminary of Tepotzotlán, where he completed his studies. He was appointed a teacher at a *colegio* (high school) in Puebla and later at another colegio in Mexico City. He was ordained in 1755. By 1764 he had returned to Guatemala as Professor of Grammar and Rhetoric at the Jesuit school of San Francisco de Borja in [present day] Antigua, where he eventually became Rector. He did not serve long, because by a royal decree of June 1767 the Jesuits, his order, were expelled from the entire Spanish empire.[2] Landívar and his colleagues were summarily rounded up and put on board ship. They were eventually dropped in Corsica, where many died in poverty. Landívar survived and joined a community of other exiled Spanish Jesuits in Bologna, where he died in 1793, having consoled his exile by writing *Rusticatio Mexicana*. Guatemala has not forgotten her native son: the poet has appeared on Guatemalan stamps, and Universidad

---

1 At the time Santiago was the capital of the province of Guatemala, which included Chiapas and most of Central America. After several devastating earthquakes, in 1776 the capital was moved to its present location. The old capital is now called Antigua.

2 Jesuits had been expelled from Portuguese territory in 1759 and from France in 1764. Carlos III of Spain may have wanted to confiscate the extensive Jesuit properties throughout the empire. In addition the Jesuits were considered an international, and hence subversive, institution. They were not popular even among other churchmen; Pope Clement XIV abolished the order entirely in 1773. It was restored in the 19th century. The expulsion devastated education in all of Latin America, since the estimated 6000 men who were expelled were teachers.

Rafael Landívar is a major private university in Guatemala City; appropriately, it is a Jesuit institution.[1]

The poem does not have a conventional plot. Instead, in 15 books it treats the geography, wildlife, traditions, and products of the Mexican countryside, all enhanced by the poet's display of classical learning and scientific knowledge.[2]

Book 1: Lacus Mexicani	Book 9: Saccharum (Sugar)
Book 2: Xorulus (the volcano Jorullo)	Book 10: Armenta (Cattle)
Book 3: Cataractae Guatimalenses	Book 11: Greges (Flocks and herds)
Book 4: Coccum et purpura (Cochineal and Purple)	Book 12: Fontes
Book 5: Indicum (Indigo)	Book 13: Aves
Book 6: Fibri (Beavers)	Book 14: Ferae (Wild Beasts)
Book 7: Fodinae argenti et auri (Mines)	Book 15: Ludi
Book 8: Argenti atque auri opificium (Refining)	An Appendix on the Cross of Tepic

The poet gives his own outline in Bk. 1.10-17. Selections from Books 1 and 6 are printed below. Landívar draws from a wide reading of classical and Neo-Latin authors. There is even a hint that the beavers' houses (6.162ff, §24), which have an entrance onto the water and one into the forest, have been modelled on the houses of Utopia, which have two entrances, one facing the street, the other into the garden (*Utopia* Bk. 2; Sturz and Hexter Yale edition p. 120). Still, the major influence on his verse is Vergil, especially his *Georgics*, which were at the same time a didactic poem about agriculture and a celebration of the Italian countryside. Likewise the *Rusticatio* is full of information about natural history and methods of production, while also celebrating the wonders of Mexico. As in the *Georgics*, each book of the *Rusticatio* deals with one topic. The language of the *Rusticatio* leans on the *Aeneid* as a source: *urbs erat* (1.32), *agmine facto* (1.112), *fervet opus* (1.164) are only a few of the phrases from the *Aeneid*.

---

1 Apart from a few lines in the prologue (1.18-24), Landívar never mentions his exile, much less wallow in it as does Ovid in his *Tristia*.

2 'Mexican' must be taken in a broad sense, to include Central America. Landívar's 1st edition (Modena 1781) contained 10 chapters; the 2nd (Bologna 1782) has 15.

This text is from the 2nd edition, Bologna 1782. Each book is divided into shorter paragraphs or "stanzas" by indentations. The text below numbers each paragraph for ease of reference; the numbers are not in the original. There are several 19th and 20th century editions of the Latin with Spanish translation. One English translation exists: G. W. Regenos (Louisiana: Tulane, 1948). This translation with an introduction and the Latin text is most readily available in Andrew Laird, *The Epic of America* (London: Duckworth 2006), which is by far the best study in English of the *Rusticatio*.

LIBER PRIMUS

LACUS MEXICANI

1. Obtegat arcanis alius[1] sua sensa figuris,
Abstrusas quarum nemo penetrare latebras
Ausit, et ingrato mentem torquere labore;
Tum sensum brutis aptet, gratasque loquelas;
Impleat et campos armis et funere terras,   5
Omniaque armato debellet milite regna.
2. Me juvat omnino, terrae natalis amore,
Usque virescentes patrios invisere campos,
Mexiceosque lacus, et amoenos Chloridis hortos
Undique collectis sociis percurrere cymba.[2]   10
Tum juga Xoruli visam, Vulcania regna;
Et vitreos celso latices de colle ruentes;
Coccineumque dein, Tyriumque Indumque venenum:
Oppida mox Fibri telis, ferroque fodinas
Aggrediar; luteisque astringam sacchara formis;[3]   15

---

1 Landívar may be criticizing Spanish baroque poetry characterized by recherché vocabulary and complex syntax. Lines 4-6 address typical epic, with its wars and kingdoms; Landívar is not writing this kind of epic.

2 The gardens of Chloris (Flora) are floating and must be approached by boat (*cymba*); these are the *chinampas* (l. 133). Landivar now gives an outline of his poem.

3 'I'll mold sugar in clay containers'.

Hinc fusum regione pecus, fontesque sequutus
Et volucres, et lustra canam, ludosque docebo.
3. Debueram, fateor, maesto praecordia peplo[1]
Induere, et lacrymis oculos suffundere amaris,
Nam flores dum prata dabunt, dum sydera lucem,   20
Usque animum, pectusque meum dolor altus habebit.
Sed tantum cogor celare in corde dolorem,
Corde licet cauto rapiat suspiria luctus.
Quid tristes ergo gemitus de pectore ducam?
Ardua praecipitis conscendam culmina Pindi,   25
Musarumque Ducem supplex in vota vocabo;
Ambit[2] enim quandoque dolens solatia pectus.
4. Tu, qui concentus plectro moderaris eburno,
Et sacras cantare doces modulamina[3] Musas,
Tu mihi vera quidem, sed certe rara canenti[4]   30
Dexter ades, gratumque melos largire vocatus.
5. Urbs erat occiduis procul hinc notissima terris
Mexicus,[5] ampla, frequensque viris, opibusque superba,
Indigenis quondam multos dominata per annos;
Nunc vero Hispani, populis[6] Mavorte subactis,   35
Sceptra tenent, summaque urbem ditione gubernant.
Plures hanc vitreo circumdant fonte lacunae,

---

1 'in a robe of mourning'; the poet mourns his lost homeland, but consoles himself with the Muses.

2 'He (Apollo) oft lays solace on my sad heart'; §4 is an invocation to Apollo, the *Dux Musarum*.

3 'rhythmic songs'.

4 *mihi . . . canenti*, 'be kind to me as I sing true things, yet certainly strange'

5 The name Mexico means 'Place of the Mexica.' The capital was originally called Tenochtitlan, and was on an island in the middle of the large Lake Texcoco, with the lakes Xochimilco and Chalco connected to the south. Since 1521 the lake has been almost entirely drained and the area is occupied by Mexico City. Lines 40-3 refer to the marshy areas of the old lake E of the city.

6 i.e. the *indigenae*.

Quae blando[7] parvas allectant gurgite puppes.
Non tamen has omnes mens est celebrare canendo:
Nam quae sepositae prospectant longius urbem,   40
Flumine nec tanto turgent, quod fama frequentet,
Nec nitidos squamma pisces, florumque natantes
Areolas,[2] Anatumque vadis examina pascunt.
At quae purpureos Phoebi remeantis ab umbris
Infringit[3] radios, et quae declinat ad Austrum,   45
(Apta quibus flexus donat commercia rivus[4])
Fluctibus exundant, spumosaque littora pulsant:
Deliciae populi, et florentis gratia ruris.
6. Has prope frondosis consurgunt oppida[5] ripis,
Quae nomen geminae, famamque dedēre paludi: 50
Hoc Chalcum, Texcucum illud longaeva vetustas
Dixerat, atque ambo patriā de voce[6] vocarat.
Tunc alias aliis recto discrimine lymphas
Praetulit,[7] et vario prudens celebravit honore.
Nam licet angustis geminae[8] loca tuta carinis   55
Exhibeant, serventque altis pro moenibus urbem,
Allicit at vero cives argentea Chalcis,[9]
Quod laetas segetes, quod puris pascat in undis
Arboreis intexta comis peramoena vireta;[10]

---

7 *blando...gurgite*, 'on their gentle waves'.

2 'floating patches of flowers'; *Anatumque... examina*, 'flocks of ducks'.

3 'reflects'.

4 *flexus . . . rivus*, 'a winding river'; the connection between Lake Texcoco and Lake Chalco to the south.

5 Texcoco, on the E. shore of Lake Texcoco, and Chalco, on the E shore of Lake Chalco.

6 'in their native language'.

7 *Praetulit . . . prudens . . . celebravit*, 'the discerning person preferred (*praetulit*) . . . and glorified . . .'

8 *geminae [paludes]*, 'both lakes'; Chalco had clearer water from artesian springs (ll. 62ff).

9 *Chalcis*, the personified lake, is nom. case on the pattern of other aqueous goddesses: Salmacis, Ismenis, Pegasis. Same form in l.70.

10 'grassy turf interspersed with leafy (*comis*, lit. 'hair') trees'.

Gloria prima lacus, et culti dedecus agri.   60
7. Hic dulces vasto latices exaggerat alveo:
Namque per obscuros tranquilla fluenta canales
Colligit, et tenues etiam sine nomine rivos,
Puraque gramineis undantia flumina campis.
Non rapidum Boream, non illuc Aeolus[1] Austrum   65
Mittit, nec saevis Eurus, Zephyrusque procellis
Ardua luctantes sese in certamina poscunt.
Murmure sed posito, ventisque in claustra fugatis,
Incubuit puris tranquilla malacia[2] lymphis.
8. Sed tanto quamvis exuberet aequore Chalcis,   70
Fons tamen in mediis manat pellucidus undis,
Quem neque flaventi permiscet littus arenā[3],
Arva nec infecto deturpant proxima limo:
Sed clarus, sed purus aquis, sed vitreus humor,
Vel minimos possis ut qui labuntur ad ima,   75
Lustrare[4] obtutu facili, et numerare lapillos.
Hic vero tanta saliens e gurgite rivus
Eructat gelidam[5] vi, ut summas impete caeco
Scandat aquas, magnosque dein se extendat in orbes.
Ceu quondam Graius bibulis Alphaeus in oris,[6]   80
Obscuro postquam rapidus se condidit antro,
Labitur impatiens gressu properante per umbras
Immensum subter pelagus, fluctusque sonantes,

---

1 Aeolus is god of winds: Boreas (n), Auster (S), Eurus (E, considered stormy), Zephyrus (W).

2 'a calm'.

3 *littus* (= *litus, litoris*) and *arva* are the subjects: 'The shore does not mix it (*quem*, i.e. *fons*) with its golden sands nor the nearby fields pollute it with contaminated mud'.

4 *possis . . . lustrare*, 'you can see' whatever is on the bottom.

5 i.e. *aqua*; *impete caeco*, 'with an unseen force'.

6 The Alphaeus/Alpheus River in the Peloponnese was said to sink underground only to re-emerge in Sicily as the spring Arethusa near Syracuse (Ver. *Aen.* 694-6). Landívar suggests some such origin for the spring in Lake Chalco.

Sicanios donec liceat[1] contingere fines,
Ore, Arethusa, tuo revomens argenteus amnem.   85
Haud secus occultos sequitur fons ille meatūs,
Optatas donec fugiens pertingat ad auras.
9. Unde tamen iugis[2] ducatur fontis origo,
Quove reluctantes consurgant impete lymphae,
Incertum.

The poet now speculates on the origin of springs in general,
whether they are from underground caverns or from a branch of
the ocean. He however prefers the theory that the spring in
Chalco derives from the snows of two high mountains which raise
their peaks not far from the lake. (The volcanos Popocatepetl and
Iztaccihuatl, about 40 miles E of Mexico City and both higher
than 17,000'. In Book 2 Landívar describes the 1759 eruption of
the volcano Jorullo in Michoacáan).

Haec mens,[3] haec anirnis potior sententia constat,
Queis natura parens miranda arcana reclusit,
Arduaque ostendit fontis primordia nostri.
Nam quamvis clivos campus seiungat ab undis,   105
Et nulli aprico consurgant gramine colles,[4]
Alta tamen gemini tollunt fastigia montes
Proxima syderibus, clademque minantia coelo,
Plurima quae glacies Boreā concreta nivali[5]
Usque tegit, multasque rigens se tollit in ulnas.   110
Haec sensim ventis, Phoebique ardore soluta
Ima petit montis penetrans illapsa latebras,
Guttarum donec rapido velut agmine facto
Erumpat, vincatque undas fugitiva palustres.[6]
10. Additur huic aliud, quo non praestantius ullum,   115

---

1 'until it could touch . . .'
2 *iugis . . . fontis*, 'perpetual spring'.
3 'belief'; *Queis* (dat.) 'to those to whom Mother Nature . . .'
4 The mountains rise without any intervening grassy foothills
   (*colles*).
5 'frozen by snowy Boreas'; *ulna*, 'ell' or 'cubit' (about 18").

Prodigium, insigne, insuetum, cui nomen in aevum.
Ardua crux, niveo solidoque e marmore secta
Artificis dextrā, ferrique rigore polita
Tollitur irrigui fontis submissa profundo   120
Fixa solo, terraeque simul sic mordicus[1] haerens,
Ut nullo possit nisu, nulla arte revelli.
Quis vero sit casus, quaeve laboris origo,
Aeternis clausere umbris monumenta vetusta.[2]
Castalium posthac sileat Cirrhaeus Apollo,
Et Lybicas Ammon contemnat Jupiter undas,   125
Vel quos clara dedit latices Arethusa pudicos:
Quaeque suos sileant fluvialia numina[3] fontes,
Solaque Mexiceum commendet fama fluentum,
Nobile Christiadum fecit cui tessera nomen.
11. Nunc agite, et quoniam concedunt astra quietum 130
Aequor, et angustas allectant caerula[4] puppes,
Ocyus exiguam subducam margine cymbam,
Dotales pulchrae visurus Chloridis hortos,
Quos Indi patrio dicunt sermone Chinampas.
Tu tamen interea, Zephyri pulcherrima conjunx,[5]   135
Quae pictis ornata rosis dominaris in arvis,
Dic mihi, quis flores levibus commiserit undis,
Et mare culturae tumidum subjecerit agri,

---

6 'like a rushing stream (*fugitiva*) it overcomes the waters of the lake'.

1 adverb, 'held fast,' 'firmly fixed'.

2 'ancient chronicles'; no one knows the origin of this cross, the presence of which makes this spring surpass the springs of classical culture: Castalia, the oasis oracle of Jupiter Ammon in Egypt (*Lybicas*), Arethusa.

3 *Quae . . . fluvialia numina*, 'Let all these river divinities be silent about . . .'; *Christiadum . . . tessara*, 'this mark/symbol of the Christians'; *nomen*, 'fame'.

4 Here referring to waters; *caerula* often means 'sky'.

5 i.e. Chloris/Flora. the following lines describe the famous floating gardens, some remains of which can be found in Xochimilco, in the S part of Mexico City.

Munere quando tuo rident pomaria gemmis.

12. Mexicei primum mediā statuere palude   140
Urbem, aliquot tandem magni post lustra futuram
Imperii sedem. Tanto tamen ardua fastu[1]
Templa Deum, Regumque arces, turresque, domosque
Constituit, tantumque brevi gens inclyta crevit,
Ut Regi,[2] cui tota diu subiecta tributum   145
Solverat, ingentes curarum immitteret aestūs;[3]
Scilicet augeri gentemque urbemque dolebat.
Quare aliud miseram[4] gravius, nec viribus aequum,
Vectigal jussit crudelis pendere gentem:
Ducere odoratos submissis fluctibus hortos   150
Frugibus insignes, cultosque virentibus herbis.[5]
Quod si jussa viri fieri tunc posse negarent,
Excidio mulctare urbem populumque parabat.
Ingemuere omnes, gemituque augusta replebant
Templa Deum; sparsis bacchatur turba capillis.   155
Omnia sed prudens vincit solertia gentis.

13. Ingenio freti cives, animique vigore
Accingunt se operi tectisque, undisque relictis,
Nigrantes penetrant sylvas atque avia[6] cursu,
Quaerere textilibus frondosa arbusta genistis.[7]   160
Cuique suum partitur opus, sua munera cuique:
Pars lento vellit faciles e vimine ramos,
Pars onerat cymbas, pars remis ducit onustas:
Fervet opus, durosque iuvat perferre labores.

---

1 'pride'.
2 Landívar supplies a footnote here: *Rex Axcapusalci*, 'the King of Atzcapotzalco' (a city at the NW edge of Lake Texcoco).
3 The growing city inspired a wave of concern (*curarum aestus*) in the king.
4 *miseram...gentem.*
5 The king is making (he thinks) an impossible demand, to bring growing crops over the lake.
6 'trackless places'.
7 broom-trees (*genista*, a thorny shrub) for weaving together (*textilis*).

At postquam sylvae magnum congessit acervum, 165
Cunctaque consilio maturo turba paravit,
Concurrit, texitque leves e fronde tapetas
Oblongae storeae[1] similes; quos moenia propter
Expandit, textosque salo[2] committit aperto,
Callibus hinc atque hinc multis super alta relictis. 170
Ne tamen infensi spargant conamina venti,
Aut mare surripiat pronum[3] fugientibus undis,
Cauta trabes fundo[4] nodoso ex robore figit,
Vimineasque ligat storeas ad tigna rudenti.
14. Haec ubi felici norunt confecta labore 175
Mexicei, proras certatim ad littora vertunt,
Mox agros repetunt hilares, fusique per arva
Effodiunt campis[5] pingues ad semina glebas.
Non ita sollicitae carpunt per florea rura
Nectar apes densae, magnis alvearia[6] sylvis 180
Cum nova conficiunt, replentque examina melle.
Tum lembos onerant collecto cespite pubes,
Et vaga[7] multiplici convolvunt aequora remo.
Ast ubi distentos undis venēre tapetas,
Quisque superfundunt lectas sine vomere[8] glebas, 185
Udaque frugiferae committunt semina terrae.
Hic jacit in campos granum Cereale natantes,
Hic olerum[9] gaudet laetum diffundere semen.

---

1 'carpets (*tapetas*) similar to mats (*storeae*)'.
2 'to the open waters of the lake'.
3 'the sea, moving away (*pronum*) with its rushing (*fugientibus*) waves'.
 Cp. Ver. *G.* 1.203, where *pronus* refers more appropriately ('flowing
 downhill') to a river.
4 'to the bottom'; *rudenti*, 'with a rope' (*rudens*).
5 'from their fields'.
6 'hives'.
7 'restless'.
8 i.e. without using a plough
9 *olerum* (*holerum*) . . . *semina*, 'vegetable seeds'.

Nec desunt queis,[10] veris honos, Regina vireti
Culta rubet, Veneri quondam sacrata profanae.[2]   190
Ut vero mediis vernantem fluctibus agrum
Conspexit, concors festivo turba tumultu
Exultat, remisque movens per caerula nantem[3]
Ardua crudeli persolvit dona tyranno.
Ast alios undis hortos sibi cauta reservat,   195
Qui Florae gemmis[4] addant Cerealia dona,
Et quos assidue subigens[5] diuturna propago
Incorrupta sui servet monumenta laboris.
15. Sin autem praedo cultu[6] nudaverit hortum,
Turbidus aut ventus maturis frugibus obsit,   200
Errantem lymphis alio traducit agellum,[7]
Saevaque versutus declinat damna colonus.
Hinc totidem[8] genti ridentia floribus arva,
Quot nantes placide videas super alta tapetas.
16. Has agri fluitantis opes, hunc aemula cultum   205
Proxima ripa dolet,[9] seseque virentibus Ulmis,
Et Cerasis, faetaque Piro, Maloque rubenti,

---

10 *queis* (= *quibus*, one syllable) *Regina culta rubet*, 'those for whom
the queen of the grasslands blush, the glory of Springtime, the
flower sacred to pagan Venus'; i.e. farmers also cultivated the
rose, as well as grain and vegetables.

2 Landívar inserts a long note here citing authorities for the truth
of his narrative: José de Acosta and Gemelli Carreri, both of
whom published books on their travels in Mexico.

3 i.e. *agrum.*

4 'buds,' 'flowers'.

5 'by cultivating them (*quos*) constantly, their daily toil (*diurna
propago*) preserves . . .'

6 strip it 'of its crops'.

7 diminutive of *ager.*

8 *totidem arva . . . quot nantes tapetas*, 'as many fields . . . as there are
floating mats'.

9 The surrounding fields are sad, but distinguish themselves with
perennial crops: elms, cherry, fruitful (*fetus*) pear, apple, bay, pine,
cedar, and oak. As usual in pastoral and agricultural verse, a
Mediterranean landscape is described, not the more alien
territory in question.

Et Lauro, et Pinu, Cedroque, et Quercubus altis,
Vereque certatim distinguit prata perenni.
17. Quin etiam luco volucres tot condit[1] opaco,   210
Ut blando percussa sonet modulamine sylva.
Hinc pennata cohors vario distincta colore
Gaudet iter liquidum pictis abscindere[2] pennis
Gutture festivos lusus per inane canoro
Effingens, dulcesque ciens per littora cantus.   215
Dulce canit Passer,[3] roseis quem fusa capillis
Crista tegit, plumaeque fluunt per colla rubentes.
Ludit et insignis raro discrimine vocum
Alituum princeps, quo non vocalior alter,
Centzontlus[4] prisco volucris non cognitus orbi,   220
Qui voces hominum simulat volucrumque canumque,
Et modulos etiam sociantis[5] carmina plectro.
Nunc canit ad numerum, nunc Milvum fingit edacem,
Nunc simulat felem, litui nunc signa canori
Reddit, festivusque latrat lugetque pipitque.   225
Inclusus caveā[6] gaudet volitare canendo,
Iungereque insomnes modulis noctesque diesque.
Non ita[7] compositis deflet Philomela querelis
Maesta scelus, densis nemorum cum tecta sub umbris
Populeas tremulis sylvas concentibus implet,   230
Lusibus ut ripas hilarat Centzontlus amoenis.

---

1 i.e. the nearby shore.
2 'cut their way through the clear sky'.
3 Landívar inserts another footnote here, citing Gemelli Carreri on the sweet song of the Mexican red sparrow.
4 The wonderfully talented northern mockingbird. Landívar adds a long footnote: this name is a corruption of *Centzontlatilis*, 'countless voices,' and he cites three naturalists who wrote about the bird. A second note states *Voces hominum saepe imitatur haec avis, non articulando ut Psittacus* ['parrot'] *sed sibilando*.
5 'of one uniting songs with the lyre'.
6 'in a cage'.
7 Join with *ut*, l. 231, 'not with such organized plaints does the nightingale . . . as the mockingbird brightens . . .'

18. Hoc melos, has undas, haec littora grata frequentat
Nobilis exiguis pubes devecta phasellis,[1]
Vere novo, croceis cum nantes floribus agri
Luxuriant, pictisque rosis ver prata coronat: 235
Quisque levem gemino conscendit remige[2] puppim
Demulcens animum suavis modulamine plectri;
Cui procul obscuris respondet vocibus Echo,
Sylvaque dulcisono cantu percussa remugit.
Tunc celeres ducunt dubia in certamina cymbas,   240
Pronaque remorum contorquent caerula plausu,
Dum viridi puppim signet victoria lauro.
Mox circum areolas[3] victi, victorque natantes
Obliquos penetrant calles, sinuosaque circum
Littora discurrunt, actis per florea lembis.   245
Ceu quondam Theseus Creta generosus in alta
Elusit caecos[4] labyrinthi pervigil orbes
Ancipiti lustrans fallacia limina flexu:
Haud secus incertos vestigat remige calles
Nutantes peragrans hortos urbana juventus.   250
19. Sunt etiam interdum, curvo quos prendere pisces
Aere juvat, prensosque vagas deducere ad oras,
Dum procul a tergo ripaque, hortisque relictis,
Effusum penetrant cymbis ac remige pontum.
Hinc caute dapibus tectum fallacibus hamum,   255
Quem tereti ducit lino[5] fatalis arundo,
Piscibus objiciunt, jussique silentia servant.
circum glomerat se copia nantum[6];

---

1 Here 'little skiffs'; cp. Catullus' *phaselus*, 'yacht'. Several words for
their skiffs: *phasellus, cymba, puppis, lembus.*
2 'with 2 oars'.
3 the *chinampas.*
4 'dark,' 'secret'; *Ceu* goes with *Haud secus* in the simile.
5 'with a tightly spun (*teres*) fishing line'.
6 *nantum*, gen. pl. of *nantes* (*no, nare,* 'swim'), i.e. fish; in the next line
ullus [*piscis*].

Nec tamen infensos ullus contingere pastus
Audet; sed rursus tendit declivis in ima.   260
Mox repetit cursum, gelidis mox labitur undis;
Itque, reditque viam, donec pellectus odore
Dente venenatas avidus depascitur escas.
Nec mora: deprensum calamo piscator ad auras
Extollit, tota socium plaudente corona.   265
Ille[1] cavam moriens tremulis quatit artubus alnum,
Dum calamis alios rursus de more paratis
Turba capit. Tanto nutat sub pondere cymba.
Exultant animis illi, praedaque potiti
Occiduas redeunt omnes ad tecta sub umbras.   270

In the rest of Book 1 the poet describes the crowds of people strolling along the lakeshore. He then mentions the brackish waters of Texcoco and the dangers that can arise from storms. He concludes with a description of the ingenious snares which the natives use to catch ducks on the lake.

In Book 6 Landívar recounts the life and activities of the beavers, intelligent animals who have established homes, cities, public works, and a generally utopian society, were it not for their enemies, both beast and man. Like human beings, they are a *gens*, a *natio*, who have *lares* and *penates* which they lovingly decorate.

20. Quid moror astutos telis invadere Fibros[2]
Ac varios animo gentis versare labores,
Ingeniumque sagax atque altis oppida muris,
Delicias nemorum, ripaeque undantis honorem.

They are not a handsome or graceful animal, but they have noble traits:

21. Sed turpes quamvis, insuetosque induat artus,
Attamen ingenuos sortitur bellua mores.   40

---

1 i.e. *piscis*, the first fish to be caught; *alnum*, 'boat'.
2 Landívar's note: *castores*. *Fiber* (our 'beaver' is a cognate word) is another word for *castor*.

Hinc nec dente ferox proprios[1] in proelia poscit,
Invida quos rabies in se commoverat, hostes,
Nec nimia fragilis pellecta cupidine rerum
Insomnes dubio nutrit sub pectore curas.
No irā aut odio ventrisque furore movetur   45
Non rabie ultrici, non curis angitur ullis;
Ac nisi libertas pretioso tangat honore,
Nulla Fibrum poterit curae prosternere[2] moles.

They build dams and establish cities.

22. Hunc etiam placuisse Fibris mirabere morem,   55
Quod vigil ingenium solersque industria ripis
Hospitium populo fluviisque repagula[3] condat,
Ingentemque urbem tranquilla pace gubernet.
Vix etenim Phoebus, rapto in sublimia curru,
Lampade succendit fulgenti sydera Cancri,[4]   60
Cum subito pecudes,[5] sylvarum pube coacta,
Conveniunt, urbisque parant attollere molem,
Perfugium sociis et propugnacula bello.
Explorant saltus fluviosque et amoena paludis
Littora, ubi tacitae frondescant arbore ripae.   65
Area tranquilli non raro ad fluminis undas
Deligitur; gaudetque amnes habitare iuventus.
Ne tamen alluvies[6] aedes inopina revellat,
Concutiat socios urbemque a culmine vertat,
Ante[7] domos ripis ponat quam callida turba,   70
Obiicit e truncis densata repagula rivis,

---

1 *proprios . . . hostes.*
2 'can lay them low'.
3 'dams'.
4 The summer solstice.
5 'colonies' of beavers.
6 *alluvies inopina*, 'a sudden flood'.
7 *antequam turba* [the beavers] *domos ponat . . .*

Alluviem ut frenent aequataque flumina[8] ducant.

They gnaw down trees, trim branches, then the entire crew builds a structure which can hold back the water's flow. It is more vertical on the upstream side.

23. His ubi turba citum compressit sedula flumen,
Magnificam genti munitamque extruit urbem,
Littus ubi plenum frenatas exhibet undas.   145
Protinus in parvas legio divisa cohortes
Argillam ripis ramosque et fragmina rupis
Colligit, et raro condit penetralia cultu[2]
Ipsa super vitrei stagnatia littora rivi,
Eluat ut semper tranquillo moenia lapsu.[3]   150
Haec[4] manus ovatam laribus dat gnava figuram,
Illa domos gaudet muris habitare rotundis;
Utraque firma tamen tecti fundamina ponit
Argilla et saxis truncisque innexa recisis
Et quae ventorum ludant immota furorem.   155
Hinc ulnis binis[5] pingues mirabere muros,
Ac multos tectum ripā firmare per annos.

The put various apartments in their houses, with storerooms and several entrances.

24. Nobilis in varios sedes distincta penates,[6]
Infernas superasque simul complectitur aedes,
Aptaque solerti praebet penetralia turbae.   160
Horrea praeterea tuta intra septa domorum

---

8 'a stream with even flow'.

2 'they lay out their innermost rooms with extraordinary care/skill (*cultu*).

3 *ut [rivus] eluat moenia.*

4 *haec gnava [Fiber]; illa [Fiber]; gnavus/navus*, 'busy, diligent.' Some like oval houses, some round.

5 See Bk. 1.110, 'two cubits'.

6 *penates* and *aedes* both refer to their houses; *penetralia* are the rooms.

Exhibet; at semper populi secreta cuili.
Haec binae decorant insueta palatia portae
Altera, quae fluvii compressas respicit undas,
Altera, quae lucos offert adversa[1] silentes.   165

  They are lovers of beauty and decorate their homes.

25. Quin etiam pubes grati studiosa nitoris
Perpolit agresti tectorum moenia luxu.
Quare udo manibus limo per rura coacto
Conficit experti mixtum durabile plantis,   175
Irroratque domum caudā, duratque politque.
Ut solet interdum penetralia celsa potentum
Obturare[2] opifex murosque et tecta polire,
Turpibus obsistant auratae ut sordibus aedes,
Ocius aut labes laevi de fornice[3] pellant,   180
Haud aliter Fibri, nitido gens inclyta cultu,
Flumineis quaerunt laribus servantque nitorem.

  When their house is finished, they devote themselves
collectively to getting food for the winter.

26. Ut vero finem tectis posuere superbis,   195
Privatae studio vitae nudata[4] caterva
Tota sodalitio rursus se prompta resignat.
Praenoscit luces mensesque experta futuros,
Horrida queis[5] campos devastat frigore bruma,
Albescunt frondes glacieque aspersa rigenti   200
Saepe gelu torpent praerupto flumina cursu.
Arida tunc abies umbrāque exuta comanti[6]
Nulla requirenti demittit pascua Fibro.

---

1 'faces'.
2 'to close up,' i.e. to insert barriers to keep dust and dirt out.
3 *de laevi* [= *lēvi*] *fornice*, 'from the smooth archway'.
4 'freed of any desire for a private life'.
5 'during which'; ablative of *quis*.
6 'having lost its crown of foliage'.

Hinc ne tota ruat misero respublica casu
Impigra dumosos perlustrant agmina saltus   205
pabula mature rigidis lectura[1] pruinis.
Quisque suum sectatur iter; fusique per arva,
Ocius ut virides populentur frondibus agros,
Diversi diversa petunt, qua lucus odorus
Ruraque sollicitos[2] allectant frondea truncis.   210
Hic teneros vellit florenti ex ilice ramos,
Hic truncos avidus vernanti cortice nudat,
Exuviasque omnes nemoris sub tecta reponunt.
Turba dein complet dapibus de robore sectis
Horrea vasta domūs socio fabricata labore,   215
Ordineque arboreas epulas insomnis acervat,
Aptius ut socii lucorum frusta resumant.
Qualis ubi albenti succidit rure[3] colonus
Immensam segetem, tectumque opplevit avarus,
Atque alias aliis imponens cautus aristas   220
Rite locat tectis numerosum messis acervum;
Haud secus optata replet cum bellua[4] fronde
Horrea, concisos disponit in ordine ramos.

Their family life is orderly. Household size varies, but everyone respects the elderly.

27. His tandem magno populi sudore peractis,
Quaeque cohors proprios habitat tranquilla penates   225
Quattuor haec cives, senos domus illa recludit,[5]
Bisque simul denos tectum quandoque tenebit.
Utque annos pubes reveretur prona[6] seniles,
Infirmis superas linquit senioribus aedes,

---

1 fut. participle for purpose, 'in order to gather'.
2 i.e. *Fibros*.
3 *albenti rure*, 'countryside white (with the new grain)'.
4 *Fiber*.
5 'encloses'.
6 'accommodating,' 'yielding'.

Infernasque sibi tribuit moderata iuventus.   230
Natio tunc placidae cedit nemorosa quieti,
Pabula depascit communi credita tecto,
Et prolem gaudent similem generare parentes.
Nulla domos unquam praeceps discordia miscet,
Nulla movet pravas contentio turbida lites;   235
Nec foedis unquam spoliantur tecta rapnis,
Sed cives alma tranquilli pace fruuntur.

 Malefactors – and every society has some – are expelled.

28. Quod si quando domūs solers granaria[1] latro
Impetat alterius, messisque expilet acervum
Aut turpare lares immundis sordibus ausit,
(Quippe aliqui peccent, ingens ubi turba, necesse est.)
Pellitur ille domo, perditque urbemque domumque,
Compulsus nemorum rigidos habitare recessus.

 The beavers have enemies, the wolf, the bear, but worst of all,
man. The poet describes how men hunt the beavers in winter, and
in a gruesome passage, he pictures how men lay traps, how the
beaver is ensnared, and how the gentle creature is savagely
slaughtered. This entire passage owes much to Vergil's account
of the bees and their society in *Georgic* 4.

---

1 'the storerooms of another's house'.

STEPHEN PARMENIUS: *DE NAVIGATIONE*

Stephen Parmenius presents us with a mystery: we do not even know his original Hungarian name. Heidelberg University records mention him only as Stephanus Budaeus, "Stephan from Buda." What we know of the man is derived from the dedication to his poem *De Navigatione*, the first section of which is in this *Reader*, and from statements of his friends. He was born in Buda sometime between 1555-1560, while that city was under Turkish rule. His family must have been well-to-do, since he received a thoroughly classical education. He left Hungary in 1579, studied at several universities in western Europe, including Heidelberg, and arrived in England in 1581. By Spring 1582 he was established at Oxford, where he met Richard Hakluyt, later known for his publication of travel narratives. Hakluyt introduced Parmenius to Sir Humphrey Gilbert and the two immediately became friends, so much so that Parmenius began his poem to celebrate Gilbert and his proposed voyage.

In June 1578 Gilbert had been granted a patent (charter) to search for and settle unoccupied lands in the Americas, specifically the east coast of North America, where he hoped to establish English colonies. His 1578 expedition failed even to reach North America. However, on a scouting trip in 1580, his vessel, the *Squirrel*, crossed the Atlantic and brought back news of places which might easily be reached and occupied. The place selected for the next attempt was a vaguely defined area between Narragansett Bay and the Penobscot River in Maine. These plans were underway when Parmenius met Gilbert and wrote his poem.

In his poem Parmenius lauds Queen Elizabeth as the patroness and Gilbert as the explorer, both of whom will add to their stature and to the glory of the English race. The poem's style is classical, with the usual references to mythology, especially the Golden Age and its return, and inter-texual reminders of Ovid, Vergil, Horace, and others. It was printed in London in 1582; a copy signed by the author is preserved at the Huntington Library in California.

Gilbert first planned to set out at the end of 1582, but a winter's voyage proved impossible and his sailing was postponed to May/June 1583. It was then that Parmenius joined the expedition. He slightly revised his poem to reflect the postponement; this revised edition was printed by Hakluyt in 1600, long after the author's death. Gilbert and his fleet of five ships set out at the beginning of June. One ship immediately turned back, but by August 1 the others were sailing along the coast of Newfoundland, an island that was fairly well known because of the enormous cod fishery in the area. In fact, when Gilbert put into St. John's, more than 20 fishing boats were moored there, drying cod. Gilbert took charge in the name of the Queen; this action is often seen as the first step in the founding of the British Empire. In St. John's Parmenius took the opportunity of writing home to his friend Hakluyt. (A part of this letter is printed below.) On August 20 Gilbert left St. John's and sailed south. The weather worsened, as it does in these latitudes, and on August 29, 1583, the *Delight*, in which Parmenius was sailing, went aground and broke apart with the loss of more than 100 hands, including our author. Only a few managed to get into the ship's boat. The captain of another ship gives Parmenius' epitaph:

> This was a heavy and grievous event, to lose at one blowe our chiefe shippe fraighted with great provision, gathered together with much travell, care, long time, and difficultie. But more was the losse of our men, which perished to the number almost of a hundreth soules. Amongest whom was drowned a learned man, a Hungarian, borne in the Citie of Buda, called thereof Budaeus, who of pietie and zeale to good attempts, adventured in this action, minding to record in the Latine tongue, the gests and things worthy of remembrance, happening in this discoverie, to the honour of our nation,

the same being adorned with the eloquent stile of this Orator and rare Poet of our time.

On the return voyage, in Sept. 1583, off the Azores, the *Squirrel*, in which Gilbert was sailing, went down with all hands. His expedition must be considered a failure, but the English did eventually take over Newfoundland, and Gilbert's patents were transferred to Sir Walter Raleigh, who encouraged the Roanoke colonists.

Parmenius intended to write an epic of the exploration of North America by the English, but his death at sea frustrated his hopes. What we have here is a preliminary sketch. Parmenius in fact knew little or nothing of America. He pictures it in classical terms as the living embodiment of the Golden Age, without laws or cities. He then realizes that England is also living in a Golden Age. His narrative presents a contrast between the Golden Age of no war, rusty swords made into ploughshares, and general peace, with the required praise of the queen as an Amazon whose power is feared by all, and of Gilbert, an ally of the Dutch in war and the feared enemy of the Spanish. One should not try to reconcile these contrasts; both are conventional attitudes.

The source for this introduction and the only study of Parmenius is David B. Quinn and Nell M. Cheshire, *The New Found Land of Stephen Parmenius*, (Toronto: University of Toronto Press, 1972), from which Parmenius' epitaph above has been quoted (p. 59).

De Navigatione

Illustris et Magnanimi Equitis Aurati Humfredi Gilberti, ad deducendam in novum orbem coloniam suscepta, Carmen ἐπιβατικόν[1]

Quae nova tam subito mutati gratia coeli?[2]

---

1 A poem upon embarkation.
2 *nova gratia*, 'new/unusual radiance'; the sun (*Titan*) shines in a cloudless sky.

Unde graves nimbi vitreas tenuantur in auras,
Diffugiunt nebulae, puroque nitentior ortu
Illustrat terras clementiaque aequora Titan?
Nimirum posuere Noti,[1] meliorque resurgit   5
Eurus, et in ventos solvuntur vela secundos,
Vela quibus gentis decus immortale Britannae
Tendit ad ignotum nostris maioribus orbem
Vix notis Gilbertus[2] aquis.

      Ecquando licebit

Ordiri heroas laudes et facta[3] nepotum   10
Attonitis memoranda animis, si coepta silendum est
Illa quibus nostri priscis aetatibus audent
Conferri et certare dies? Quibus obvia plano
Iamdudum Fortuna solo,[4] quibus omne per undas
Nereidum genus exultat, faustoque tridenti   15
Ipse pater Nereus placabile temperat aequor.
Et passim Oceano curvi delphines ab imo
In summos saliunt fluctus, quasi terga pararent[5]
In quibus evectae sulcent freta prospera puppes.
Et, quasi diluvium tempestatesque, minatur   20
Follibus inflatis inimica in vela physeter.[6]
Et favet Aegaeon, et qui Neptunia Proteus
Armenta ac turpes alit imo in gurgite phocas.

---

1 *Notus* (here pl.) is the stormy south wind, *Eurus* the mild east wind. *posuere*, 'have grown calm'.

2 *decus immortale . . . Gilbertus*, the first introduction of Gilbert Harvey.

3 *laudes et facta* (w. *memoranda*), hendiadys: 'praiseworthy deeds'. How will we ever celebrate our descendants if we can't mention today's deeds, which should be compared to those of the ancient heroes.

4 *plano . . . solo*, 'on level ground'.

5 The dolphins are ready to carry the ships just as they carried Arion (Hdt. I.23-4).

6 'a spouter', i.e. a whale which spouts water like a stormy flood (*diluvium tempestatesque*) against hostile sails. In the next lines Aegaeon and Proteus are sea-gods, the latter endowed with prophecy, here of the 'Caledonian kingdom' (*sceptra*).

Atque idem modo ab antiqua virtute celebrat
Sceptra Chaledonidum, saeclis modo fata futuris   25
Pandit et ad seros canit eventura minores.

Ut[1] pacis bellique bonis notissima vasto
Insula in Oceano, magni decus Anglia mundi,
Postquam opibus dives, populo numerosa frequenti,
Tot celebris factis toto caput extulit orbe?[2]   30
Non incauta sui, ne quando immensa potestas
Pondere sit ruitura suo, nova moenia natis
Quaerat, et in longum extendat sua regna recessum:
Non aliter quam, cum ventis sublimibus aptae
In nidis crevere grues, proficiscitur ingens   35
De nostra ad tepidum tellure colonia[3] Nilum.

Euge, sacrum pectus: tibi per tot secula soli
Servata est regio nullis regnata Monarchis.
Et triplici[4] quondam mundi natura notata
Margine, et audacem quarto dignata Columbum,   40
Iam quinta lustranda plaga tibi, iamque regenda
Imperio superest. Europam Asiamque relinque,
Et fortunatam (nimium nisi sole propinquo
Arderet) Libyen. Illis sua facta viasque
Terminet Alcides;[5] abs te illustranda quiescit   45
Parte alia tellus, quam non Babylonia sceptra,
Non Macedum invictae vires, non Persica virtus

---

1 'how', perhaps dependent on *licebit ordiri* (line 9), although the
  construction is awkward. *bonis,* known for 'the good things/men'
  of peace and war.
2 Britain raises her head in pride. Her danger is overpopulation,
  and she seeks new lands.
3 'flock' of cranes (*grues*), an unusual meaning for this word.
4 *triplici margine,*'with a three-fold boundary,' I.e. Africa, Asia,
  Europe. Nature honoured Columbus with a fourth, the Americas.
  The fifth (*quinta*) is N. America.
5 Hercules; let H. limit his activities to those parts (*illis*). *illustranda
  quiescit,* 'remains to be revealed' by you. No Babylonians,
  Macedonians, Persians, or Romans (all conquerors) have struck
  there.

Attigit aut unquam Latiae feriere secures.
Non illo soboles Mahometi mugiit orbe;[1]
Non vafer Hispanus, coelo superisque relictis,　　　50
Sacra Papae humano crudelia sanguine fecit.[2]

Illic mortales hominumque ignota propago,
Sive illi nostrae veniant ab origine gentis,[3]
Seu tandem a prisca Faunorum stirpe supersint
Antiquā geniti terrā, sine legibus urbes　　　55
Sylvasque et pingues habitant civilibus agros
Et priscos referunt mores, vitamque sequuntur
Italiae antiquae et primi rude temporis aevum
Cum genitor nati fugiens Saturnus ob iram
In Latio posuit sedem,[4] rudibusque regendos　　　60
In tenues vicos homines collegit ab agris.
Aurea in hoc primum populo coepisse feruntur
Secula, sicque homines vitam duxisse beati.
Ut, simul Argenti percurrens tempora et Aeris[5]
Degener in durum Chalybem vilesceret aetas,　　　65
Rursus in antiquum, de quo descenderat, Aurum
(Sic perhibent vates) aevo vertente rediret.

Fallor an est tempus, revolutoque orbe videntur
Aurea pacificae transmittere secula gentes?[6]
Fallor enim, si quassatas tot cladibus urbes　　　70
Respicio et passim lacerantes regna tyrannos:

---

1 The Moslems are cattle that 'bellow' (*mugiit*). Parmenius had grown up under Turkish rule.

2 'makes cruel sacrifices to the Pope . . .'; the English were in an active, though undeclared, war with Spain, until 1604.

3 Speculation on origins: Are they like us (l. 53)? Are they descendants of Pan and Faunus (ll. 54-6)? Are they remnants of the Golden Age (ll. 54-63)?

4 Saturn fled from his vengeful son Jupiter and took refuge in Italy (Verg. *Aen*. 8.320ff).

5 The ages degenerate, then return to Gold once again as in Vergil, one of the *vates*, l. 67: *redeunt Saturnia regna* (V. *Ecl*. 4.7).

6 'Am I deceived in my hopes? Yes, I am, when I look around at *urbes, tyrannos*, etc.'

Si[1] Mahometigenis Asiam Libyamque cruento
Marte premi, domitāque iugum cervice subire;
Iamque per Europae fines immane tribunal
Barbari adorari domini Dacisque Pelasgisque[2]   75
Aemathiisque omnique solo quod dividit Hebrus:
Et, quondam bello invictis, nunc Marte sinistro[3]
Angustos fines parvamque tuentibus oram,
Pannoniae populis et prisca in gente Liburnis.
Tum vero in Superos pugnas sine fine cieri   80
Patribus Ausoniis;[4] ardere in bella necesque
Sarmaticas gentes, et adhuc a caede recenti
Hispanum sancto Gallumque madere cruore.[5]
Non sunt haec Auri, non sunt, documenta, sed atrox
Ingenio referunt Ferrum et, si dicere ferro   85
Deteriora mihi licet, intractabile Saxum.
    At vero ad niveos alia si parte Britannos
Verto oculos animumque, quot, o pulcherrima tellus,
Testibus[6] antiquo vitam traducis in auro!   89
Namque quod hōc summum colitur tibi numen honore[7]

---

1 *Si* [*respicio*] plus ind. statement: *Asiam Libyamque premi . . . iugum
subire . . . tribunal barbari domini adorari* [*a*] *Dacis . . .*
2 *Daci*, Romanians; *Pelasgi*, Greeks; *Aemathii*, Macedonians;
Pannonia, Hungary; *Liburni*, Croats or Slovenians; *Hebrus*, the
Maritza River in Bulgaria and Greece.
3 'unfavourable'.
4 Somewhat obscure; perhaps 'against the true Gods endless fights
are encouraged by the Italian priests.' An anti-Catholic sentiment.
In l.82 *Sarmaticas gentes* are either the Turks or the Russians.
5 Spanish rule in the Low Countries was characterized by
atrocities (Mechelen, Naarden, Antwerp); The St. Bartholomew's
Day massacre in France was in 1572.
6 with *quot*, 'with how many witnesses' testimony' do you transfer
(*traducis*) our life into the Golden Age.
7 'The fact that (*quod*) the supreme divinity is worshipped by you
(dat. of agent) with the same reverence as did your ancestors
(*superi*), and [the fact that] the entire chaste group of youthful
spirits do their duty (*vices obit*) according to His sacred will, proves
[this is] an Age of Gold.' The sense of *geniorum* is not clear.

Quo superi, atque omnis geniorum casta iuventus
Illius ad sacra iussa vices obit, arguit aurum.
Quod tam chara Deo tua sceptra gubernat Amazon[1]
Quam Dea, cum nondum coelis Astraea petitis[2]
Inter mortales regina erat, arguit aurum.   95
Quod colit haud ullis inclusas moenibus urbes[3]
Aurea libertas, et nescia ferre tyrannum
Securam aetatem tellus agit, arguit aurum.
Quod regio, nullis iniuria gentibus, arma
Arma licet ferruginea rubicunda quiete[4]   100
Finitimis metuenda gerit tamen, arguit aurum.
Quod gladii, quod mucrones, quod pila, quod hastae
In rastros[5] abiere, et bello assueta iuventus
Pacem et amicitias dulces colit, arguit aurum.
    Denique, si fas est Auro connectere laudes   105
Aeris et in pacis venerari tempore fortes,[6]
Quot natos bello heroas, quot ahenea[7] nutris
Pectora! Sint testes procerum tot millia, testes
Mille duces, interque duces notissima mille
Illa[8] cui assurgunt Musae, quam conscia Pallas   110

---

1 Queen Elizabeth; *chara* (see note on orthography) with *Amazon.*
2 *nondum coelis petitis*, 'since she has not yet left for Heaven'; At the
  end of the Golden Age, Astraea, goddess of justice, left the earth
  to become a star (Ovid, *Meta.* 149-150). An Elizabethan conceit
  identified the queen with Astraea, who has not left yet; hence we
  are still in an Age of Gold.
3 English cities were in general not walled, as in the Golden Age
  (Ovid, *Meta.* 1.97).
4 *ferrugineā quiete*, 'in rusty peace; *arma rubicunda* w. *metuenda*, the
  weapons are both red w. rust and red w. the blood of the
  (potential) foe. The poet faces a conflict between England as a
  peaceful Golden Age and England ruled by an Amazon, feared
  by her foes (ll. 106ff).
5 Swords into ploughshares.
6 *fortes* i.e. *viros.*
7 *aenea*, 'bronze'.
8 *Illa* and *quam* w. *gloria*, the subject; *gloria Gileberti* = 'the glorious
  [Humphrey] Gilbert, who had served in Ireland (*Martia Hibernia)*

Laetior exaudit – Gileberti gloria nostri.
Illius auxilium et socialia praelia amici
Mirantur Belgae, et quamvis iniustus Iberus
Commemorat iustas acies, domitasque per oras
Martia victrices formidat Hibernia turmas.   115

Parmenius continues (for 330 lines) in his praise of Gilbert, his hopes for the coming expedition, and his reverence for Queen Elizabeth.

The reality of Newfoundland in August 1573 did not match his expectations. Here is part of the letter which he wrote to Hakluyt while anchored and sent back in another ship. Parmenius begins by telling Hakluyt the details of the voyage out, their arrival in Newfundlandia at St. John's (*Portum Sancti Iohannis*), and Gilbert's treatment of the fishermen. He then continues:

Nunc narrandi erant mores, regiones, et populi. Caeterum quid narrem, mi Hakluyte, quando praeter solitudinem nihil video? Piscium inexhausta copia: inde huc commeantibus magnus quaestus. Vix hamus fundum attigit, illico insigni aliquo onustus est. Terra universa montana et sylvestris. Arbores ut plurimum pinus; eae partim consenuere, partim nunc adolescunt. Magna pars vetustate collapsa et aspectum terrae et iter euntium ita impedit ut nusquam progredi liceat. Herbae omnes procerae; sed raro a nostris diversae. Natura videtur velle niti etiam ad generandum frumentum. Inveni enim gramina, et spicas in similitudinem secales;[1] et facile cultura et satione in usum humanum assuefieri posse videntur. Rubi in sylvis, vel potius fraga arborescentia magna suavitate. Ursi circa tuguria nonnunquam apparent, et conficiuntur; sed albi sunt, ut mihi ex

---

between 1566 and 1570, and had fought the Spanish in the Low Countries (*Belgae*) in 1572.

1 'rye'; *rubi*, blackberries or raspberries; *fraga*, strawberries.

pellibus coniicere licuit, et minores quam nostri.[1] Populus an ullus sit in hac regione incertum est; nec ullum vidi qui testari posset. (Et quis quaeso posset, cum ad longum progredi non liceat?)[2] Nec minus ignotum est an aliquid metalli subsit montibus. Causa eadem eat, etsi aspectus eorum mineras latentes prae se ferat.

Nos Admiralio auctores fuimus sylvas incendere, quo ad inspiciendam regionem spatium pateret; nec displicebat illi consilium, non magnum incommodum allaturum videretur. Confirmatum est enim ab idoneis hominibus, cum casu quopiam in alia nescio qua statione[3] id accidisset, septennium totum pisces non comparuisse, ac acerbata maris unda ex terebynthia, quae conflagrantibus arboribus per rivulos defluebat.

Coelum hoc anni tempore ita fervidum est ut nisi pisces, qui arefiunt ad solem, assidui invertantur, ab adustione[4] defendi non possint. Hyeme quam frigidum sit, magnae moles glaciei in medio mari nos docuere.

He ends by telling of the expedition's plan to sail south. The letter is dated:

In Newfundlandia apud portum Sancti Iohannis, 6. Augusti 1583.

---

1 Perhaps young polar bears?
2 because of the tangle of fallen trees and undergrowth.
3 'settlement'; *terebynthia*, "pitch' or 'turpentine', which ran off into the sea and made it so acid (*acerbata*) that the fish stayed away. This would ruin Newfoundland's cod fishery.
4 'scorching'.

APPENDIX - FROM MEDIEVAL LATIN TO NEO-LATIN

Several characteristics separate Medieval Latin from both Classical and Neo-Latin, but only a few of the more obvious will be mentioned here: In Medieval Latin we see confusion of words (*decursio* for *decursus* below), words used in new senses and much new ecclesiastical terminology, gerunds for participles (*dicendo abiit*, "saying this, he left"), indirect statement introduced by *quod* or *quia*, the infinitive in place of a purpose clause, and avoidance of periodic sentence construction. Occasionally there is influence from the author's native language – of course this occasionally happens in Neo-Latin as well. Here are two passages of somewhat similar nature, which illustrate a few of these; both describe the view of a city from afar.

Foucher of Chartres (Fulcherius Carnotensis, 1059-1127) *Historia Hierosolymitana* I.26. An eyewitness, he is recounting the capture of Jerusalem by the crusaders in July 1099.

Est quidem civitas ipsa in montano loco sita, rivis, silvis, fontibusque carens, excepto fonte Siloe (distante ab urbe quantum iactus est arcus), ubi sufficienter aqua interdum habetur, interdum vero raro haustu attenuatus invenitur. Qui fonticulus in vallis fundo, sub monte Sion subter decursionem torrentis Cedron, qui tempore hiemali per vallem Iosaphat fluere solet. Cisternae autem multae, et aquis satis abundantes in urbe habentur; quae imbribus hibernis reservantur. Extra urbem quoque plures inveniuntur, quibus homines et pecora refocillantur. Constatque civitas condecenti[1] magnitudine per circuitum composita, ita ut nec parvitate nec amplitudine fastidiosa cuiquam videatur, quae interius a muro usque ad murum, quantum iacit arcus quarter

---

1 'suitable,' 'attractive'; *condecens, refocillo* ('refresh'), *massare*, are all late Latin or medieval words.

sagittam, est lata.[1] Habet[2] quidem ab occasu solis turrim Davidicam, utroque latere murum civitatis supplentem, quae usque ad medietatem sui a parte inferiori solide massata est, et de lapidibus caementata quadratis et plumbo fusili sigillatis.[3] Quae si cibariis[4] munita fuerit, si tantum viginti vel quindecim homines defensores inerint, nunquam per vim ab exercitu quovis comprehenderetur.

John Barclay (Iohannes Barclaius, 1582–1621) *Icon Animorum*, chapter 2, first paragraph.

Grenovicum pervetusta regum Britannicorum domus est, milia IIII sub Londino, ad Tamesis ripas. Mons imminet regiae, modico supercilio[5] subiectum oppidum fluviumque despiciens. Brevibus tumulis in illum ascenditur, verticemque deinde ingenti ambitu planities extendit. Forte in eum bene mane conscenderam, et solitudo circum erat ut nemo interpellare posset cogitationum ludum dulcissima libertate errantium. Sed memorabilis amoenitas paene citius animum quam oculos diffudit aspectu[6] non Britanniā tantum, sed fortasse totā Europā pulcherrimo. Ingens planities aliquot suspensa colliculis, rursus montes in orbem effusi neque cito castigabant oculos neque illos per immensum caelum spargebant. Tamesis laetissima ubertate in viciniam exudat, et ad radices montis redeuntibus in gyrum fluctibus insulam paene molitur. Passim toto alveo naves et omnis generis onerariae, ut proximas quidem totas

---

1 The city is as wide (*lata*) as 4 bowshots.
2 One might suspect that *habet* starts the sentence under the influence of *il y a* in Foucher's native French.
3 The stones are squared and 'fastened with molten lead'.
4 *cibariis*, 'rations for a garrison'.
5 'from its low ridge'.
6 *aspectu . . . pulcherrimo*,' by the most beautiful view in all of . . .'

aspicerem, ceterum longius stantes aut sub altiori ripa ex malis antennisque tamquam nudam et brumalem silvam cognoscerem.

The context of each passage is very different. Foucher is describing the city as seen by the advancing Frankish crusaders, while Barclay is seated on a hill in Greenwich pondering the riches of London. Foucher focuses on the practical concerns of the crusaders: the water supply, the strength of the fortifications, the number of defenders, the size of the city, all important information for any attacker. His description is straightforward, without ornament. Barclay, on the other hand, is musing to himself, and his purpose is not immediately clear. The view is beautiful, and he is concentrating on the big picture, Britain, even a comparison with Europe.

The differences in expression are striking. Barclay's language is metaphorical: a mountain looms over (*imminet*) the palace at Greenwich; his thoughts wander in free play (*cogitationum ludum ... errantium*); the Thames with its whirling waters almost creates (*molitur*) an island; ships' masts and yards makes a wintery forest bare of leaves (*nudam et brumalem silvam*). Most striking is the fact that the hills (*montes*) are not so crowded that they try to restrain (*castigabant*) the eyes of the spectator. The closest thing to a metaphor in Foucher is his measurement by bowshots.

Each of Foucher's sentences stands by itself with little connection to what precedes: first springs, then cisterns, then the size of the city, then its strongpoint, which gets a fuller treatment. Barclay connects one sentence to the next: first he focuses on the *mons* which overlooks the palace; he climbs it (*eum*), and there he finds solitude. From there he sees a large plain (*planities*) dotted with hills. The river runs through the plain (*in viciniam*), and on that river are many ships.

Barclay uses all the resources of Latin grammar, including participles in a variety of cases (*subiectum, despiciens, errantium, suspensa, effusi, redeuntibus*), and verbs in active and passive. He avoids parallelism (a feature of Barclay's style). Note especially *ut proximas . . . aspicerem* correlated with *longius stantes*: some ships are close, others are standing farther off.

Foucher has only four real participles (*abundantes, supplentem, caementata, sigillatis*), generally in the nominative or accusative. His sentences follow a regular pattern, frequently with the verb first.

It will hardly be necessary to point out that students find the medieval text much easier to read, because the authors of those texts are (in general) not trying for literary effect, in contrast to the Neo-Latin authors, who are conscious of the long literary tradition behind their efforts and want to attain a "native Roman" level of achievement.

In verse Medieval Latin is often accentual and rhymed, as in the famous stanzas of the Archpoet:

Mihi est propositum in taberna mori
Ut sint vina proxima morientis ori,
Tunc cantabunt laetius angelorum chori:
Sit Deus propitius huic potatori.
(sung to the tune, "Good King Wenceslas")

Of course many medieval poets, such as John Gower, successfully used classical quantitative verse. With few exceptions, Neo-Latin poets wrote only in classical verse forms, as can be seen in the selections of this Reader.

Humanist Handwriting

Francesco Petrarca's handwriting c. 1350.

Bundesarchiv, Bild 183-1985-0819-019 / Foto: Ludwig, Jürgen | 19. August 1985

Niccolò de' Niccoli's handwriting c. 1400

Poggio Bracciolini's handwriting c. 1420.

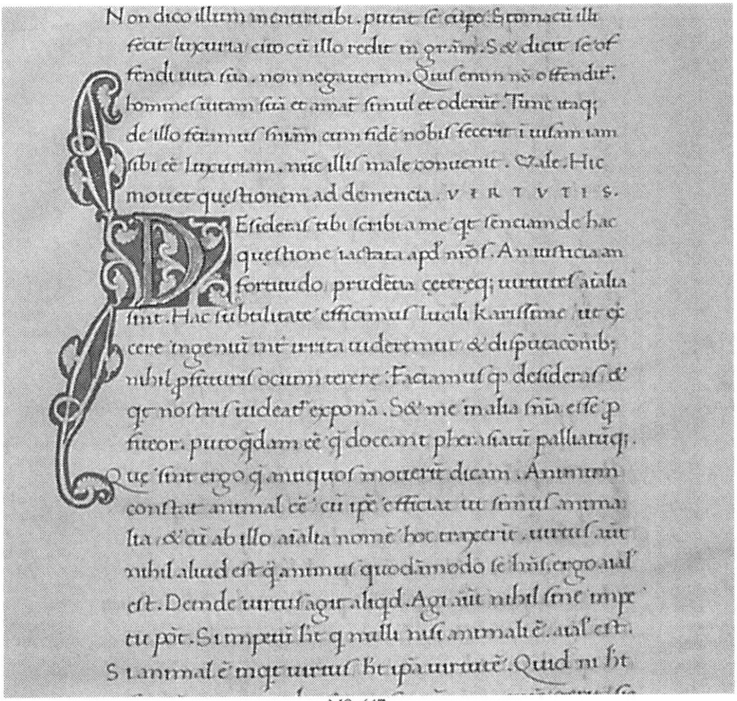
Non dico illum mentiri tibi. putat se cupere. Stomachum illi
fecit luxuria; cito cum illo redit in gratiam. Sed dicit se of
fendi vita sua. non negaverim. Quis enim non offenditur.
homines vitam suam et amant simul et oderunt. Tunc itaque
de illo feramus sententiam cum fidem nobis fecerit invisam iam
sibi esse luxuriam. nunc illis male convenit. Vale. Hic
movet questionem ad demencia. VIRTUTIS.
Desideras tibi scribi a me quid senciam de hac
questione iactata apud nostros. An iusticia an
fortitudo prudentia ceteraeque virtutes animalia
sint. Hac subtilitate effecimus Lucili karissime ut ex
ercere ingenium inter irrita videremur & disputacionibus
nihil profuturis ocium terere. Faciamus quod desideras et
quid nostris videatur exponam. Sed me in alia sententia esse pro
fiteor: puto quaedam esse quae deceant phecasiatum palliatumque.
Quae sint ergo quae antiquos moverint dicam. Animum
constat animal esse cum ipse efficiat ut simus anima
lia & cum ab illo animalia nomen hoc traxerint. virtus autem
nihil aliud est quam animus quodammodo se habens. ergo animal
est. Deinde virtus agit aliquid. Agi autem nihil sine impe
tu potest. Si impetum habet qui nulli nisi animali est, animal est.
Si animal est inquit virtus habet ipsa virtutem. Quid ni habet

MS 647
Humanistic book script. Italy, ca. 1470

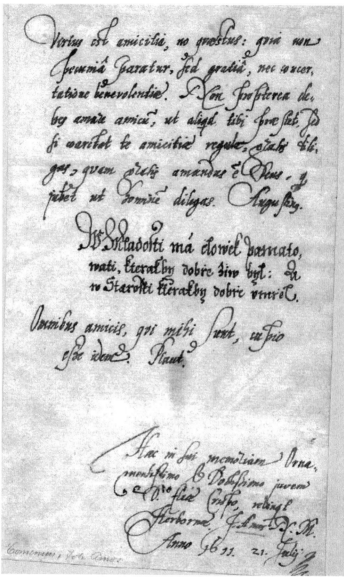

Comenius (Czech & Latin) 1611

The renowned *festina lente* printing device of the Aldine Press;
a dolphin entwining an anchor.

SOPHRON EDITOR
CATALOGUE 2016

Caesar's Commentaries: The Complete Gallic War. Revised. 8vo., xxiv,507 pp.; Introduction, Latin text of all eight Books, Notes, Companion, Grammar, Exercises, Vocabularies, 17 Maps, illus., all based on Francis W. Kelsey.   ISBN 978-0-9850811 1 9   *$19.95*

Virgil's Aeneid Complete, Books I-XII. With Introduction, Latin text and Notes by W. D. Williams. 8vo., xxviii, 739 pp., 2 maps, Glossary, Index.
ISBN 978-0-9850811 6 4   *$27.95*

Praxis Grammatica. A New Edition. John Harmer. 12 mo., xviii,116 pp.; Introduction by Mark Riley.   ISBN 978-0-9850811 2 6   *$3.95*

The *Other* Trojan War. Dictys & Dares. 12 mo., xxii,397 pp.; Latin/English Parallel Texts; Frazer's Introduction & Notes, Index
ISBN 978-0-9850811 5 $14.95

The Stoic's Bible: *a Florilegium for the Good Life*. THIRD EDITION. Giles Laurén. 8vo., xxxii,720 pp., 3 illus., Introduction, Tables, Bibliography.
ISBN 978-0-9850811-0-2. $24.95

Why Don't We Learn from History? B. H. Liddell Hart. 12 mo., 126 pp.
ISBN 978-0-9850811 3 3 $4.95

Quintilian. Institutionis Oratoriae. Liber Decimus. Text, Notes & Introductory Essays by W. Peterson. Foreword by James J. Murphy. 8vo., cvi,291 pp., Harleian MS facsimile, Indexes.
ISBN 978-0-9850811-8-8   *$19.95*

Schools of Hellas. Kenneth Freeman. 12 mo., xxi,279 pp., illus., Indexes.
ISBN 978-0-9850811-9-5   *$14.95*

Cornelius Nepos Vitae. 12 mo., xviii,424 pp., 3 maps, illus., notes, exercises, & vocabulary by John Rolfe.
ISBN 978-0-9850811-7-1   *$14.95*

Greek Reader. Mark Riley. Based on the selection of Wilamowitz-Moellendorff, with additions, notes and a vocabulary. 12 mo., ix,368 pp., maps & illus.   ISBN 978-0-9897836-0-6   *$12.95*

Quintilian: *A Roman Educator and his Quest for the Perfect Orator*. REVISED EDITION. George A. Kennedy. 12 mo., 188 pp. Index.
ISBN 978-0-9897836-1-3   *$9.95*

Diodorus Siculus. I. The Library of History in Forty Books. Vol. I. (books I-XIV). 8vo., xxvii, 590 pp., illus. ISBN 978-0-9897836-2-0   *$19.95*

Diodorus Siculus. II. The Library of History in Forty Books. Vol. II.
(books XV-XL). 8vo., xiv,493 pp., illus.

ISBN 978-0-9897836-3-7 $19.95

La Dialectique. Paul Foulquié, in-8,. 160 pp.

ISBN 978-1-4954688-3-4 $6.95

Horace. The Complete Horace. 8vo., xli,620 pp, 2 illus., introduction &
notes after Bennett & Rolfe.   ISBN 978-0-9897836-4-4 $19.95

Grote's Legendary Greece. The Pre-history. Being Chapters 1-XXI of
A History of Greece, Part I., 4th. Edit. Complete, *without footnotes*, frontis.
port., 5 maps, lvii,454 pp edited by G. Laurén.

ISBN 978-0-9897836-6-8 $17.50

Grote's History of Greece I. Being Chapters I-XL of A History of Greece,
Part II., 4th Ed.. Complete *without footnotes*, port., 6 maps, xii,763 pp. edited
by G. Laurén.   ISBN 978-0-9897836-7-5 $25.00

Grote's History of Greece II. Being Chapters XLI-LXII of A History of
Greece, Part II., 4th Ed.. Complete *without footnotes*, 7 maps, vii,848 pp.
edited by G. Laurén.   ISBN 978-0-9897836-7-5 $25.00

Jebb's Isocrates. Edited with Intro. by Edward Schiappa, David
Timmerman, G. Laurén; 12 mo., cxxv, 430 pp., 3 illus., notes, Greek Selections,
biblio.   ISBN 978-0-9897836-5-1 $17.50

The Neo-Latin Reader. *Selections from Petrarch to Rimbaud.* Mark Riley.
illus., intro., notes, refs., 12 mo., xvii, 381 pp.

ISBN 978-0-9897836-8-2 $12.95

Available from SOPHRON EDITOR (CreateSpace and Amazon worldwide)

In preparation:

George Grote. *A History of Greece.* III, IV.

Greeks and Romans on the State, Law and Justice: A

Source Book.

Giles Laurén, 4020 Grande Vista #114, St. Augustine, FL 32084

enasophron@gmail.com / 904 429-9533

WALL MAP CATALOGUE 2016

GREEK MAPS

1 . **Maps of the Ancients**: **a.** *Homer.* ***b.** *Hecatæus.* **c.** *Herodotus* **d.** *Eratothenes.* **e.** *Ptolemy.* **f.** *Pomponius Mela.* **g.** *Strabo.* **h.** *Dionysius Periegetes.* **i** *Timothenes.* **j.** *Tabula Ventorum.* **k.** *Ephorus.* **l.** *Geographer of Ravenna.*

2. The **World** *as known to the Ancients.*

3. **Empires**: *Babylonians. Lydians. Medes. Persians.*

20. **Greece after the Doric Invasion**. *In the Heroic Age. Plain of Troy.*

9. **Greek and Phœnician Colonies**: **a.** *Agrigentum.* **b.** *Libyæ.* **c.** *Magna Græcia.* **d.** *Sicilia.* **e.** *Syracuse.* **f.** *Pontus Euxinus.* **g.** *Chersonesus Heracleotica.*

21. **Greece at the time of the Persian Wars**.

22. **Greece at the time of the Peloponnesian War**. *Cities tributary to Athens.*

4. **Empire of Alexander**.

5. Successors of Alexander. *After Triparadisus, 323 B.C. After Ipsus, 301 B.C.*

6. Successors of Alexander. *After Magnesia, 190 B.C. Empire of the Parthians.*

23. Greece at the time of the Achæan & Ætolian Leagues.

24. Northern Greece: *Hellas, Epirus, Thessalia, Macedonia.*

25. **Central Greece**. **a.** *Plan of Athens.* **b.** *Environs of Athens.* **c.** *Eleusis.* **d.** *Marathon.* **e.** *Acropolis.* **f.** *Harbours of Athens.*

26. **Peloponnesus**. *Sparta & Lacedæmon.*

27. **The Ægean Sea**, Coasts & Islands.

ROMAN MAPS

A. **Caesar's Gallic War**. *Gallia, with a map for campaigns & each of the battles.*

B. **Ancient Rome**. (*Platner.*)

C. Hispania of Quintus Sertorius (Adolf Schulten: *Sertorian War, 80-72 B.C.*)

7. **Roman Empire at its Greatest**.

8. Roman Empire after division into East & West.

12. Gallia. *Insula Batavorem. Cæsar's Gallia.*

15. Italias: **a**. *Before the 6th.c.* **b**. *Beginning 1st. Punic War 264 B.C.* **c**. *Before Actium.* **d**. *Military Map c.150 B.C.* **e**. *Corsica.* **f**. *Sardinia.* **g**. *Divided by Augustus into eleven regions.* **h**. *Italiæ Diœcesis, 17 provinces, 4c A.D.* **i**. *Vetus Latium since 384 A.D.*

16 Italia Superior.

17. Italia Inferior. **a**. *Sicilia.* **b**. *Vesuvius.* **c**. *Cumæ.* **d**. *Neapolis.* **e**. *Pompeii.*

18.

19. **Environs of Rome**.

36. The Holy Land (*Southern*).

37. Jerusalem, Ancient & Modern.

38. Environs of Jerusalem.

39. Sinai, the Desert of the Wandering. *Wady Feirán & Jebel Serbál. Mount Sinai.*

40. Asia to illustrate the Old Testament & Classical Authors.

41. Map to illustrate the New Testament.

42. Babylon, *Plan and Surrounds.*

43. Ancient Cities. *Nineveh. Troy. Carthage. Alexandria. Constantinople.*

 * *Inset maps are indicated in italics.*

These *highly-detailed* colour maps are archival, durable, and suitable for both the classroom and the private study.

Available in two standard sizes: 26″ x 32+″ $50.00 each.
52″ x 38+″ $95.00 ″

Packing & Postage: $15.00 per order. (single tube).

Allow up to two weeks for delivery. *All maps are printed to order.*

Many other maps are available. Please inquire.

Giles Laurén, Sophron Editor. 904 429-9533 –
enasophron@gmail.com

38854865R00225

Made in the USA
Middletown, DE
31 December 2016